本书系国家社会科学基金青年项目
"碳足迹视角下绿色供应链优化调控机制及创新实践研究"
（批准号：18CGL015）的研究成果

碳足迹视角下绿色供应链优化调控机制及创新实践研究

刘峥 胡斌 著

吉林大学出版社
·长春·

图书在版编目（CIP）数据

碳足迹视角下绿色供应链优化调控机制及创新实践研究 / 刘峥，胡斌著. -- 长春：吉林大学出版社，2025.
1. -- ISBN 978-7-5768-4699-7

Ⅰ. F252.1

中国国家版本馆CIP数据核字第2025RR3396号

书　　名：碳足迹视角下绿色供应链优化调控机制及创新实践研究
　　　　　TANZUJI SHIJIAO XIA LÜSE GONGYINGLIAN YOUHUA TIAOKONG JIZHI JI CHUANGXIN SHIJIAN YANJIU

作　　者：刘　峥　胡　斌
策划编辑：高珊珊
责任编辑：冀　洋
责任校对：刘守秀
装帧设计：李　宇
出版发行：吉林大学出版社
社　　址：长春市人民大街4059号
邮政编码：130021
发行电话：0431-89580036/58
网　　址：http://www.jlup.com.cn
电子邮箱：jldxcbs@sina.com
印　　刷：文畅阁印刷有限公司
开　　本：787mm×1092mm　1/16
印　　张：19.25
字　　数：345千字
版　　次：2025年1月　第1版
印　　次：2025年1月　第1次
书　　号：ISBN 978-7-5768-4699-7
定　　价：98.00元

版权所有　翻印必究

前 言

随着经济和科技的高速发展,全球范围内工业化程度日益深化,人类的物质财富以史无前例的速度扩张,然而以化石能源消耗为基础的社会经济发展所导致的全球温室气体(主要是二氧化碳)排放问题却日趋严重。"双碳"目标的提出为解决这一严峻问题指明了方向。实现"双碳"目标需要各行业积极推动自身低碳化转型和高质量发展,生鲜品冷链作为与人们生活关系密切且受众面广泛的现代服务业之一,也是新兴的碳排放大户,受到学界和业界的高度关注。据《果蔬冷链物流碳排放测算及控制》披露的数据显示,仅果蔬一个品类,中国冷链物流的碳排放量就已从 2007 年的 321.6 万 t 增长到 2021 年的 500 万 t 以上。如何平衡好生鲜品品质、节能降耗以及冷链运转的效率和效益成为不可避免的要科学回答的问题。深入研究"双碳"目标下生鲜品冷链的运营模式及优化策略,有助于进一步丰富和拓展生鲜品冷链运行理论和组织形式,提升生鲜品冷链企业的综合竞争力,有效降低碳排放水平,改善公众低碳消费体验。

本书首先梳理了低碳视角下生鲜品冷链的相关理论和文献,通过调研访谈等方法厘清当前生鲜品冷链的运营中存在的主要问题,挖掘分析生鲜品冷链优化调控的关键要素,提出基于生命周期评估的生鲜品冷链碳足迹测算方法。在此基础上,将生鲜品冷链划分为上、中、下游三个阶段,并从新鲜度、碳减排技术、碳标签制度、碳规制政策以及低碳消费等角度考虑其运营优化策略。最后,通过分析典型企业的应用实践,从政府、企业、行业协会以及科研机构等视角提出"双碳"目标下生鲜品冷链运营优化的对策建议。

本书共分为七个部分:第一部分为研究概述,对研究背景和问题进行了界定,同时对研究内容做了总体概述;第二部分为基础理论与模式构建,梳理相关理论的研究进展,明确了当前生鲜品冷链的发展现状和主要问题,遴选生鲜品冷链优化关键要素评价指标并提出生鲜品碳足迹测度方法;第三部分至第五部分分别为生鲜品冷链上游、中游、下游阶段的运营模式,揭示了生鲜品冷链优化调控策略;第六部分着眼于生鲜品冷链核心阶段和环节,以中游保鲜流通阶段和下游消费阶段为例,分别引入 S 冷链运输与 R 集团预制菜作为典型案例,研究生鲜品冷链碳足迹流程和碳减排机制的优化实践;第七部分为对策建议,从政府、企业、行业协会以及科研机构等视角提出"双碳"目标下生鲜品冷链运营优化的对策建议,并对研究进行了总结和展望。

针对生鲜品冷链运营现状及主要问题,综合运用文献分析法、调研访谈法、数学建模法、系统仿真法和案例分析法,研究得出主要的优化策略有:

(1)基于生鲜品的产地预冷和碳减排技术研发投入优化策略。对于供应商和零售商来说,集中式的供应链整体收益要大于分散时两种情形下的供应链整体收益;供应商和零售商在选择预冷技术和碳减排技术的投入水平时,应该着重考虑批发价和零售价之间的关系,以达到双方各自利益的最大化。

(2)考虑新鲜度与碳减排的生鲜品冷链定价优化策略。通过对无碳约束和碳限额与交易政策下不同决策模式的生鲜品冷链系统最优决策进行研究,发现碳限额与交易政策下的生鲜品冷链系统利润明显高于无碳约束下的生鲜品冷链系统利润;无碳约束模型的碳减排努力水平要低于碳限额与交易模式下的碳减排努力水平;消费者新鲜度偏好、低碳偏好以及碳交易的价格也会影响碳减排水平。

(3)基于碳标签制度的三级生鲜品冷链库存优化策略。生鲜品变质率越高,负责碳标签加工的配送中心越会增加库存量,加工时间延长,碳足迹减少,供应商会减少库存量,但零售商生鲜品售价和库存量会提升。当生鲜品碳足迹较高时,即使消费者具有很强的低碳环保意识,提高碳足迹敏感系数,也不会增加市场需求量,反而会降低生鲜品售价,缩减零售商采购量、库存量,使得生鲜品冷链整体利润下降。

(4)考虑成员风险偏好的生鲜品冷链合作减排激励策略。无论是集中决策、中性分散决策还是风险规避分散决策,通过强化碳减排均会带动生鲜品需求量的增加,提高冷链的整体期望利润,倒逼供应商加强保鲜投入。当碳减排性价比满足一定阈值时,碳减排敏感系数越高,对提升生鲜品新鲜度和增加冷链整体期望利润的影响越显著。此外,风险规避态度系数会对生鲜品冷链成员的决策产生负面影响,但与混合契约参数比较而言影响幅度较小。

(5)基于政府补贴的生鲜品低碳消费市场引导策略。政府对生鲜品企业以及消费者进行低碳补贴均有利于消费者最终形成购买低碳产品策略;政府对未进行低碳生产的生鲜品企业征收碳税会加快消费者购买低碳产品策略的演化速度;消费者对低碳产品的感知效用会增加消费者选择购买低碳产品策略的概率。

(6)考虑意愿行为的生鲜品低碳消费促进策略。通过实证分析发现生鲜品的低碳消费受新产品、他人推荐产品、生鲜品质量和价格的影响,生鲜品的低碳消费行为受产品真伪、产品是否具有低碳属性等影响。因此,应基于政府、企业、居民三方主体视角,提出促进生鲜品低碳消费的建议,如政府可以对生鲜品给予一定的财政补贴和税收优惠,提供多种可选择的低碳生鲜品,提高居民辨别低碳产品真伪的能力,培育低碳消费理念等。

目 录

第一部分 研究概述

第1章 研究背景及问题描述 ·· 3
1.1 研究背景及意义 ·· 3
1.1.1 研究背景 ·· 3
1.1.2 研究意义 ·· 5
1.2 问题描述及基本概念 ·· 5
1.2.1 问题描述 ·· 5
1.2.2 相关概念概述 ·· 6

第2章 研究内容概述 ·· 8
2.1 研究内容和重点 ·· 8
2.1.1 研究对象 ·· 8
2.1.2 总体框架 ·· 9
2.1.3 重点难点 ··· 11
2.1.4 主要目标 ··· 11
2.2 研究方法与技术路线 ······································· 12
2.2.1 研究方法 ··· 12
2.2.2 技术路径 ··· 13

第二部分 生鲜品冷链基础理论及关键要素分析

第3章 基础理论及文献综述 ······································· 17
3.1 生鲜品冷链优化 ··· 17
3.1.1 冷链物流相关研究 ··································· 17

3.1.2　库存优化相关研究 ………………………………………… 19
　　　3.1.3　配送优化相关研究 ………………………………………… 20
　　　3.1.4　定价优化相关研究 ………………………………………… 22
　3.2　碳足迹理论 …………………………………………………………… 24
　　　3.2.1　碳足迹的含义与发展进程 …………………………………… 24
　　　3.2.2　碳足迹核算 …………………………………………………… 26
　3.3　低碳供应链理论 ……………………………………………………… 28
　　　3.3.1　低碳供应链 …………………………………………………… 28
　　　3.3.2　低碳供应链管理 ……………………………………………… 29
　3.4　碳减排合作理论 ……………………………………………………… 30
　　　3.4.1　静态视角下的供应链碳减排合作 …………………………… 30
　　　3.4.2　动态视角下供应链碳减排合作 ……………………………… 31
　3.5　低碳视角下的生鲜品冷链运营优化 ………………………………… 32
　　　3.5.1　碳税方面 ……………………………………………………… 32
　　　3.5.2　碳交易方面 …………………………………………………… 34
　　　3.5.3　碳足迹方面 …………………………………………………… 35
　3.6　文献综评 ……………………………………………………………… 37

第4章　生鲜品冷链运营现状及主要问题 ……………………………… 39
　4.1　运营现状 ……………………………………………………………… 39
　　　4.1.1　发展基础 ……………………………………………………… 39
　　　4.1.2　面临形势 ……………………………………………………… 41
　4.2　主要问题 ……………………………………………………………… 42
　　　4.2.1　从生鲜品冷链上游角度 ……………………………………… 42
　　　4.2.2　从生鲜品冷链中游角度 ……………………………………… 43
　　　4.2.3　从生鲜品冷链下游角度 ……………………………………… 43
　4.3　本章小结 ……………………………………………………………… 44

第5章　生鲜品冷链优化调控关键要素分析及评价 …………………… 45
　5.1　生鲜品冷链构成要素分析 …………………………………………… 45
　5.2　生鲜品冷链优化关键要素评价模型 ………………………………… 46
　　　5.2.1　评价指标的获取与筛选 ……………………………………… 46
　　　5.2.2　生鲜品冷链优化关键要素评价指标构建 …………………… 47
　　　5.2.3　生鲜品冷链优化关键要素模型评价指标筛选
　　　　　　技术处理 ……………………………………………………… 48
　5.3　生鲜品冷链优化调控关键要素评价指标权重的仿真计算 ……… 53

5.3.1　专家排序法 ·· 54
　　　5.3.2　变异系数法 ·· 55
　　　5.3.3　综合权重的计算 ·· 58
　5.4　本章小结 ··· 60
第6章　基于生命周期评估(LCA)的生鲜冷链碳足迹测度 ················· 61
　6.1　研究方法 ··· 61
　　　6.1.1　生命周期法的介绍 ·· 61
　　　6.1.2　生命周期法的应用 ·· 62
　6.2　生鲜品冷链碳足迹 ·· 62
　　　6.2.1　评价目标与功能单位 ··· 62
　　　6.2.2　系统边界 ·· 62
　　　6.2.3　数据收集 ·· 63
　　　6.2.4　清单分析 ·· 64
　6.3　实证分析 ··· 73
　　　6.3.1　案例介绍 ·· 73
　　　6.3.2　结果与分析 ·· 74
　6.4　本章小结 ··· 76

第三部分　生鲜品冷链上游阶段运营优化

第7章　考虑新鲜度的生鲜品产地冷链物流服务网络构建 ··············· 79
　7.1　问题描述 ··· 79
　7.2　模型构建与解析 ·· 81
　　　7.2.1　符号说明 ·· 81
　　　7.2.2　模型构建 ·· 82
　　　7.2.3　模型求解 ·· 83
　7.3　算例仿真 ··· 85
　　　7.3.1　算例参数描述 ··· 85
　　　7.3.2　模型求解结果 ··· 86
　7.4　研究结论 ··· 90
　7.5　本章小结 ··· 90
第8章　基于生鲜品产地预冷和碳减排技术研发投入研究 ··············· 91
　8.1　问题描述 ··· 91

8.2 模型构解与解析 ………………………………………………… 93
　　8.2.1 预冷碳减排技术下分散式供应链模型 ………………… 93
　　8.2.2 预冷碳减排技术下集中式供应链模型 ………………… 98
　　8.2.3 对比与分析 ……………………………………………… 99
8.3 算例仿真 ………………………………………………………… 101
8.4 研究结论 ………………………………………………………… 106
8.5 本章小结 ………………………………………………………… 107

第四部分　生鲜品冷链中游阶段运营优化

第9章　考虑新鲜度与碳减排的生鲜品冷链定价优化模型 …… 111
9.1 问题描述 ………………………………………………………… 113
9.2 模型构建与解析 ………………………………………………… 114
　　9.2.1 分散决策下无碳约束的生鲜品冷链定价模型 ………… 114
　　9.2.2 分散决策下有碳约束的生鲜品冷链定价模型 ………… 116
　　9.2.3 集中决策下有碳约束的生鲜品冷链定价模型 ………… 120
9.3 算例仿真 ………………………………………………………… 123
　　9.3.1 不同决策模式下生鲜品冷链模型效益分析 …………… 123
　　9.3.2 碳交易价格对生鲜品冷链决策和效益的影响 ………… 124
　　9.3.3 消费者低碳偏好和新鲜度偏好对冷链决策和
　　　　　效益的影响 ……………………………………………… 126
9.4 研究结论 ………………………………………………………… 128
9.5 本章小结 ………………………………………………………… 129

第10章　基于碳标签制度的三级生鲜品冷链库存优化模型 …… 130
10.1 问题描述 ……………………………………………………… 130
10.2 模型构建与解析 ……………………………………………… 132
　　10.2.1 零售商库存模型 ……………………………………… 132
　　10.2.2 配送中心库存模型 …………………………………… 134
　　10.2.3 供应商库存模型 ……………………………………… 136
　　10.2.4 模型求解 ……………………………………………… 137
10.3 算例仿真 ……………………………………………………… 138
　　10.3.1 算例数据与结果展示 ………………………………… 138
　　10.3.2 灵敏度分析 …………………………………………… 139

10.4　研究结论 …………………………………………………… 144
　　10.5　本章小节 …………………………………………………… 145
第11章　考虑成员风险偏好的生鲜品冷链合作减排激励模型 …… 146
　　11.1　问题描述 …………………………………………………… 146
　　11.2　模型构建与解析 …………………………………………… 148
　　　　11.2.1　集中决策模型 ………………………………………… 148
　　　　11.2.2　分散决策模型 ………………………………………… 150
　　　　11.2.3　风险中性态度下的契约激励模型 …………………… 151
　　　　11.2.4　风险规避态度下的契约激励模型 …………………… 153
　　11.3　算例仿真 …………………………………………………… 155
　　　　11.3.1　碳减排敏感系数对生鲜品冷链系统的影响 ………… 155
　　　　11.3.2　混合契约参数对生鲜品冷链系统的影响 …………… 159
　　　　11.3.3　风险规避系数对生鲜品冷链系统的影响 …………… 161
　　11.4　研究结论 …………………………………………………… 164
　　11.5　本章小节 …………………………………………………… 164

第12章　考虑低碳技术研发方的生鲜品冷链多主体协同演化模型 …… 165
　　12.1　问题描述 …………………………………………………… 166
　　12.2　模型构建与解析 …………………………………………… 168
　　　　12.2.1　模型构建 ……………………………………………… 168
　　　　12.2.2　参与主体策略稳定性分析 …………………………… 171
　　　　12.2.3　系统策略的稳定性分析 ……………………………… 177
　　12.3　算例仿真 …………………………………………………… 180
　　　　12.3.1　系统均衡点的稳定性验证 …………………………… 180
　　　　12.3.2　不同参数对演化博弈系统稳定状态的影响 ………… 183
　　12.4　研究结论 …………………………………………………… 189
　　12.5　本章小结 …………………………………………………… 190

第五部分　生鲜品冷链下游阶段运营优化

第13章　考虑政府补贴的生鲜品低碳消费市场引导机制研究 …… 193
　　13.1　问题描述 …………………………………………………… 193
　　13.2　模型构建与解析 …………………………………………… 194
　　　　13.2.1　演化博弈模型建立 …………………………………… 194

13.2.2　三方演化博弈均衡分析 …………………………………… 195
　　　13.2.3　演化博弈稳定策略分析 …………………………………… 197
　　13.3　算例仿真 ………………………………………………………… 199
　　　13.3.1　初始值对策略演化的影响分析 …………………………… 200
　　　13.3.2　低碳消费影响因素分析 …………………………………… 202
　　13.4　研究结论 ………………………………………………………… 207
　　13.5　本章小结 ………………………………………………………… 208
第14章　考虑意愿行为的生鲜品低碳消费促进策略研究 ……………… 209
　　14.1　引言 ……………………………………………………………… 209
　　14.2　研究方法与变量设计 …………………………………………… 213
　　　14.2.1　研究方法 …………………………………………………… 213
　　　14.2.2　变量设计 …………………………………………………… 214
　　14.3　结果分析 ………………………………………………………… 216
　　　14.3.1　描述性统计分析 …………………………………………… 216
　　　14.3.2　信度和效度分析 …………………………………………… 217
　　　14.3.3　二元 Logistic 回归分析 …………………………………… 218
　　14.4　本章小结 ………………………………………………………… 221

第六部分　案例应用

第15章　运营端——S生鲜品冷链物流碳足迹优化实践 ……………… 225
　　15.1　背景介绍 ………………………………………………………… 225
　　15.2　现状及问题 ……………………………………………………… 226
　　　15.2.1　冷链物流缺乏统一标准 …………………………………… 226
　　　15.2.2　冷链物流信息化程度低 …………………………………… 227
　　　15.2.3　冷链低碳策略有待优化 …………………………………… 227
　　15.3　场景应用 ………………………………………………………… 228
　　　15.3.1　场景描述 …………………………………………………… 228
　　　15.3.2　主要参数及模型构建 ……………………………………… 229
　　　15.3.3　算例分析 …………………………………………………… 231
　　15.4　实践启示 ………………………………………………………… 235
　　　15.4.1　合理控制冷藏车行驶速度 ………………………………… 235
　　　15.4.2　合理控制冷链系统新鲜度 ………………………………… 236

15.4.3　加快推行碳减排补贴政策 ………………………… 236
　15.5　本章小结 …………………………………………………… 236
第16章　消费端——R集团考虑低碳偏好的预制菜冷链优化实践 ……… 237
　16.1　背景介绍 …………………………………………………… 237
　16.2　现状及问题 ………………………………………………… 238
　　　16.2.1　冷链运输新鲜度损耗过高 …………………………… 238
　　　16.2.2　冷链运输存在"断链"现象 ………………………… 239
　　　16.2.3　冷链物流存在高碳排放问题 ………………………… 240
　16.3　场景应用 …………………………………………………… 240
　　　16.3.1　场景描述 ……………………………………………… 240
　　　16.3.2　主要参数及模型构建 ………………………………… 241
　　　16.3.3　算例分析 ……………………………………………… 242
　16.4　实践启示 …………………………………………………… 244
　　　16.4.1　提高生鲜品冷链基础设施水平 ……………………… 244
　　　16.4.2　加快生鲜品冷链企业低碳转型 ……………………… 244
　　　16.4.3　推动消费者培养低碳消费方式 ……………………… 245
　16.5　本章小结 …………………………………………………… 245

第七部分　对策建议

第17章　"双碳"目标下生鲜品冷链运营优化对策建议 ……………… 249
　17.1　政府部门视角 ……………………………………………… 249
　　　17.1.1　建立健全低碳法规机制，夯实冷链低碳政策基础 … 249
　　　17.1.2　构建绿色技术创新体系，加快冷链行业低碳转型 … 250
　　　17.1.3　建设低碳交通运输体系，有效降低冷链碳排放量 … 251
　　　17.1.4　建立低碳消费制度体系，加强冷链低碳消费监管 … 252
　17.2　企业组织视角 ……………………………………………… 253
　　　17.2.1　优化冷链企业组织结构，推动企业低碳转型升级 … 253
　　　17.2.2　加大低碳技术研发力度，推进核心技术攻关突破 … 254
　　　17.2.3　建立低碳风险评估机制，提高企业节能减排效率 … 256
　17.3　行业协会视角 ……………………………………………… 257
　　　17.3.1　建立冷链行业绿色规范，强化低碳环境监督管理 … 257
　　　17.3.2　设立冷链企业绿色联盟，促进企业协同合作减排 … 257

  17.4 科研机构视角 ………………………………………………… 258
    17.4.1 加大低碳政策支持研究,积极提供基础数据资源 ……… 258
    17.4.2 注重低碳零碳技术研究,加强技术成果推广应用 ……… 258
  17.5 消费者视角 …………………………………………………… 259
    17.5.1 推行绿色低碳消费行为,购买低碳认证生鲜产品 ……… 259
    17.5.2 培育公众绿色生活方式,杜绝生鲜产品过度浪费 ……… 260
  17.6 研究结论 ……………………………………………………… 260
  17.7 本章小结 ……………………………………………………… 261
第 18 章 研究总结与展望 …………………………………………… 262
  18.1 研究总结 ……………………………………………………… 262
  18.2 研究展望 ……………………………………………………… 266

参考文献 ………………………………………………………………… 267

附录 ……………………………………………………………………… 291

第一部分　研究概述

　　本部分重点对"双碳"目标下生鲜品冷链运营模式及优化策略研究进行总体概述,包括研究背景及意义、研究问题、主要内容、研究方法和逻辑思路等主要方面。首先,描述研究背景及意义,科学界定研究问题,厘清相关概念。接下来具体介绍核心研究内容及研究方法,并对研究的思维逻辑和章节结构设计加以阐述。

第1章 研究背景及问题描述

本章首先阐述了"碳达峰、碳中和"背景下生鲜品冷链发展的背景和意义,明确研究的核心问题,即如何在"双碳"背景下更好地实现生鲜品冷链的运营与优化。围绕这一核心问题,分解出生鲜品冷链的基本运作问题、生鲜品冷链的激励机制及协调机制、纯产品视角下冷链的运营模式及策略三个基础理论问题。

1.1 研究背景及意义

1.1.1 研究背景

(1)从全球层面来看,近年来,全球工业化程度日渐深入,经济高速发展、科技迅速崛起、消费水平极大提高,人类的物质财富以史无前例的速度扩张。然而以化石能源消耗为基础的社会经济发展所导致的全球温室气体(主要是二氧化碳)排放问题却日趋严重和突出。温室气体(greenhouse gas,GHG)指任何会吸收和释放红外线辐射并存在大气中的气体。《京都议定书》中规定控制的6种温室气体为:二氧化碳(CO_2)、甲烷(CH_4)、氧化亚氮(N_2O)、氢氟碳化合物(HFCs)、全氟碳化合物(PFCs)和六氟化硫(SF_6)。近年来,二氧化碳等温室气体过量排放所导致的全球气候变暖对人类的生存和发展带来了严峻的挑战,如海平面上升、热浪肆虐、强降雨不断、干旱四起等。联合国政府间气候变化专门委员会(2007)(Intergovernmental Panel on Climate Change,IPCC)指出,若无法遏止全球平均温度呈现持续升高之势,人类的生存与发展将面临严峻挑战。全球气候变化对人类的生存和发展造成了严重的威胁,为应对日益严重的气候变暖和空气污染问题,低碳减排已成为当前人类刻不容缓的共同责任,正逐渐成为国际社会的共识,也是我国改善环境、实现可持续发展的必由之路。

(2)从国家层面来看,中国作为一个负责任的发展中国家,中国政府对能源和气候变化问题给予高度重视,并做出了不懈努力。1992年,中国成为最早签署《联合国气候变化框架公约》(以下简称《公约》)的缔约方之一。之后,中国不仅成立了国家气候变化对策协调机构,而且根据国家可持续发展战略的要求,采取了一系列与应对气候变化相关的政策措施,为减缓和适应气候变化做出了积极贡献。2007年中国政府制定了《中国应对气候变化国家方案》,明确到2010年应对气候变化的具体目标、基本原则、重点领域及政策措施,要求2010年单位GDP能耗比2005年下降20%。2013年11月,中国发布第一部专门针对适应气候变化的战略规划《国家适应气候变化战略》,使应对气候变化的各项制度、政策更加系统化。2015年6月,中国向公约秘书处提交了《强化应对气候变化行动——中国国家自主贡献》文件,确定了到2030年的自主行动目标:二氧化碳排放2030年左右达到峰值并争取尽早达峰。到2019年底,中国提前超额完成2020年气候行动目标,树立了信守承诺的大国形象。通过积极发展绿色低碳能源,中国的风能、光伏和电动车产业迅速发展壮大,为全球提供了性价比最高的可再生能源产品,让人类看到可再生能源大规模应用的"未来已来",从根本上提升了全球实现能源绿色低碳发展和应对气候变化的信心。2020年9月,习近平在第七十五届联合国大会一般性辩论上阐明,应对气候变化《巴黎协定》代表了全球绿色低碳转型的大方向,是保护地球家园需要采取的最低限度行动,各国必须迈出决定性步伐。同时宣布,中国将提高国家自主贡献力度,采取更加有力的政策和措施,二氧化碳排放力争于2030年前达到峰值,努力争取2060年前实现碳中和。中国的这一庄严承诺,在全球引起巨大反响,赢得国际社会的广泛积极评价。

(3)从行业层面来看,物流行业是我国二氧化碳排放的主要来源之一,目前我国物流交通能耗已占全社会总能耗的20%以上,物流业是我国二氧化碳排放增长速度最快的行业之一,因此,控制物流行业二氧化碳排放量是我国的碳减排工作关键落脚点之一。近年来,随着人们消费水平和生活质量的不断提高,人们对于生活食品的消费需求由温饱型向营养调剂型转变,各种生鲜品的需求量急剧增加,但由于生鲜品具有易腐性,为了长时间地保持产品品质,就必须使用冷链物流运输。同时,人们消费观念的变化和产业发展的需求,为低温冷链物流行业的发展带来了广阔的市场,冷链物流行业规模逐步扩大。然而,在生鲜品冷链物流发展如此迅速的同时,不可避免地需要考虑其发展过程中高排放、高能耗的特征对生态环境所带来的影响。作为物流行业重要分支之一的冷链物流,由于其需要消耗大量的能源来保持全程低温,因而会排放出大量的温室气体和污染物,这严重制约了当前所倡导的低碳经济和生态文明建设的发展。因此,冷链物流行业的碳减排工作对于我国"双碳"目标的实现具有重要意义。

1.1.2 研究意义

1)理论价值

本研究将低碳发展理论融入生鲜品冷链运营优化的全过程,剖析"双碳"目标下生鲜品冷链运营优化的核心问题和运行机制,厘清生鲜品冷链主体间的功能定位和交互关系,对各供应链主体、核心环节加以分类和界定,从生鲜品冷链的上、中、下游还原冷链运营优化模式,这对于进一步拓展和丰富生鲜品冷链运行理论和组织形式,推动我国流通领域低碳发展具有重要的理论价值。

2)应用价值

本研究着眼于生鲜品冷链的运营属性和减排潜力,探讨了生鲜品冷链中各环节及各主体间的相互关系,揭示生鲜品冷链系统运行的影响因素,优化生鲜品冷链系统的整体运营效果,通过引入生鲜品冷链运营端和消费端实践,进一步检验生鲜品冷链运营机制设计的合理性和有效性。在此基础上,提出"双碳"目标下生鲜品冷链运营优化的对策建议,这对于提升生鲜品冷链企业综合竞争力、有效降低碳排放水平,以及改善消费者的消费体验具有重要的应用价值和实践意义。

1.2 问题描述及基本概念

1.2.1 问题描述

"双碳"背景下生鲜品冷链运营优化主要体现在:①降低生鲜品冷链系统的总成本,增加整个供应链总收益;②实现冷链主体和环节协调,避免无谓的运作损耗和利润的流失;③降低生鲜品冷链物流的总碳排放量。其中,前两个目标是一般供应链优化问题的共性目标,降低碳排放量则是针对"双碳"背景提出的。本研究从生鲜品冷链低碳发展角度出发,并通过推行低碳消费和低碳科技以及完善补贴政策等手段来实现"双碳"目标下生鲜品冷链的运营优化。

为了解决这个核心问题,我们首先需要分析三个基础理论问题:

(1)"双碳"目标下生鲜品冷链的基本运作问题。分析生鲜品冷链的本质内涵和运作要求,与普通产品供应链的差异,并界定"双碳"目标下冷链的相关核心运作问题,包括冷链决策问题、碳排放问题、激励问题、协调问题以及决策优化问题。

(2)"双碳"目标下生鲜品冷链的激励机制及协调机制。研究生鲜品冷链在回购契约、补贴政策、回购和补贴联合策略等不同契约环境下的冷链最优激励策略,并基于激励机制研究"双碳"目标下生鲜品冷链的协调机制。

(3)"双碳"目标下冷链的运营模式及策略优化。主要体现在:将冷链划分为相对独立的三个阶段,对上、中、下游阶段的运营模式进行优化;解决冷链碳足迹的测算、碳减排对冷链的影响、生鲜品的定价、订货策略,以及库存及配送优化问题等。

1.2.2 相关概念概述

在解决以上问题之前,首先对一些重点概念进一步明确,包括:

(1)供应链。供应链是通过设计好的信息流、物流和现金流,通过全球网络将产品和服务从原材料交付给最终客户。供应链主要分为计划、采购和物流三个部分,通过实物流、信息流和资金流来推动精准的计划、低价的采购和低成本的物流,推进最低总成本的供应链建设,是供应链的核心。供应链上的各节点之间的联系类似生物学上的食物链,同时供应链是一个具有复杂性、动态性、响应性和交叉性的网链结构。

(2)生鲜品冷链。生鲜品的易腐易损性使得生鲜品冷链是一种特殊类型的供应链。生鲜品冷链是指从上游的生产种植,中游的分销、保鲜流通,下游的零售消费等全过程为实现生鲜产品在流动过程中维持相对较高的新鲜度而建立的特殊低温物流网络。其中生鲜品主要指蔬果类、肉类、海鲜类等产品,具有鲜活易腐、不耐贮运、生产季节性强和消费弹性系数小等特点。冷链是指为保证特殊产品的质量而使产品从生产到消费各环节均处于所必需的低温状态的特殊保障系统。

(3) 碳足迹核算。碳足迹指企业机构、活动、产品或个人通过交通运输、食品生产和消费以及各类生产过程等引起的温室气体排放的集合。国际上获得广泛认可的碳足迹方法主要包括投入产出法、全生命周期评价法、IPCC 法以及碳计算器法。企业进行产品碳足迹的核算可以帮助企业跟踪产品组合中的温室气体排放情况，从侧面反映产品系统运营效率的高低，帮助企业发掘减少排放及节约成本的机会，同时有利于企业增强自身品牌形象。

(4) 激励机制。激励机制是指在供应链系统中，激励主体运用激励手段与激励客体相互影响、相互制约，从而实现供应链高效率运营。由于供应链系统中各主体信息不对称等原因导致市场失灵，使得供应链的绿色产品无法获取相应的利润，同时企业由于缺乏环境意识、过于追求利润最大化等原因导致绿色供应链运营效率较低，因此通过价格杠杆、处罚、补贴等手段节能型激励，有利于实现消费者福利、企业利润以及环境相容的三维目标。

(5) 协调机制。供应链的协调机制是指供应链系统内各主体为了实现某一共同的战略目标，通过契约或合作等手段形成一个网络式联合体。由于企业没有过多关注环境保护、节约资源以及与其他企业之间的相互合作，导致供应链系统内部存在浪费，例如当零售商向供应商订购绿色产品时，订货的数量是出于自身利益的最大化而不是供应链系统总利润的最大化而确定的，这种状态称为不协调状态。通过给供应链成员之间的交易环境增加一定条件，使得绿色供应链系统总利润达到最大，那么这个条件即为供应链的协调机制。

(6) 生鲜品冷链的运营模式。生鲜品冷链的运营模式大致可分为五种模式：第三方冷链物流模式、以生产加工企业为主导的自营冷链物流模式、以大型连锁经营企业为主导的自营冷链物流模式、依托大型冷冻批发市场型冷链物流模式、国有战略储备型冷库等。生鲜品冷链运营模式研究主要基于产品生命周期分别对生鲜品冷链的上游、中游、下游制定合适的运营模式，寻求冷链利益最大化。

(7) 生鲜品冷链的优化策略。生鲜品冷链的优化策略是指在资源有限的约束条件下冷链的最优决策方案。生鲜品冷链的优化策略主要由目标函数、约束条件以及决策变量组成，主要包括定价优化、订货优化、碳减排投入优化以及配送路径优化等。优化的目的在于降低冷链系统总成本，增加总收益；实现供应链系统协调，避免无谓的运作损耗以及利润损失；保证冷链成员间利润分配合理，维护冷链系统运作的稳定。

第 2 章 研究内容概述

2.1 研究内容和重点

2.1.1 研究对象

本研究以"双碳"目标下生鲜品冷链为研究对象。首先,梳理低碳视角下生鲜品冷链的相关理论和文献,通过调研访谈等方法得出当前生鲜品冷链的运营中存在的主要问题,挖掘分析生鲜品冷链优化调控的关键要素,提出基于生命周期评估的生鲜品冷链碳足迹测算方式;在此基础上,将生鲜品冷链划分为上、中、下游三个阶段,并从新鲜度、碳减排技术、碳标签制度、碳规制政策以及低碳消费等角度考虑其运营优化策略;最后,通过引入典型企业的应用实践,从政府、企业、行业协会以及科研机构等视角提出"双碳"背景下生鲜品冷链运营优化的对策建议。核心内容主要包括五个部分,如图 2-1 所示。

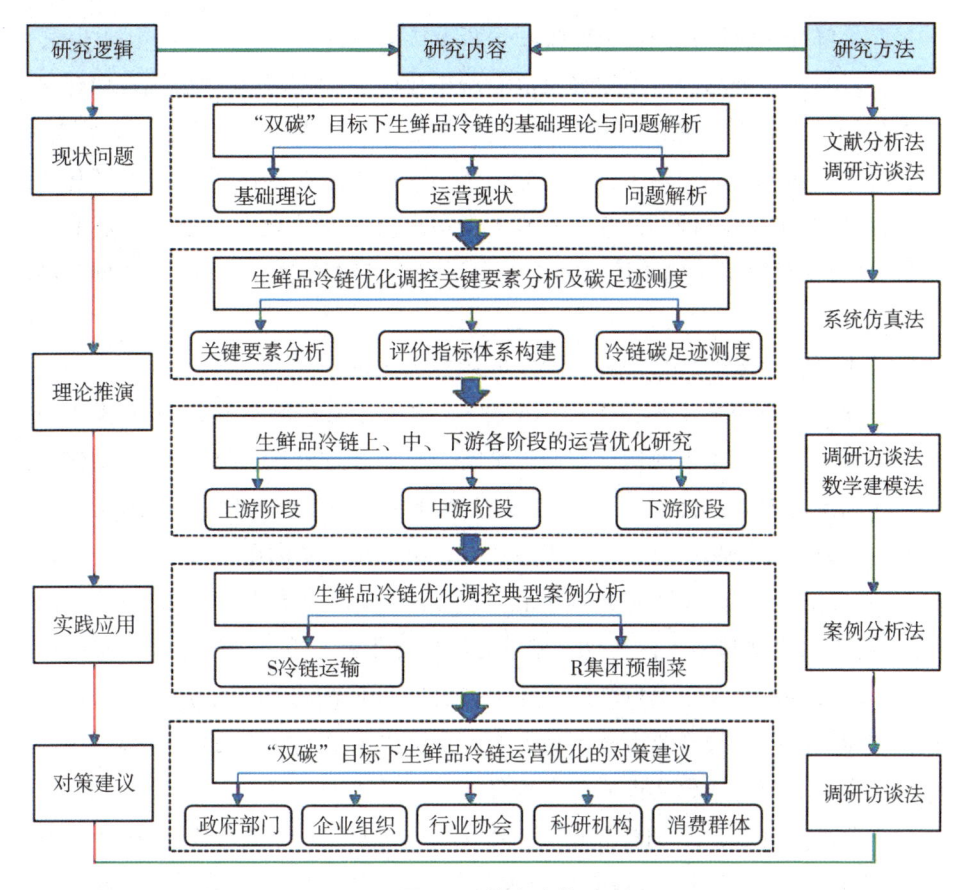

图 2-1 技术路线

2.1.2 总体框架

1)"双碳"目标下生鲜品冷链的基础理论与问题解析

本部分重点阐述了生鲜品冷链的理论研究现状和实际运营中的现实问题。一方面对"双碳"目标下的生鲜品冷链优化、碳足迹、低碳供应链和碳减排合作等相关文献进行梳理,从影响因素、应用场景和优化调控等视角对现有研究成果进行评述。另一方面,结合调研访谈等手段分析了当前生鲜品冷链的运营现状,并从生鲜品冷链基础设施、低碳技术水平、冷链多主体协作和绿色消费观念等方面提出了生鲜品冷链发展的主要问题和制约因素。

2）生鲜品冷链优化调控关键要素分析及碳足迹测度

针对当前生鲜品冷链发展导致的高碳排放问题，本部分从低碳视角构建出低碳生鲜品冷链优化调控关键要素评价指标体系。基于生鲜品冷链关键要素，综合考虑作业方式和使用工具不同等干扰因素造成的碳足迹差异，建立了包含田间预冷、冷藏运输、低温储存和废弃处置等各环节的生鲜品冷链碳足迹测度模型，并分别讨论了不同冷藏运输方式和不同废弃物处理方式对冷链碳排放的影响。

3）生鲜品冷链上、中、下游各阶段的运营优化研究

本部分重点研究了覆盖上游生产种植、中游分销和保鲜流通、下游零售消费的生鲜品冷链全流程的优化与调控策略。在上游阶段，主要聚焦产地物流网络优化和预冷碳减排技术，构建了生鲜品产地冷链物流服务网络，并运用微分博弈方法研究生鲜品供应商和零售商对预冷碳减排技术的研发投入；在中游阶段，重点考虑了流通阶段的运营优化，采用 Stacklberg 模型、Weibull 分布函数、契约激励模型和多主体演化模型等方法研究生鲜品冷链的决策优化与减排激励；在下游阶段，关注消费端的低碳消费引导和促进，从人口统计、心理、低碳相关知识、外部、政策规范以及产品等六个维度提出增强低碳消费意愿的策略。

4）生鲜品冷链优化调控典型案例分析

生鲜品冷链包括上、中、下游三个既有联系又相对独立的阶段，其中涉及面最广、下辖子环节最多的阶段是中游保鲜流通阶段，最体现需求侧和减排拉动作用的阶段是下游生鲜品消费阶段。针对这两个阶段，本部分选取了 S 冷链运输与 R 集团预制菜为典型案例，分别讨论了 S 冷链在运输过程中冷藏车行驶速度对碳足迹的影响，剖析了 R 集团预制菜在冷链业务中存在的新鲜度损耗过高、冷链运输存在"断链"的现象，总结经验和启示，为对策建议的提出提供实践支撑。

5）"双碳"目标下生鲜品冷链运营优化的对策建议

本部分基于前面章节所做的文献研究、现状及问题研究、模型仿真研究和应用案例研究的基础上，进一步凝练本质问题和综合各方诉求，运用调研访谈等研究手段从政府部门、企业组织、行业协会、科研机构和消费者等不同的视角，提出了"双碳"目标下生鲜品冷链运营优化的对策建议。主要体现在：从政府部门视角，围绕生鲜品冷链建设所需的法律规范以及政策推行展开；从企业组织视角，围绕生鲜品冷链的实施主体在运营优化中遇到的阻碍和问题的解决

展开;从行业协会视角,围绕生鲜品冷链企业在运营优化过程中行业协会的协同与规范作用展开;从科研机构视角,围绕最大化地利用其拥有的资源为生鲜品冷链的运营优化提供政策支持和技术支持展开;从消费者视角,向消费者提出鼓励低碳消费、绿色生活的对策建议。

2.1.3 重点难点

1)重点

研究重点围绕:①明确生鲜品冷链各节点碳排放情况以及生鲜品冷链的特征,分析生鲜品冷链优化调控的关键要素,研究生鲜品冷链的碳足迹核算方法;②分析生鲜品冷链的优化要点,构建生鲜品冷链服务网络,探讨考虑新鲜度和碳减排策略下的优化调控策略;③对政府补贴下生鲜品低碳消费引导机制进行分析,并提出基于"意愿-行为"的低碳消费促进策略。

2)难点

在对生鲜品冷链进行优化和调控机制验证的过程中,由于碳足迹的扩散过程复杂,且不同领域、不同生鲜品的供应链环节与包含主体各不相同,需要考虑不同生鲜品的冷链碳足迹核算的繁杂的影响因素,这对生鲜品碳足迹核算模型的构建提出了很高的要求。与此同时,在碳足迹的核算过程中对数据样本来源的精确度要求高,但部分领域的碳足迹相关数据披露有限,且部分原始数据获取渠道有限,需要通过长期测量统计得出。部分数据由于涉及企业或行业机密,无法轻易获取。

2.1.4 主要目标

通过研究"双碳"目标下生鲜品冷链运营模式及优化策略,实现:①通过文献研究和理论分析,得出生鲜品碳足迹一般核算方法,并根据不同生鲜品的特点,优化改进相应的碳足迹核算方法;②在上游阶段,分析新鲜度和碳减排策略约束下的生鲜品冷链资源优化配置机制;③在中游阶段,考虑成员风险偏好和多主体参与的生鲜品冷链减排激励举措;④在下游阶段,从政府、企业和消费者等不同视角出发,提出生鲜品低碳消费促进策略;⑤通过实践检验,进一步完善机制设计,为政府主管部门制定政策以及行业企业指导生鲜品冷链运营实践提供理论依据和决策参考。

2.2 研究方法与技术路线

2.2.1 研究方法

（1）文献分析法：通过查阅国内外相关文献，对生鲜品冷链优化理论、碳足迹理论、低碳供应链理论、碳减排合作理论和低碳视角下生鲜品冷链运营场景等研究成果进行梳理和归纳，通过文献综评分析低碳视角下生鲜品冷链运营优化研究的切入点。

（2）调研访谈法：通过政府、企业、行业协会等机构开展调研访谈，明确低碳视角下生鲜品供应链发展的现状、存在的问题及可能的应对策略。在对生鲜品冷链优化调控关键要素的分析及评价过程中，以专家的决策和评价为参考标准筛选评价指标、计算指标权重。

（3）数学建模法：针对生鲜品冷链上、中、下游三个阶段，分别构建以总成本最小为目标的整数规划模型、生鲜品供应商和零售商的博弈模型、三级生鲜品冷链的一体化库存模型、考虑风险态度的合同激励模型，以及四方主体参与的演化博弈模型等，把生鲜品冷链不同阶段的主要问题具象化。

（4）系统仿真法：对所建立的数学模型进行参数赋值计算，仿真得出生鲜品冷链上、中、下游三个阶段的运营优化规律，为解决生鲜品冷链运输优化、定价优化、库存优化、低碳消费激励等问题提出解决思路。

（5）案例分析法：着眼于生鲜品冷链重要环节，以中游运营环节和下游消费环节为例，分别引入S冷链运输与R集团预制菜为典型案例，研究生鲜品冷链碳足迹和碳减排机制的优化实践，为佐证模型结论和提出对策建议提供实践支撑。

2.2.2 技术路径

本研究围绕"生鲜品冷链的运营模式及优化策略"这个核心思想,以生鲜品冷链为对象,以"双碳"为目标,沿着三条路径展开研究:①核算路径:对整个生鲜品冷链碳足迹的核算方法开展研究,为碳减排策略奠定理论依据。②优化路径:构建生鲜品冷链上、中、下游的运营优化方法体系,主要涵盖服务保障网络模型、低碳技术研发投入模型、定价优化与库存协调模型、多主体协同演化模型以及消费激励模型,揭示生鲜品冷链运营实际场景下的理论范式和约束条件。③应用及对策路径:聚焦"双碳"目标,分析生鲜品冷链的现状和问题,基于所构建的生鲜品冷链运营模式,引入典型企业案例,重点从生鲜品冷链运营端和消费端进行实践检验,并从政府部门、企业组织、行业协会、科研机构及消费者等视角形成针对性的对策建议,兼顾实施方案研究的系统性、科学性、可行性与特色性。

第二部分　生鲜品冷链基础理论及关键要素分析

　　生鲜品冷链基础理论是进一步研究"双碳"目标下生鲜品冷链运营模式与优化策略的前提,本部分主要通过对理论文献的梳理,进一步明确研究内容的理论进展,分别从市场、政府、行业协会以及公众视角明确了当前生鲜品冷链运营的主要问题,同时对影响生鲜品冷链优化调控的关键要素进行了分析,为后续开展理论研究和行业应用奠定了基础。

第3章 基础理论及文献综述

本章对生鲜品冷链理论研究文献进行梳理和评价,从方法上、场景上明确现有研究的进展和不足。首先,从冷链物流的含义、发展历程、重要性、具体内涵以及生鲜品冷链各阶段的特点进行阐述。其次,从碳足迹的含义、发展历程以及多种核算方法来描述碳足迹,并介绍了低碳供应链理论以及包含碳税、碳交易和碳足迹的低碳视角下的生鲜品冷链运作理论。最后,对现有的研究情况进行评价,明确后续研究的空间和范畴。

3.1 生鲜品冷链优化

3.1.1 冷链物流相关研究

韩春阳等(2015)总结了国内外冷链物流的发展历程。国外冷链物流发展于19世纪70年代,1908年,法国工程师Albert Barrier第一次使用冷链(chainedu froid)这一术语。回顾其发展历程,大体可分为三个阶段。第一阶段为19世纪70年代到20世纪40年代,该阶段形成了冷藏库和冷链配送运输的初级形式,即传统冰降式冷藏库和少品种、大批量运输方式。第二阶段为20世纪40年代到20世纪末,该阶段冷链物流已逐渐走向成熟,运输品类更加多样化,制冷技术和运输设备更加先进。第三阶段为20世纪80年代至今,该阶段的冷链物流已演化成多品种、小批量、标准化和法规化模式。"冷链"的概念已由"原产地-初预冷-冷库-冷藏运输-批发站点冷库"发展成为"原产地-初预冷-冷库-冷藏运输-批发站点冷库-零售商场冷柜-消费者冰箱"。这一阶段的冷链物流已基本发展成熟。2001年，中国成功加入世界贸易组织（World Trade Organization，WTO），为其注入了新鲜血液。中国物流采购联合会成立后，冷链物流基础工作全面展开，如冷链物流标准化建设、冷链物流信息化建设、冷链物流科学与技术工程、冷链物流理论研究以及冷链物流业总体规划等，促使我国冷链物流企业向着国际化、规范化的方向发展。加入WTO后，国外先进的物流技术给中国传统冷链物流企业带来了巨大压力，外资企业的进入改变了我国冷链物流运营理念和运营模式，带来先进技术的同时还引进了优秀人才。随后，国家制定了一系列冷链物流发展相关政策，为我国冷链物流发展提供了更有力的保障。市场需求日益增加，国家政策大力支持，结合国外先进的物流理念，我国冷链物流业不断朝着规模化、专业化的方向发展。

Peter Moore（2020）指出冷链包括对温度敏感的产品的生产、储存和运输。关于冷链的优化，Gary Forger（2020）指出自动化物料搬运正在冷冻和冷藏配送中心建立其案例，食品生产商越来越关注它。郑颖（2021）表示为了更好地满足农产品外贸产业的发展，可以与电子商务模式形成融合，通过更新软硬件环境以及第三方物流企业引入等方式，构建一套适用于我国农产品外贸冷链物流的合作体系。连茜平（2021）表示从行业整体上提升新型农业经营主体的冷链物流发展能力；推动该领域的基础设施优化；以更先进的技术支持提升人才素质和冷链运输的信息对称。此外，赵连明（2021）指出"互联网+"时代，大数据、物联网、云计算等技术的发展与应用，为农产品冷链物流协同运作体系优化提供了技术支撑。

碳税方面的研究有，Shamayleh（2019）则利用碳税政策联合优化经济和环境措施的混合模型，针对保质期有限的生鲜品的经典动态批量问题（dynamic lot-sizing problem，DLSP）的变体进行了研究。Toptal等（2014）在碳上限、碳税和限额与交易政策下的经济订货批量（economic order quantity，EOQ）模型的背景下共同优化库存和碳减排投资决策。Konur等（2014）的相关工作中，还提出了具有零担运输（less-than-truck-load，LTL）和整车运输（full-truckload，FTL）运输的EOQ模型，但对于单一卡车类型，其中考虑了碳限额与交易及碳税政策下的模型变体。Slade等（2020）对Olale等人有关引入碳税大大减少了加拿大不列颠哥伦比亚省的农业收入的这篇评论中的数据、经验方法和理论提出了严重的担忧。Ewa（2020）指出与欧盟挂钩的碳市场将是英国脱欧后减少英国污染的更有效方法，而不是排放税。Reddy等（2020）研究将设施位置、车辆类型选择与运输和各种加工中心的运营产生的排放物相结合，先前的研究没有考虑这种设计问题类型的碳排放。Ojha 等(2020)填补了回收碳税促进包容性绿色增长的文献中的这一空白,探讨了利用碳税收入进行投资以建设所有部门或专门清洁能源部门的能力的后果。

3.1.2 库存优化相关研究

国内外学者对生鲜品冷链的库存优化都进行了一定的研究。在国内,黎莎等(2021)以货物新鲜度、出库时间等为约束,以运输成本、库存成本和货损成本之和最小为目标建立数学模型,确定库存分配以降低库存成本。杨玮等(2021)建立以企业的碳排放代价和其他代价最低为目标的成本模型,运用麻雀搜索算法为冷链物流企业库存提供了解决方法。姜樱梅等(2021)基于对货架库存和仓库库存的区分,提出冷链系统在有限资源下要注重消费者对货架展示量的敏感性。邹逸等(2020)研究了乳制品生产商－分销商－零售商构成的三级冷链一体化库存模型,并给出冷链各级成员产品质量努力水平越大,冷链总利润越高的结论。Tanksale 等(2020)针对不确定性情形下生鲜食品供应链的库存分配问题,采用确定性混合整数规划(mixed integer programming,MIP)模型检验了采购、库存和运输计划的战术决策。王淑云等(2020)通过构建需求受新鲜度影响的三级冷链库存优化模型,运用遗传算法求解了最佳库存策略,并发现顾客对商品新鲜度的敏感性越高,越有利于增加系统利润。邹逸等(2020)构建了成本-时间-客户满意度的多目标优化模型,并运用伪权向量法得出对于不同保质期产品的最优库存生产批量和最优库存水平。魏津瑜等(2019)提出应更加注重对于零售终端处固定订货成本学习效应的培训,从而更大程度地降低成本。牟进进等(2019)基于新旧动能转化视角,对生鲜品需求和库存做出科学预测和优化决策,并提出加大仓储保险和冷链配送投入,以及采用专业的仓储配送中心来降低农产品的变质损耗[22]。牟进进等(2019)提出供应商的最优补货量会随着初始新鲜度的提升而增加,分销商变质损耗调节因子越大则系统总利润越低。何研等(2019)从绿色消费的角度出发,提出了如何构建更加完善的生鲜农产品冷链物流体系的举措。Rahbari 等(2022)结合实际案例数据构建线性混合整数规划模型,研究了肉类冷藏供应链的多周期选址-库存-路径问题(location-inventory-routing problem,LIRP)。谢泗薪等(2018)通过对我国生鲜农产品冷链物流的整体作业流程进行研究,提出了生鲜农产品冷链物流具体环节的风险控制措施以及整体运作流程发展战略。Srivastav 等(2020)采用多目标布谷鸟搜索(multi-objective cuckoo search,

MOCS)算法研究了多目标混合库存系统中的订单交叉现象。孟秀丽等(2018)提出缩短订货提前期和到货延迟,有助于降低质量损失成本和增加零售商利润。郝秀菊等(2017)为了推动一体化冷链库存的有效实施,提出了一体化库存的冷链投资分摊机制、数量弹性机制、收益共享和回购机制等协调机制。侯国栋等(2017)基于对我国生鲜品的库存系统研究,运用遗传算法对创新分析分散决策、收益共享契约和博弈论协调机制三种模式下各成员的获利情况进行了分析。张琳等(2017)提出了对生鲜农产品的库存环节进行优化的策略,以推动生鲜农产品冷链流通市场的规范快速发展。王永琴等(2017)提出在考虑碳排放后,由农业合作社、批发商以及零售商构成的三级农产品冷链物流系统销售给外部需求市场的农产品数量上升,价格也上升,从而系统整体利润也明显增长。王淑云等(2017)以有限期内多个生产商、1个配送中心和多个零售商组成的冷链系统库存一体化决策为研究内容,从系统利润最大化的角度确定了各个成员的最佳补货策略。王宪杰等(2016)针对一体化冷链系统中的零售商利润受损问题,基于一体化最优安全库存系数进行了价格协调,并给出了价格的折扣函数。在国外,Liang 等(2019)从多温度协同安排和冷链物流的库存策略两个方面入手,建立了负载约束下的多温度协同供应与集成优化数学模型,并运用粒子算法进行求解,从而提出了冷链的库存策略。Al Theeb 等(2020)将库存分配问题、车辆路径问题和冷链(cold supply chain,CSC)结合起来,建立了混合整数优化模型,并用该模型对一个实际案例进行了求解,发现与组织当前支付的成本相比,总配送成本节省了 9.25%。

3.1.3 配送优化相关研究

在生鲜品冷链的配送优化环节,国内外学者有不同的认识。在国内,解永亮(2022)基于混合蚁群算法提出了多温区冷链物流配送优化路径算法,研究发现基于混合蚁群的车辆路径规划算法收敛速度更快。赵泉午等(2021)通过构建非线性混合整数规划模型和运用混合拉格朗日松弛算法求解模型,提出了重庆果琳多业态零售门店布局、门店线上订单覆盖范围、门店冷藏最优品类和门店冷链设施配置方案。李倩等(2021)构建了以货损成本、惩罚成本等综合配送成本最低的多目标配送路径优化模型,发现冷链物流在考虑满意度时所需车辆更少且总路径长度更短。任腾等(2021)基于对顾客满意度和道路拥堵状况的考虑,构建了最小总成本的冷链车辆路径优化数学模型,并设计了知识型蚁群算法进行求解,并验证其可行性。丁艳等(2021)基于对多温冷链物流配送时间、配送成本和配送风险等因素的考虑,构建了多温共配冷链物流车辆配送路径优化模型,并运用蚁群算法进行求解和实现了路径优化。沈丽等(2021)对生鲜品的货损和碳排放来源进行分析,以固定成本、货损成本和碳排放成本等总成本最小为目标构建模型,并运用遗传算法求解了生鲜品配送优化路径。白秦洋等(2021)考虑了车辆运营成本、制冷成本、货损成本、惩罚成本、运输成本和碳排放成本,构建了考虑实时交通的冷链物流路径优化模型,并论证了其可行性。任腾等(2020)基于对客户满意度的考虑,以车辆载重、客户时间窗和冷链产品变质率为约束,构建了以碳排放量最小为优化目标的模型,并用传统蚁群算法进行求解,能在满足企业的经济和社会效益的同时进行路径优化。姚臻等(2020)构建了碳税制度下总成本最小的物流配送路径优化模型,并运用遗传算法进行求解,发现以碳税为约束下,冷链配送总成本会降低,碳排放量会减小。张济风等(2020)基于对载重质量、车厢容积及时间窗的考虑,构建了运输成本、货损成本及制冷成本的总配送成本最小的数学优化模型,运用模拟退火算法进行求解,刻画了道路交通状况的时变路网特性的配送优化过程。李军涛等(2019)构建了碳排放量、配送总成本和客户满意度的多目标配送路径优化模型,并运用遗传算法进行求解,发现考虑碳排放量时配送成本更低。方文婷等(2019)基于绿色物流发展理念,建立了以总成本最小为目标的冷链物流路径优化数学模型,运用遗传算法进行求解并论证了模型和算法的有效性。刘春玲等(2019)构建了以冷链众包物流配送总分担成本和客户满意度为优化目标的冷链配送模型,并设计出一种改进的遗传算法进行求解,发现嵌入互联网众包模式下的冷链物流配送模型更具有灵活性和时效性。肖青等(2019)综合考虑运输距离、配送时间窗约束和生鲜变质等因素,构建了以运输成本、制冷成本、车辆调用成本、配送中心开放和闲置成本及自提点对配送时间和生鲜品质的满意度为目标的生鲜配送路径优化模型,并利用非支配排序遗传算法进行求解,发现合理选择开放配送中心能够有效降低配送成本。杨柳等(2019)构建了考虑碳排放的冷链配送模型,改进并运用鲸鱼算法进行模型求解,并提出通过技术更新不断推进智慧冷链建设,以及建立物流企业、供应链上下游企业与政府成本共担机制,促进低碳冷链物流一体化建设。王旭坪等(2019)建立了考虑碳排放与时空距离的冷链配送路径优化模型,设计了两阶段启发式算法进行求解,并验证了算法的有效性,提出选择合适车型依照就近原则进行配送的策略。曾志雄等(2019)考虑配送车运输、冷链能耗、荔枝损耗和时间窗惩罚等四个主要因素,构建了各因素成本模型,有利于提高荔枝配送效率并降低物流成本。姚源果等(2019)考虑农产品冷链物流配送的固定成本、运输成本、制冷成本、货损成本和惩罚成本等因素,建立了总成本最小化的配送路径模型,并提出基于实时路况信息和接驳方式的农产品冷链物流配送可以有效地降低冷链配送成本和提高客户满意度。陶帝豪等(2019)构建了以配送过程中车辆固定成本、燃油成本、货损成本及碳税成本之和最小为优化目标的数学模型,并运用全局人工鱼群算法进行求解,对于优化冷链物流配送路径有一定的理论指导和参考价值。刘炎宝等(2019)考虑在固定成本、燃油成本、时间窗惩罚成本的基础上增加新鲜度下降惩罚成本和碳排放成本,从而建立生鲜农产品冷链物流配送路径优化模型,运用遗传算法求解优化路径并验证了算法的有效性。卢甲东等(2018)基于对考虑客户地理位置的相邻性和交货时间窗的相似性的考虑,构建了冷链物流分区配送路径优化模型,并提出该路径优化不仅在配送成本、时间惩罚成本和货损成本方面更具有优势,且时效性也明显改善。王可山等(2019)发现配送距离、配送站选址和冷链配送能力是影响生鲜电商企业配送成本的主要因素,并提出通过增加日补货次数来优化配送路径,采用循环箱进行末端冻品配送等措施降低配送成本。鲍春玲等(2018)提出联合配送不仅在冷链配送费用方面远远低于传统分区配送,而且产生的碳排放成本也低于分区配送。在国外,Kartoglu等(2022)提出在冷链运输过程中,温度对于产品质量至关重要。Fahrnideng等(2022)提出产品从制造到运输到仓库,供应链需要温度监测技术的辅助。Wang等(2022)提出物流企业可以通过生鲜农产品冷链配送中心的合理选址,实现物流成本的降低和可持续发展。Li等(2022)提出了一个考虑碳交易机制的集成LPIP(linear programming with integer programming)模型并进行了改造,进而针对CCL(carbon cost layer)的环境因素,提出了降低总成本的解决方案。Qiao等(2019)在保证货物不超载的情况下,建立了冷链配送中心和多个客户冷链物流的配送路径模型,能更好地反映冷链物流的特点并为食品冷链物流实践提供有效的指导。

3.1.4 定价优化相关研究

生鲜品定价是冷链的一个重要环节,国内外学者对生鲜品冷链的定价优化做了一定研究。在国内,余牛等(2021)发现返利敏感型的消费者比例提高,会提升制造商和零售商利润。周晓睿等(2021)从构建供应链协同机制、充分了解市场和介入组织金融方面提出了优化供应链定价的对策建议。李贵萍等(2021)提出零售商是否投资保鲜技术对其补货周期和订购量有较大影响,而对定价策略的影响较小,投资保鲜技术有利于提高零售商的利润。姜樱梅等(2020)提出补货周期既定的前提下,在经营保质期较长的商品时,零售商可通过提早降价、小幅折扣的方式维系较高的冷链收益;补货周期变动的情况下,在经营补货周期占保质期比值较小的商品时,可通过提早降价、大幅折扣的方式维系冷链收益。范辰等(2020)指出各供应链成员是否应开展价格整合,由消费者对产品时效性要求的高低以及其自身的讨价还价能力决定。曹裕等(2019)通过研究发现保鲜努力投入与新鲜度敏感性呈正相关,随着价格的敏感性增强,保鲜努力增加而总利润减小。李琳等(2021)构建了带有生鲜感知度差异和价格敏感度差异的生鲜消费者效用函数,通过研究发现线上下单线下自提服务会引导零售商降低售价以刺激需求量,同时发现新鲜度感知差异指标越大、价格敏感差异指标越小。徐兵等(2021)研究发现产品价格与产品新鲜度临界值同方向变化以及最优固定价格随销售期临近度的增大而变高,捆绑价格与折扣价格是否为占优策略与参数大小有关。李琳等(2021)发现线上渠道折扣与线下渠道折扣策略在有效性上互斥,联合折扣策略提高零售商利润的空间更大。冯燕芳等(2020)在便捷特点的网购定价、网购新鲜度定价、电商平台定价、网购物流效率定价和网购信息化定价等方面提出了生鲜农产品的定价策略,有助于生鲜农产品获得更好的经营效益。刘心敏等(2020)构建了新鲜度关于时间的衰减函数以及新鲜度与保鲜成本之间的函数,利用博弈理论探究了集中决策和分散决策的生鲜农产品定价策略。闻卉等(2020)对零售商主导下的销售模式选择问题和定价策略展开研究,比较了只销售普通农产品、只销售绿色农产品以及同时销售普通农产品和绿色农产品三种销售模式下的最优定价和利润水平。陈靖等(2020)以价格、质量与履约时间敏感的随机需求为基础,建立了生鲜品定价与物流集配联合决策模型,通过计算模型说明了生鲜品性质、市场需求与成本环境对产品定价、集配决策及批发商运营收益的影响。唐跃武等(2018)提出单阶段模型中,零售商最优价格和最优库存水平均与产品价值剩余率呈正相关,而第二阶段最优价格随价值剩余率的变化趋势可能存在阈值。闻卉等(2018)研究了受数量损耗影响的生鲜农产品供应链的定价策略及协调问题,比较分析了集中式与分散式决策下的最优策略,并设计了"利润共享契约",能够实现供应商、零售商和顾客三者的共赢。王淑云等(2018)指出并非所有的生鲜农产品都适合打折促销,考虑商品"双重损耗"的库存与定价优化分析为生鲜品冷链的研究提供了借鉴。刘洋等(2017)分别在单一线上策略情况下、单一线下策略情况下,以及线上线下同价运作策略下三种不同的运作模式下,构建了单周期果蔬生鲜电商的决策模型,并得出各模式的最优定价和最优策略。熊峰等(2017)指出,合作社的公平偏好有助于提升核心企业的定价水平,但当核心企业具有公平关切时,这种提升作用会受到抑制。王宪杰等(2017)建立了库存补货定价模型并运用直接法求解模型,进而得到最优补货定价策略,并发现补货提前期和单位仓储成本对补货定价策略影响较大,二者增大会导致系统利润降低。杨磊等(2017)考虑了由一个供应商和一个零售商组成的生鲜品供应链,建立了斯塔克伯格模型,并指出初始新鲜度的提高以及折扣价格敏感系数的降低都有助于零售商利润的提高。苏雪玲等(2016)探讨了允许缺货以及缺货量部分拖后时零售商的定价与库存决策,并结合 EOQ 模型进行计算并给出具体的定价方案。张庆等(2016)将公平关切引入生鲜农产品供应链,并分析了公平关切系数对生鲜农产品供应链的影响。陈奕娟等(2016)在考虑生鲜品新鲜度的基础上,构建了生鲜品动态定价模型,并对基本需求、价格弹性因子以及新鲜度对时间的敏感因子等参数进行了灵敏度分析。研究同时表明,动态定价策略的利润高于单一定价策略的利润。祁春节等(2016)基于适应性预期理论和供给需求均衡理论构建了鲜活农产品市场定价模型,并建议建立农产品市场公共信息平台和加强供给侧调控来完善农产品定价机制。

3.2 碳足迹理论

3.2.1 碳足迹的含义与发展进程

"碳足迹"一词是从"生态足迹"这个概念中提取出来的,而"足迹"这个词最早源于加拿大的生态学家 William Ree 博士。1996 年,William 博士的学生

Wackmagel Rees 在其老师的基础上又对"足迹"这个词进行了补充说明,并提出了一个新的概念——"生态足迹"。Wackmagel Rees 将生态足迹定义为:既能够为一定领域内的人口提供可用资源,又能承载使用资源后产生的垃圾的一片土地。在此之后,英国学者们开始对生态足迹这一概念展开研究,并于 2007 年举办了一场关于生态足迹的学术研讨会,经过众多专家学者的商讨,得出了一个新的概念——"碳足迹"。自此,"碳足迹"一词在英国学术界传播开来(罗运阔 等,2010),在新闻传播以及环保组织的推动下被人们所熟知。虽然英国学者提出了"碳足迹"这一词,却没有对其进行具体的定义,因此,国内外学者对"碳足迹"一词各有不同的理解且存在争议,争议点在于碳足迹的核算对象包括所有温室气体的排放量还是仅仅是二氧化碳的排放量。

对于认为碳排放核算应该包括所有温室气体的观点,英国碳信托(Carbon Trust)公司认为碳足迹是产品的整个生命周期中释放的包括二氧化碳在内的所有温室气体。Bherwani 等(2022)同样认为"温室气体"不应该只包含二氧化碳,而是所有会导致地球表面变暖的气体,包括但不限于甲烷、氧化亚氮以及氟氯烃等。Mehedi(2022)也从产品的整个生命周期中的温室气体排放的角度,对碳足迹进行了定义。

对于认为碳排放核算只包括二氧化碳排放量的观点,杨传明等(2018)使用随机机会约束和分布决策的方法,构建了不对称信息条件下的产品碳足迹优化模型。孙丽文等(2019)通过分析制造业使用能耗的碳足迹的影响因素,发现经济增长是导致中国工业能源碳足迹生态压力的最主要因素。冯雪等(2019)基于世界旅游组织(United Nations World Tourism Organization,UNWTO)测算模型,分析了在旅游业中交通运输中产生的碳足迹与旅游产业整体经济增长的关系,发现二者存在长期的正向关系。赖镜鸿等(2020)以广东省为例,基于新经济政策(new economic policy,NEP)模型,对广东省的二氧化碳排放强度和人均能源消费进行了估算,发现广东省的碳排放强度虽然随着减排政策的实施有一定的下降,但是下降速度仍低于经济的增长速度。侯欣彤等(2020)基于国内自有的关于原镁生命周期的数据库,对国内原镁制造工艺的碳排放与碳足迹进行了准确客观的评价,为原镁产业的健康发展提供了依据和保障。翟超颖等(2022)从碳足迹的起源与内涵、计算方法、研究角度和应用领域等方面,对碳足迹的研究进展进行了归纳梳理。陈荣圻(2022)则在低碳经济背景下分析研究了印染服装碳足迹、水足迹的核算方法,针对该行业的特点,对传统核算方法进行调整,以提高方法的适用性。

3.2.2 碳足迹核算

由于目前并不存在通用的碳足迹测算方法,因此在不同条件下的碳足迹核算方法选择对碳足迹的测算十分重要。国际上获得广泛认可的碳足迹方法主要包括四种,即投入产出法、全生命周期评价法、IPCC 法以及碳计算器法,其中比较常用的方法是全生命周期评价法和 IPCC 法。投入产出法是一种自上而下的碳足迹核算法,以地方或者企业的投入产出表为基础。全生命周期评价法是一种自下而上的碳足迹核算法,它对产品每一个环节的碳足迹进行分析,然后汇总整个生命周期的碳足迹。IPCC 法主要依据联合国政府间气候变化专门委员会提供的信息对碳足迹进行计算。碳计算器则是通过计算个人碳排放来核算碳足迹,是一种更微观的计算方法。

1)投入产出法

投入产出法最早是在 1996 年时由美国经济学家 Wassily Leontief 提出的,该方法是利用投入产出表的数据来核算国家、各省以及部分副省级城市的碳足迹。丰霞等(2018)运用投入产出法构建居民消费碳足迹测算模型,结合浙江 2002—2012 年各行业的相关数据,估算居民消费的直接和间接碳足迹。叶作义等(2020)利用长三角区域间的投入产出表,计算长三角地区的碳足迹,对其溢出效应和反馈机制进行研究。董会娟等人(2012)将北京市的居民产生的碳足迹分为直接碳足迹和间接碳足迹,采用投入产出法对北京市 2007 年的碳排放总量进行了计算。王丽萍等(2018)提出相对于能源消耗法得到的结果,使用投入产出表测算物流行业的碳足迹计算的结果,更具科学性也更能真实地反映在现实中物流行业产生的碳排放。毕华玲等(2018)引入旅游消费剥离系数,采用投入产出法对河北省 2012 年旅游产业的碳足迹进行了测算。王晓旭等(2019)提出投入产出法在计算碳足迹的过程中由于进行平均化的处理,因此仅仅适用于计算单一行业或部门的碳足迹,无法计算微观中单个产品的碳足迹,存在一定的局限性。徐恺飞等(2020)根据国内的碳排放数据库,采用投入产出法对 2015 年中国制造业的碳足迹进行了测算,发现在能源结构调整的情况下,制造业的碳足迹有了较为明显的下降。王俊博等(2022)总结分析了当前常用碳足迹核算方法的优劣势,并归纳出适合煤炭开发利用产业的碳足迹计算方法及碳减排措施。

2) 全生命周期评价法

对产品从生产制造到回收利用的整个循环过程中产生的各种碳排放进行计算的方法就是全生命周期评价法。全生命周期评价法从四个角度对碳足迹进行评价，即碳足迹目标、清单分析、影响评价及结果分析。张楠等（2019）运用生命周期法对建筑碳足迹评价标准的发展过程进行了研究。龚俊川等（2019）利用生命周期评估（life cycle assessment，LCA）分析比较了传统燃油车与新能源车的全生命周期碳足迹，找出差异点并提出改善建议。根据生命周期各阶段碳足迹占碳足迹总量的比重，一些学者选择具有更大影响力的阶段展开研究。张佳雯等（2018）以新鲜马铃薯为例，采用生命周期评价法，通过目的与系统边界设定、数据收集及清单分析，计算了马铃薯在其生命周期各个阶段的碳排放。容耀坤等（2019）采用生命周期评估法，以杭州某食品公司的果汁生产线为例进行了碳足迹核算，并在分析核算结果后提出了优化方案。张帆等（2016）以赣南脐橙为例，采用了全生命周期法对其进行了碳足迹核算，最终得出 1 kg 脐橙的碳足迹约为 0.04 kg Ce。师帅等（2017）对畜牧业的碳排放研究进程和核算方法进行了梳理，提出基于全生命周期评价的方法在实际操作过程中很难真正做到"从摇篮到坟墓"的要求。童庆蒙等（2018）介绍了欧美各国采用 LCA 进行碳足迹测算的实践，对 LCA 使用过程中的核心要素，包括核算单位、核算范围以及数据要求等进行了细致的介绍。崔文超等（2020）使用全生命周期评价法对青田县的水稻和鱼共生系统的整体碳足迹进行了测算，发现该农业系统中主要产生的碳排放为甲烷，占比 54%。孟凡鑫等（2022）基于全球城市加快节能减排的背景，以深圳市为例，从生命周期视角分析研究了城市碳足迹核算及实现碳中和的路径建议。何巧玲等（2022）采用基于 LCA 土壤碳库法的碳足迹计算方法分析比较了油菜秸秆覆盖还田与油菜秸秆翻埋还田处理下的水稻碳足迹，对秸秆绿色低碳利用及"油菜-水稻"复种系统可持续生产具有重要指导意义。

3) IPCC 法

1988 年世界气象组织与联合国环境规划署为了应对气候变化，成立了联合国政府间气候变化专门委员会（IPCC）。IPCC 在 2006 年提出了一个《IPCC 国家温室气体清单指南》，对碳足迹进行测算的 IPCC 法就是依据该指南对不同区域、不同领域的碳足迹进行计算。国外方面，Aylin Çigdem Köne 等（2019）以土耳其的可持续发展为目标，利用 IPCC 法测算碳足迹后又采用对数平均指数法对二氧化碳排放量进行分解分析。Maximilian Schueler 等（2018）利用

IPCC法测算奶牛场的碳足迹,对不同奶牛场的环境绩效进行比较,确定温室气体排放量最高和最低的奶牛场。国内方面,侯玉梅(2012)依据钢铁生产过程中每个环节的能源的使用情况,利用IPCC法计算出对应的碳足迹。赵先贵(2016)基于山西省的面板数据,使用IPCC法对山西省的碳足迹进行测算,提出山西省应该从发展节能减排技术、优化产业结构以及提高能源利用效率等方面来减少碳排放。李影(2022)以关中地区为例,采用IPCC碳足迹评估模型测算并分析了碳足迹时空演变特征,采用对数平均迪氏指数分解法(logarithmic mean divisia index decomposition method,LMDI)和Tapio脱钩模型探讨了碳足迹驱动因素作用的差异性及其与经济增长的脱钩关系。奚永兰等(2022)将OECD法(organisation for economic co-operation and development)、IPCC系数法和质量平衡法等3种碳排放方法进行比较,发现IPCC系数法相较于OECD法具有更全面且准确的优势,而IPCC系数法在计算排放设备更换频繁、自然排放源复杂的情况下没有质量平衡法准确。李哲等(2022)结合IPCC的概念性框架,探讨了水库温室气体净排放量评估的内涵与关键问题,提出了对水库蓄水前后温室气体通量变化评估的技术路径。

3.3 低碳供应链理论

3.3.1 低碳供应链

"低碳供应链"一词最早出现于美国的环境负责制造研究领域。Shaharudin等(2019)利用社交网络分析的方法对低碳供应链(low-carbon supply chain,LCSC)管理的过去、现在和未来的趋势进行了研究。Sharma等(2016)在进行文献分析后,采用定量方法对低碳供应链的环境绩效进行了评估。Pérez-Neira等(2018)在对低碳供应链的管理情况进行了系统的梳理后,认为传统供应链过于强调经济利益,忽视了环境保护问题,而低碳供应链就是在传统供应链的基础上加入了环境绩效因素,强调环境保护和碳减排在应对全球环境变化中的重要作用。Sherafati(2020)基于低碳供应链理念已经融入于各个领域这一情况,认为低碳供应链的管理极具意义。Ghosh 等(2020)通过考虑政府强制性限额与交易监管和消费者低碳偏好下的排放敏感随机需求,分析了双层双渠道供应链模型,并提出了一些关键的供应链渠道策略,以便为供应链中的成员获得更多的管理见解。Yu 等(2020)认为可以通过设立碳税征收机制以及碳交易规则来对低碳供应链进行管理。Mohajeri 等(2016)讨论了在无法准确计算碳排放量的情况下,如何对低碳供应链进行有效的管理。石松等(2016)将低碳供应链的管理重点放在低碳技术的提升以及低碳制度的支撑上,一方面要提高供应链各个主体节能减排的意识,另一方面要通过改进生产技术提高能源的利用效率。Mao 等(2017)认为可以通过引入质量管理的方式对低碳供应链进行管理。Munasinghe 等(2017)和 Chen 等(2017)分别通过分析制造业中的能源利用效率以及碳排放、供应链主体碳减排责任,认为对低碳供应链进行管理能够为企业主体起到重要的支撑作用。I-Hsuan Hong 等(2018)、Zhou(2018)、Bai 等(2019)以及孙嘉楠等(2018)从各种角度对低碳供应链的管理运作以及重要作用进行了详细的探讨,肯定了低碳供应链在环境治理中发挥的重要作用。此外,也呼吁亟需构建一个科学、严谨的低碳供应链的管理体系。

3.3.2 低碳供应链管理

在研究低碳供应链管理的过程中,国内外的专家学者选择了多种方法。Ng 等(2019)利用一种多目标低碳供应链规划的整数模型对供应链主体的碳减排能力进行分析,为供应链的决策提供参考。Shen 等(2013)采用模糊逼近理想解排序法,对低碳供应商的选择设置了一种多准则的评价方法,并且讨论了在低碳管理中应该注意和强调的问题。基于标杆法和历史比较法,刘超等(2017)研究政府对碳排放的约束以及顾客对低碳产品的敏感性对供应链主体进行节能减排决策的影响。Sun(2019)通过实证评价研究,提出制造企业碳排放效率提高的关键在于技术水平的提高。乔毅等(2020)基于目前市场上对低碳产品的巨大需求,鼓励低碳供应链中的企业通过上下游的金融合作或者银行提供贷款来增加制造企业对碳减排的投资。李艳冰等(2020)探讨了在低碳供应链中,企业决策者有公平偏好,非常关注利益分配的公平性问题,如果决策者认为企业在利益分配中有不公平的现象,将会对低碳供应链的推进有一定的抵触心理。徐春秋等(2020)提出了在低碳经济下,政府对低碳供应链是否给予补贴将会影响供应链中各主体的低碳商誉。刘小红等(2020)采用混合神经网络算法,来解决低碳供应链运行过程中的柔性资源配置问题,使用整体配置错误率准则来验证最终构建模型的鲁棒性。范贺花等(2020)分析了在不确定环境下,低碳供应链中的渠道选择问题,提出消费者对于线上销售渠道和线下零售渠道的选择受到制造商在生产过程中的边际成本的影响。邹浩等(2022)基于碳交易机制背景,利用均值方差法和Stackelberg博弈理论研究了考虑风险规避的低碳供应链定价决策,为碳交易政策下制造企业的减排决策提供了参考依据。崔琪晗(2022)在低碳经济背景下,基于产品替代理论研究了低碳供应链的选择决策。江佳秀等(2022)研究了在政府补贴下由制造商主导的低碳供应链系统的最优决策和碳减排策略。徐春秋等(2022)考虑了低碳补贴政策和消费者双重偏好下由制造商主导的两级供应链,研究在两种不同的合作方式下线上、线下渠道融合的条件,以及供应链定价和减排策略。

3.4 碳减排合作理论

3.4.1 静态视角下的供应链碳减排合作

供应链企业之间的合作不仅有益于碳减排的实施,还能够提高供应链企业的效益,因而碳减排合作研究引起了专家学者的关注。早期,专家学者对碳减排合作的研究集中在企业碳减排技术研发上,Daspemont等(1988)提出供应链节点企业在减排研发中进行合作,一方面有利于双方研发水平的提升,另一方面能够提升企业的效益。王冬冬等(2020)讨论了低碳供应链中的企业在进行研发合作的过程中可能会出现的利他偏好行为,对这一行为的危害性进行了分析。王勇等(2019)以消费者低碳偏好和碳交易政策为背景,构建博弈模型来研究节点企业在低碳技术研发过程中的竞争与合作问题。孙晓华等(2012)使用逆向归纳法讨论企业合作研发投入、技术溢出以及社会福利效应三者之间的关系。尚猛等(2019)讨论了集中式决策和分散式决策情况下,生产商的减排研发投入和销售商的低碳产品宣传行为之间的结合是如何作用于低碳供应链的。

刘名武等(2015)以碳交易为背景,使用数据包络分析(data envelopment analysis,DEA)方法计算在横向减排合作的情况下生产商和销售商之间的减排成本的分摊方法。

Li等(2017)和Yang等(2017)对横向和纵向合作研发下的供应链利润进行了比较。Halat等(2021)认为生产商与零售商之间对减排研发成本的分摊可以优化整个低碳供应链,并提高供应链的整体环境绩效。Liu(2021)等建立了由一个制造商和一个零售商组成的农业低碳供应链,讨论在考虑碳税与投资合作时的最优决策。黄守军(2015)、王素凤等(2016)以电力行业为观察对象,认为独立发电商的减排技术引进需要较高的成本且存在风险,因此提倡与其他企业进行合作来投资减排技术研发。张翼等(2020)利用实证分析对中国地区工业之间的碳排放形式和空间依赖进行了分析,提出区域协同减排的想法。

3.4.2 动态视角下供应链碳减排合作

之后,学者们开始以动态视角研究企业供应链主体间的合作减排策略,来实现企业效益和环境绩效的提升。王芹鹏等(2014)构建零售商主导的二级供应链,研究在零售商动态影响下制造商最优决策的变化情况。徐春秋等(2016)提出制造商作为承受碳排放压力的主体,可以通过与零售商合作减小压力,实现共赢。赵道致等(2016)构建微分博弈模型,对供应链主体间的合作减排的动态协调方法进行了研究。游达明等(2016)以产品的低碳程度和销售商的商誉作为动态变量,分析在集中式决策和分散式决策情形下的供应链效益。陈东彦等(2018)认为企业进行减排后并不能产生及时性的效果,碳减排的效益存在滞后性,这种滞后性会对低碳供应链中节点企业的低碳决策和合作减排策略产生影响。王道平等(2020)以碳减排量以及企业的商业名誉作为状态变量,研究两者影响下产品的需求的变化以及对政府的反馈策略。Li等(2019)研究了不同的博弈结构,即三种合作结构模式及一种非合作结构模式下,低碳闭环供应链的最优决策问题。Gao等(2018)研究了碳税政策下制造商与零售商完全不合作、完全合作以及碳减排成本分担情况下供应链的决策问题。

3.5 低碳视角下的生鲜品冷链运营优化

随着"碳达峰、碳中和"的概念引起全球的关注,作为高耗能大户,生鲜品在生产、运输和存储过程中会产生大量的温室气体,从碳税、碳交易和碳足迹等方面研究生鲜品冷链运营优化对于实现"双碳"目标具有重要的意义。

3.5.1 碳税方面

在国外研究中,Bozorgi 等(2014)提出了一种综合的冷链库存模型,通过使用碳税政策以及运营成本来考虑碳排放成本,从而促进可持续性。Marufuzzaman 等(2014)提出了一个双目标供应链优化模型,考虑了经济和环境因素,并探讨了不同碳排放法规对供应链绩效的影响。Hariga 等(2017)构建了碳税监管下多阶段冷链的综合经济和环境模型,通过对模型的求解和灵敏度分析,结果表明,将碳税监管纳入碳相关成本可能导致运营成本略有增加,但能够大幅减少碳排放量。Hariga 等(2017)解决了由工厂、配送中心和零售商组成的三级冷链中单个冷产品的批次尺寸和运输问题,提出了一个数学优化模型,并考虑了碳税法规下在确定性环境中冷产品的运输和储存活动产生的碳排放的影响。Babagolzadeh 等(2020)基于迭代局部搜索(iterated local search,ILS)算法和混合整数规划的数学算法,探讨了在碳税监管和不确定需求的情况下,生鲜品冷链储存和运输中产生的碳排放的影响,研究结果表明,高排放价格并不一定能提高冷链系统的效率。As'ad 等(2020)采用拉格朗日松弛方法,比较了碳税和碳限额政策下生鲜品冷链的运营成本和碳足迹绩效,研究结果表明随着碳税和碳限额的增加,碳排放总量会逐步增加,运营成本会逐步减少。Rout 等(2020)开发了在碳税、碳限额与交易政策下的一种可持续的供应链库存管理(supply chain inventory management,SSCIM)模型,以通过减少碳排放量来减轻碳排放的影响。Alkaabneh 等(2021)考虑了碳税、土地节约激励措施和新的减排技术下,对水果生鲜品冷链碳排放量的影响,研究结果表明,在碳税政策下,能够有效减少水果生鲜品冷链的碳排放量,但会导致水果产量下降和价格上涨。Chen等(2021)从低碳经济的角度提出了一个时间依赖型冷链物流绿色车辆路径问题,并采用混合模拟退火-回火算法(hybrid simulated annealing-tempering algorithm,HSATA)研究了交通拥堵和碳税条件下车辆从配送中心到仓库的冷链物流优化路径,结果表明,交通状况恶化会增加碳排放量,而增加碳税会在一定范围内减少碳排放量。Hasan等(2021)对碳税、限额与交易政策下的冷链库存水平和技术投资进行了优化。

在国内研究中,王博等(2021)在面对碳排放技术的冲击时,相比碳税政策,碳交易政策下,碳价大幅波动会进一步加剧经济波动,在碳交易市场中对碳价设定上下限,可以有效地减轻碳排放技术冲击所导致的经济波动。江素忠(2016)在低碳经济背景下,构建了基于碳税约束的农产品冷链物流配送网络模型,并通过算例分析和数值模拟,对构建的基于碳税约束的农产品冷链物流配送网络模型进行了科学性和有效性验证。王明喜等(2021)在考虑碳排放的环境外部性特征的基础上,提出差异税率碳税政策的征收依据。宋佳晋(2017)构建了考虑碳排放的生鲜产品冷链配送路径优化模型,并分析了考虑碳税价格和不考虑碳税价格模型求解的成本差异,得出在冷链物流配送路径优化模型中,考虑碳排放能够比较有效地减少碳排放量,减少环境污染,降低物流企业运输成本的结论。游力(2017)结合冷藏运输环节过程中碳排放的主要影响因素,构建了考虑碳排放的冷链物流系统模型,并通过敏感性分析发现,碳税价格会给冷链物流系统带来更多的额外成本。夏西强等(2020)基于政府补贴和碳税政策构建两种生产模式(一种生产模式是低碳企业只生产低碳产品,另一种生产模式是低碳企业同时生产两种产品)下低碳企业与普通企业的博弈模型。黄星星等(2018)在构建了考虑货损成本和燃油消耗率的生鲜农产品冷链配送路径模型的基础上,通过考虑碳税和碳限两种碳规则,对生鲜农产品冷链配送路径进行了优化。陶志文等(2019)针对碳税规制下的冷链物流配送问题,构建了优化配送成本、保障客户服务水平和降低碳排放的多目标数学模型,通过采用粒子群算法对模型求解,同时进行灵敏度分析,结果表明,冷链物流配送企业的综合成本随碳税的增加而提高。杜雅楠(2020)在低碳经济背景下,分别建立了碳税和碳交易规制下的选址-路径优化模型,通过实证分析发现将碳税和碳交易规制转化为经济成本,引入选址-路径优化模型中,降低了企业的碳排放量和运输里程数,实现了经济成本优化的同时,兼顾社会环境效益。贾雪冬(2021)以低碳视角进行冷链物流配送路径优化出发,构建了总成本最小化且低碳环保的生鲜农产品冷链物流车辆配送路径优化模型,并通过遗传算法和算例验证了在冷链物流配送车辆路径规划时考虑碳排放因素可以有效降低配送的总成本和碳排放量。安璐等(2022)针对冷链配送过程产生大量碳排放的问题,提出一种改进的自适应量子旋转角调整策略提升算法效率,并在选定的算例模型上,通过实验仿真和对比分析,验证了碳税机制下的生鲜农产品冷链配送路径优化方法的有效性。罗瑞(2022)基于分类用户满意度的和碳中和背景,构建了考虑分类用户满意度和碳税碳限政策的冷链物流成本模型,通过实证分析表明模型有效降低了企业碳排放,提高了用户满意度。

3.5.2 碳交易方面

在碳交易视角下生鲜品冷链的研究中,国外学者 Roy 等(2022)对保鲜技术与限额与交易政策之间的协同作用进行了评估。Dye 等(2015)对碳限额与交易约束下生鲜品的库存决策进行了研究,结果表明较高的市场碳交易价格能够缩短商业信用的周期并促使企业加大减排力度。Rout 等(2021)在碳限额交易政策下,针对单一供应商和多买家的可持续供应链库存管理(SSCIM)模型进行了研究,并认为通过减少碳排放量来实现供应链的可持续发展。Liu(2020)等基于冷链物流中的车辆配送问题,提出了一种具有碳交易机制的联合配送模型,研究结果表明,与单一分配相比,联合分配是降低总成本和碳排放的有效途径。Zhang(2021)等在碳交易政策下,构建了城市冷链物流低碳排放竞争配送中心区位优化模型,并通过云粒子群优化算法来求解模型,研究表明,碳排放配额政策和碳排放交易价格的变化能够影响新冷链配送中心的规模、碳排放总量和社会总成本。

国内研究方面,王婉娟(2018)在既有冷链库存路径问题的研究基础上,结合碳配额交易政策建立带有环保要求的冷链库存路径广义成本模型,并运用遗传退火进化算法求解,算例分析表明,在碳配额交易机制下,利用带有环保要求的冷链物流库存路径广义成本模型进行优化,起到了良好的收益和减排效果。丁黎黎等(2020)在"动态碳税+限额交易"机制下,基于碳资产质押融资,构建了工业共生链中上游制造商、下游制造商以及银行的三方演化博弈模型,研究了政府碳规制政策以及银行决策对上游制造商和下游制造商减排行为的影响。段诗远(2019)通过构建考虑碳交易机制的生鲜农产品冷链配送的选址-

路径联合优化模型,并采用GASAA算法模拟分析了冷链配送选址-路径问题中在引入碳交易机制时,企业所获得的经济效益和社会效益。宋向南等(2021)对碳排放总量和强度都持续刚性增长的建筑领域,利用市场机制,借助碳交易来控制和减少其碳排放是一项重大的制度创新。王晓雅(2019)通过建立冷链物流碳排放计算模型,依次对基于碳配额差值交易和需求不确定下低碳冷链物流优化问题进行了研究。夏良杰(2021)研究发现,在碳交易规制下,定制和订购两种减排合作模式下供应链成员均存在最优决策。王长琼等(2020)基于碳配额交易政策将碳排放量转化为碳排放成本,立了综合考虑碳排放和冷链食品的配送路径模型,采用遗传算法求解并进行灵敏度分析,为冷链物流配送决策及碳排放控制提供参考。郝彦婷(2021)构建了碳配额交易机制下由第三方物流服务商为主导企业,供应商和零售商为跟随者的三级冷链供应链结构模型,综合考虑碳交易成本、保鲜投资成本和碳减排投资成本等对供应链决策的影响,从低碳经济的角度出发,设计了冷链供应链组合契约协调机制。白雪(2021)研究了碳排放权交易与新能源车辆对冷链配送决策的影响,并提出了基于碳交易与新能源车辆的冷链物流配送优化问题,为冷链物流决策者合理决策、提高收益,以及市场监管者规范并引导市场行为提供理论支撑,实现经济效益和社会效益的共赢。

3.5.3 碳足迹方面

在碳足迹方面,国外学者Vázquez-Rowe(2013)基于企业视角,以维哥一家海鲜行业为例测算了多成分海鲜产品从加工、包装和运输等过程的碳足迹。Roibás(2016)则对厄瓜多尔香蕉在冷藏运输过程中的碳足迹进行了测算。Iriarte等(2021)以智利苹果运到英国的案例,测算了出口到欧洲的南半球水果的碳足迹。Xu等人(2015)从技术,消费行为和环境政策的角度回顾了在食品系统每个阶段减少碳足迹的方法。他们通过研究发现,改进管理技术和采用先进技术对于良好食品系统的每个阶段都至关重要。通过对碳排放进行适当的过程控制和过程优化,可以大大减少碳排放。Wróbel-Jędrzejewska等(2022)基于对植物生产技术的分析,提出了一种确定蔬菜生产碳足迹的方法:根据工业工厂中开发和实施的技术生产线测量系统来确定冷冻蔬菜生产的碳足迹。Parashar(2020)对整个食品供应链效率低下的因素进行分析研究,将有助于减少食物的浪费,从而降低碳足迹的产生水平。Coghetto(2016)提出了一个三目标分销计划,以解决考虑到运营成本、碳足迹和交付时间目标的新鲜食品分销网络的战略优化。Jean等(2021)开发了一个用于计算世界所有国家冷链每个阶段的CO_2排放量的创新模型,将当前全球冷链与改进冷链的CO_2排放量进行比较,研究表明:改进的全球冷链将使当前冷链的CO_2排放量减少近50%,还将减少55%由当前冷链所产生的食品损耗。

国内研究方面,徐兴等(2018)为了计算冷链产品某个工位的碳足迹,针对冷链工位的碳排放,建立基于产品生命周期时间维的冷链碳足迹模型,并以某冷链企业为例,计算某批次冷链产品生命周期过程中某工位的碳排放量,并验证了模型的有效性与实用性。许茹楠等(2018)采用生命周期评价法分析果蔬冷链生命周期中预冷、贮藏、冷藏运输、销售以及消费等环节的碳足迹,计算了每个环节的碳足迹,并以一条典型的某蔬菜冷链为例,量化整个生命周期的碳足迹。刘广海等(2018)提出了一种计算冷链物流碳足迹的系统方法并构建了冷链物流系统碳足迹模型,研究了以香蕉全程冷链物流碳足迹问题。廖晶等(2018)运用生命周期评估方法对农产品不同流通模式的各个环节建立测算模型,并实证分析荔枝供应链的碳足迹。研究结果表明,腐损率从0上升到18%时,碳足迹逐渐升高。李斌等(2019)利用生命周期评估法计算了某果蔬从生产到废弃各环节的碳排放。结果表明:1 kg 果蔬的冷链碳排放为 0.069 7 kg CO_2,冷藏运输环节的碳排放最多,占总量的75%,预冷和储存环节的碳排放分别占10%和9%。陈福森等(2019)基于碳足迹的视角,以模糊认知图法呈现脆弱度因子彼此间错综复杂的关系,在建立冷链物流系统的脆弱度因子后,对其进行脆弱度分析,找出易影响或易被影响的脆弱度因子,得出冷藏车类型、运输批量、碳排放量,以及转运为最优先处理的因子。黄曼(2019)结合生命周期法,对农产品在流通过程中各个环节构建测量模型并加以运用于农产品荔枝这一实际案例中,可以先从耕地角度出发,分析荔枝的供应链碳足迹,发现在常温下的流通过程相比全程处于冷链的流通过程来说,碳足迹相对要高。吴俊章(2020)构建了两种典型的冷藏车机械制冷系统和蓄冷系统碳足迹计算模型,对其碳足迹结果和能源成本进行比较分析,研究结果表明,两种典型系统碳足迹差别的主要在于间接排放过程上。蓄冷系统会消耗大量电能,产生更多的碳排放。缪小红等(2021)针对农产品流通的特殊性,结合生命周期法,建立了生鲜农产品供应链各环节碳排放模型,并以福建省罗源县草莓供应链为例验证模型,测算并比较分析冷链模式下和常温模式下其碳足迹,结果发现,冷链模式较常温模式下的草莓腐损率更低,且碳足迹也更低。李斌等(2021)则利用生命周期评估方法计算了某果蔬冷链各环节的碳足迹,并基于能量平衡方程,研究了不同运输时间下的冷藏运输方式和碳足迹。

3.6　文献综评

通过梳理现有国内外主要研究成果,可以发现:

(1)在研究视角方面,现有研究多关注生鲜品冷链本身的特征和规律,而不需要考虑诸如节能减排等外部因素对于生鲜品冷链运营产生的影响,同时考虑两种因素下的冷链运营模式优化研究相对较少。因此,现有研究虽然已经对生鲜品冷链运营优化取得了一定的进展,但是对于同时考虑碳排放和新鲜度两种因素下对冷链运营优化的研究仍然有较大的发展空间。

(2)在应用场景方面,现有研究受制于具体生鲜冷链企业运营数据获取难、时效性不高等因素制约,在具体场景案例佐证方面仍显不足,且研究范围主要侧重于影响因素研究、风险研究和断链原因研究等,对冷链运营模式优化方面的研究较少。因此,对于如何将生鲜品冷链运营模式优化与具体应用场景相结合的研究还有进一步完善的空间。

(3)在生鲜品冷链的一般理论方面,现有研究强调从整个系统出发,采用集成的思想对生鲜品冷链进行优化,而对不同阶段的侧重点关注不足,鲜有对冷链各阶段具体如何优化的深入研究。此外,当前对生鲜品冷链优化的研究主要集中在对库存和配送阶段优化的研究,而生产、销售作为其中的重要环节,其局部优化对生鲜品冷链整体优化的影响较少被考虑在内。

(4)在低碳视角下生鲜品冷链研究方面,通过对国内外相关文献的梳理分析可知,碳交易、碳税等因素对生鲜品库存及供应链协调的影响以及生鲜品冷链的核算一直都是学术界研究的热点,近年来关于企业碳减排合作方面也有大量学者进行研究。但目前以碳减排技术、低碳消费方式等为主题的生鲜品冷链的文献研究较为缺乏,随着低碳科技的发展和绿色消费观念的逐渐普及,针对生鲜品冷链碳减排技术和低碳产品的研究还有待进一步加强。

综上所述,"双碳"目标下生鲜品冷链运营模式及优化策略研究是一个涉及多个行业、需要多学科知识背景的综合问题。首先要明确碳排放与新鲜度对于衡量冷链运营效率的重要意义;其次,在此基础上考虑供应链各节点的碳排放、新鲜度和成本约束,提出生鲜品冷链的优化机制;再次,从政府部门、企业组织、行业协会和科研机构等激励视角,提出生鲜品冷链运营优化的调控机制;最后,通过实践案例检验和完善机制设计。

第4章 生鲜品冷链运营现状及主要问题

本章在对文献综述梳理的基础上,立足生鲜品冷链上游、中游以及下游阶段,分析当下生鲜品冷链存在的主要问题和制约因素,从整体上对生鲜品冷链的发展情况进行评价,进一步明确后续的研究方向。

4.1 运营现状

随着人们生活水平的提高,对冷链的需求亦迅速增加,生鲜品的高质量和高需求量推动了生鲜品冷链的发展。然而,冷链低温环境的获得和保持,以及生鲜品冷链运输过程带来了大量的碳排放。在全球碳排放统计中,交通运输占14%,道路碳排放占整个运输部门碳排放量的70%,而冷链配送行业又属于道路运输中高能耗、高碳排放量行业。因此,如何在生鲜品冷链中节约能源,减少碳排放,寻求经济和环境可持续发展的双赢局面仍是目前研究中的一个热点问题。

4.1.1 发展基础

1)行业规模显著扩大

近年来,我国冷链物流市场规模快速增长,国家骨干冷链物流基地、产销地冷链设施建设稳步推进,冷链装备水平显著提升。图4-1的数据显示,2020年我国冷链物流市场总规模为3 729亿元,比2019年增长338亿元,同比增长9.97%。据研究院预测,到2022年,我国冷链物流行业市场规模将突破4 500亿元。

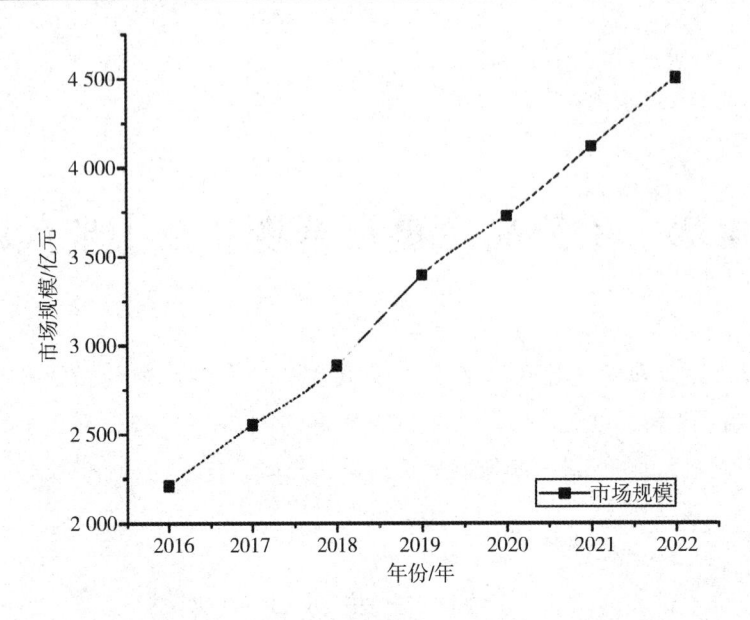

图 4-1 2016—2022 年中国冷链物流市场规模

2）发展质量不断提升

初步形成产地与销地衔接、运输与仓配一体、物流与产业融合的冷链物流服务体系。冷链物流设施服务功能不断拓展，全链条温控、减碳、全流程追溯能力持续提升。

3）创新步伐明显加快

数字化、标准化、绿色化冷链物流设施装备研发应用加快推进，新型保鲜制冷、节能环保等技术加速应用。冷链物流追溯监管平台功能持续完善，冷链快递、冷链共同配送、"生鲜电商＋冷链宅配"和"中央厨房＋食材冷链配送"等新业态新模式日益普及，冷链物流跨界融合、集成创新能力显著提升。

4）市场主体不断壮大

冷链物流企业加速成长，网络化发展趋势明显，行业发展生态不断完善。如图 4-2 所示，2021 年中国生鲜电商行业市场规模为 3 117.4 亿元，较 2020 年上涨 18.2%。疫情期间消费者线上购买生鲜的需求增加，且用户对生鲜电商行业的信任度加深，预计 2022 年中国生鲜市场规模将达 3 638 亿元。

5）基础作用日益凸显

生鲜品冷链衔接生产消费、服务社会民生和保障消费安全能力不断增强，在调节生鲜品跨季节供需、稳定市场供应、平抑价格波动、保证新鲜度和减少流通损耗中发挥了重要作用。

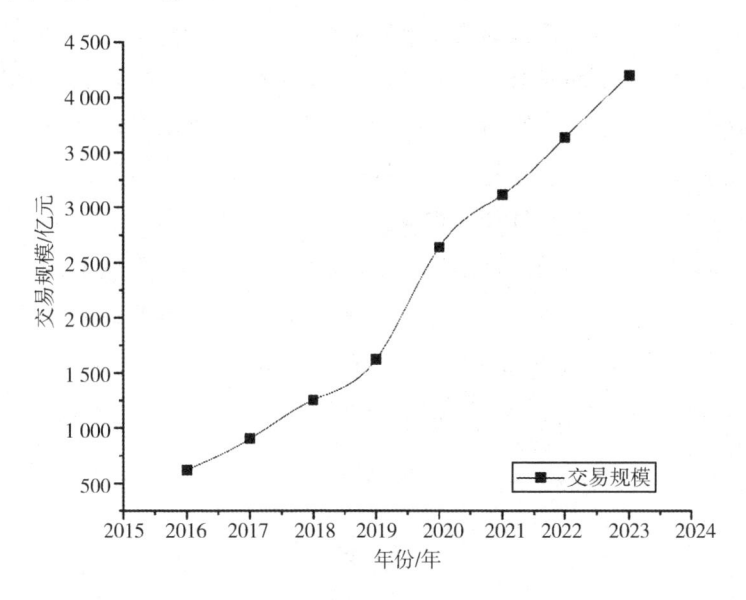

图 4-2　2016—2023 年生鲜电商市场规模变化情况

4.1.2　面临形势

1）生鲜品冷链碳排放权将纳入考量

随着全国碳排放权交易体系的开展,碳排放权已成为供应链成员的一种重要资源,为生鲜品冷链内部碳交易提供契机。部分行业已经开始实施碳配额政策,冷链行业作为一个高碳排放行业,未来很可能成为政策密集关注的领域,在碳配额实施方面有较大的发展前景。

2）生鲜品冷链与数字化深度融合

伴随新一轮的科技革命,大数据、物联网、第五代移动通信(5th Generation Mobile Communication System,5G)和云计算等新技术快速推广,全面赋能生鲜品冷链各领域、各环节,加快设施装备数字化转型和智慧化升级步伐,提高信息实时采集、动态监测效率,为实现冷链物流全链条温度可控、过程可视、源头可溯,提升仓储、运输、配送等环节一体化运作提供了有力支撑,有效促进冷链物流业态模式创新和行业治理能力现代化。

3)生鲜品冷链软硬件技术水平较低

生鲜品冷链运营需重点建设的是其低温保障能力,生鲜品冷链是制冷技术与综合运输服务的有机结合。从硬件设备层面来看,不仅需要完善的制冷设备和控温硬件,还需要完善的物流服务基础设施。总体上来看,国内冷链物流的装备发展建设水平仍存在明显的滞后性。

4)生鲜品冷链组织协同要求提高

当前,对生鲜品冷链组织结构提出了更高的要求,需要上、中、下游更好地进行协调和链接。要实现生鲜品冷链组织协同化运作和管理,必须加强组织需求驱动协同、流通企业技术创新协同、生鲜品创新供应链方案实施与政策环境的协同,这对于改善生鲜品冷链流通效率具有指导意义。

4.2 主要问题

4.2.1 从生鲜品冷链上游角度

1)生产端集中度分散

自古以来,我国农业生产即以个体"小农生产"为主,生产经营非常分散,集中度较低。我国"小农经营"导致生鲜品生产地极为分散,较高的生产分散度,使最靠近农户这一源头的下游,无论是经纪商,还是批发商、零售商,必须与"千家万户"的农户面对面,大大增加采购成本,降低流通效率。

2)预冷技术应用范围有限

预冷是冷链物流的第一环节,直接影响生鲜品后期的贮藏与运输的损失率。目前我国冷链系统存在制度不完善、技术落后的情况,尤其在预冷方面,我国的预冷应用主要集中于出口的生鲜品,而国内运输的生鲜品预冷没得到推广,这导致我国的生鲜品流通损失率高达25%~30%。

3)生鲜品包装保鲜能力低

生鲜品冷链物流难点颇多,就生鲜品包装业务而言,传统纸箱、传统泡沫保温箱和传统高密度发泡塑料保温箱适用于不同的场景,但同时也具备各自的优劣点,不能很好地解决生鲜品冷链产业高速发展中遇到的问题,导致生鲜品冷链产业中浪费十分严重,成本也居高不下。

4.2.2 从生鲜品冷链中游角度

1)生鲜品冷链储存条件落后

冷链系统仍处于发展的初级阶段,尚未形成大规模的系统化、信息化的冷链系统。冷库设备陈旧、功能单一、空间利用率和年利用率低。在淡季,冷库闲置、储存量低、利用率低;在旺季,冷库的储存容量饱和,这可能导致一些产品无法储存的损失,冷库成本高,自动化控制水平低。

2)生鲜品冷链运输碳排放量高

冷链运输及配送所产生的碳排放,以及对生态环境所产生的负面影响比普通货物物流更大且对化石能源的消耗更多,主要体现在冷链产品输送的各种运输载具方面,借由化石能源所产生的二氧化碳,使用过程中会新增大量温室气体 CO_2,同时排放一些有污染的烟气,加之我国冷链物流产业尚处于初级发展阶段,市场组织化程度低,链条上的组织协同能力偏低,导致冷链物流社会成本高,因而成为其高质量发展的主要痛点。

3)生鲜品冷链"断链"现象严重

传统的生鲜品冷链包括生产、仓储、包装、运输、配送、零售到消费者的供应链过程,冷链运输的一个重要法则是乘法法则,即各个环节要实现无缝对接,使得整个冷链顺畅有效,否则任何一个环节出现问题都会导致生鲜品冷链出现断链现象。由于生鲜品运输过程中温度不适宜、冷链设施配套不健全等,造成了"断链"情况频繁出现。

4.2.3 从生鲜品冷链下游角度

1)生鲜品销售地分散

由于生鲜季节性明显,单个销地需要全国各个产地轮流支撑,以实现全年不间断销售,从而决定了中国的生鲜品市场是"产全国卖全国"。由于生鲜品种类的多样性、销售地的分散等自然因素影响,大大增加我国生鲜品在全国范围内的流通难度。

2）消费者低碳意识低

一般而言，随着经济发展和生活水平的提高，个人消费领域的碳排放会逐渐增加。首先由于消费行为和习惯通常具有一定的依赖性，可能会导致消费者碳排放的锁定效应。其次，消费者低碳意识不够强烈，在消费时受到价格的影响，部分消费者可能不会选择低碳产品。

3）废弃物处理要求高

由于生鲜品的保质期短，消费者对其质量要求较高，因此生鲜品的废弃物较普通产品来说较多。此外，合理处理其废弃物也需要一定的人力物力成本，因为一旦处理不当，会对环境造成污染。有研究表明，生鲜品废弃物会导致温室气体排放量大幅上升，未来甚至可达到每年排放几十亿 t 二氧化碳的增量。

4.3 本章小结

"双碳"背景下，绿色理念已经成为生鲜品冷链的主旋律。生鲜品冷链一方面要确保生鲜品的质量安全，另一方面要以最低能源消耗、最低碳排放标准、最大经济效益和最高运作效率为目标，走绿色低碳发展之路。当下生鲜品冷链存在的主要问题体现在：新能源技术、低碳技术总体使用水平不高；企业和消费者绿色消费理念和低碳意识淡薄；生鲜品储存条件仍需改善；生鲜品冷链信息网络建设不完善。为了推动我国生鲜品冷链低碳化发展，必须大力发展新能源技术、低碳技术，推动生鲜品冷链基础设施更新换代；发挥政府宏观调控作用，引导社会树立低碳理念；促进生鲜品冷链信息化发展，完善物流信息网络，从而形成生鲜品冷链全过程的可视化，实现全流程的低碳运作。

第 5 章 生鲜品冷链优化调控关键要素分析及评价

随着生鲜品冷链物流的快速发展,伴随而来的高额碳排放造成的环境问题日趋严重,针对以上问题,本章将绿色低碳要素融入生鲜品冷链物流优化调控关键要素评价,从低碳视角构建生鲜品冷链优化调控关键要素评价指标体系。该体系的构建将有助于企业识别和优化关键要素、权衡经济利益与环境保护,为建立"双碳"目标下的生鲜品冷链优化调控机制提供前提。

5.1 生鲜品冷链构成要素分析

传统供应链管理以顾客需求为中心,有计划、有组织地协调和控制供应链中各环节信息流、物流、资金流。冷链管理是在传统管理模式上,保持链上各个环节始终处于产品所必需的特定低温环境下,以保证物品质量和性能为首要目标,同时注重资源利用率和对环境影响,使产品在生命周期过程中对环境的影响最小、资源利用率最高的现代管理模式。作为行业发展必须经历的过程,生鲜品冷链的发展还处在探索之中,也面临诸多新的问题。如何更好地实现优化调控,考虑碳排放目标下的生围绕这一问题,研究供应链的关键要素,意在通过优化调整关键要素,为"双碳"目标下的生鲜品冷链寻找一种适合其发展的运作模式。现有对构成要素的研究方法主要有四种:三分法(Lambert et al.,2000)、四分法、五分法、九分法。以上分法在内容上有互补之处,可运用基于价值三角形逻辑的经营系统、价值主张和盈利模式进行整合(Mentzer et al.,2001)。对于生鲜品冷链的要素构成分类如表 5-1 所示。

表 5-1 生鲜品冷链供应链要素的构成

大类	子类
提供价值的资源与活动安排	企业内部价值链
	核心能力
	成本
价值提供中与其他公司合作关系网络	合作网络
价值的形态	产品或服务
	渠道
	客户关系
为谁创造价值目标客户	价值实现的途径收益方式

5.2 生鲜品冷链优化关键要素评价模型

5.2.1 评价指标的获取与筛选

指标体系的选取直接关系到研究结论的科学性、客观性与准确性，是进行关键要素评价的核心步骤。本章指标选取的原则之间逻辑清晰，联系密切，这为下文筛选指标的合理性和结果的检验的准确性打下了坚实的基础，如图 5-1 所示。

指标筛选的方法有很多，如主成分分析、因子分析、层次分析法(analytic hierarchy process, AHP)、K-L 信息量法(kullback-leibler divergence method)、峰谷对应法、时差相关分析法、聚类分析法以及综合归纳法等。本章通过针对性调查以往的生鲜品冷链的优化和调控的理论研究，通过分析和评价筛选出关键指标，然后采取综合归纳法来进一步优化指标的选取。综合归纳法发展得比较早，而且它将客观统计分析资料和主观科学描述资料相结合，在一定程度上确保了指标选取的科学性和有效性，如图 5-2 所示。

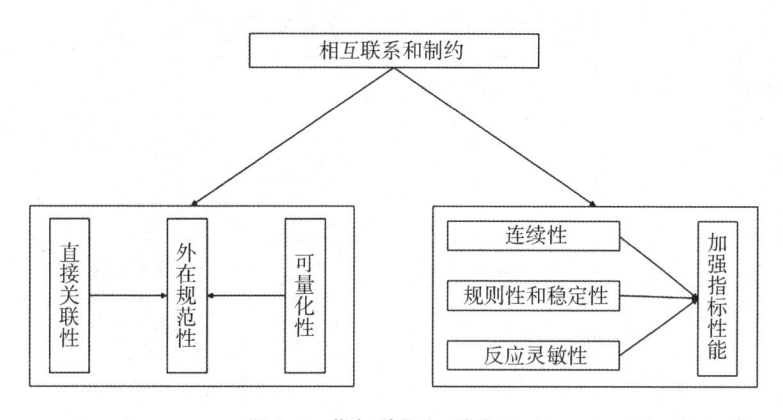

第5章 生鲜品冷链优化调控关键要素分析及评价

图 5-1 指标选取原则关系图

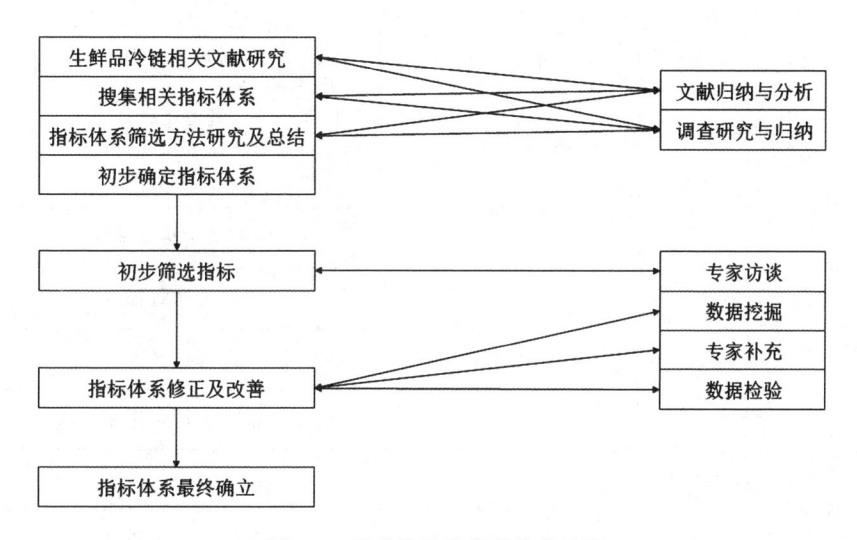

图 5-2 指标体系确定的具体流程

5.2.2 生鲜品冷链优化关键要素评价指标构建

通过对生鲜品冷链优化影响因素及构成要素的分析与学习,总结出生鲜品冷链优化主要的关键要素,并构建出本章对生鲜品冷链优化关键要素评价的模型,如表 5-2 所示。

表 5-2 生鲜品冷链优化主要构成要素模型

评价维度	排序	一级评价指标	二级评价指标
环境	3	绿色低碳	CO_2 排放增长率
			CO_2 单位产值消耗量
			环保投资增长率
			循环资源利用率
			预冷能源消耗量
财务	4	财务绩效	资产回报率
			利润增长率
			流动比率
服务	5	客户服务	交货准时率
			生鲜品质量安全性
流程	1	流程绩效	冷链配送货损率
			冷库周转率
			清洁能源采用率
成长	2	创新与学习	冷链研发投入率
			员工受教育程度

5.2.3 生鲜品冷链优化关键要素模型评价指标筛选技术处理

综合趋优法是以科学的计算方法、专家的辩证决策和典型的数据计算为基础,整个筛选过程将定性与定量相结合,首先依照次序,利用六种方法来筛选指标,然后对已建立好的指标体系进行修正和完善,可选用其中一种或多种方法,也可反复使用直至符合需要为止,以此方法确立的指标体系具有较高的科学性和合理性,详细过程见图 5-3。

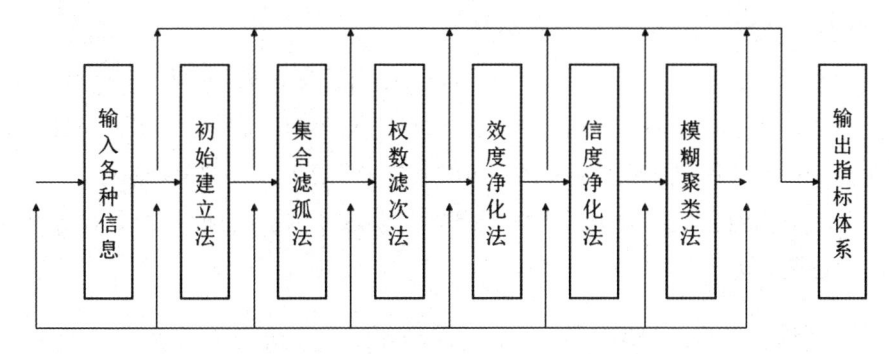

图 5-3 综合趋优法的具体流程

根据以上指标体系筛选的原则,通过查阅资料来确定初始指标集,通过邀请相关企业资深专家,按照以上的原则筛选出多个专家意见一致、比较有价值的指标体系 $Z=\{Z_1,Z_2,Z_3,\cdots,Z_n\}$。

第一步:集合滤孤法。

通过集合的方法过滤掉不需要的指标,留下所选的指标。先设初始指标体系 $Z=\{Z_1,Z_2,Z_3,\cdots,Z_n\}$。假设请专家 k 人,分别对 n 个指标进行筛选,留下具有更加重要且不可缺少的指标。

假设第 1 个专家选出了 t_1 个指标 $Z_1=\{Z_{11},Z_{12},Z_{13},\cdots,Z_{1t_1}\}$,第 2 个专家选出了 t_2 个指标 $Z_2=\{Z_{21},Z_{22},Z_{23},\cdots,Z_{2t_2}\}$,第 k 个专家选出了 t_k 个指标 $Z_k=\{Z_{k1},Z_{k2},Z_{k3},\cdots,Z_{kt_k}\}$,于是有 $U_i^k=\bigcap_{i=1}^k Z_i$ 就是专家们所共同接受的完备的指标体系。

$-U_i^k=\bigcap_{i=1}^k Z_i$ 就是被滤掉的指标集,此集也有可能是空集。

$Z^0=U_i^k=\bigcap_{i=1}^k Z_i=\{Z_1^0,Z_2^0,Z_3^0,\cdots,Z_k^0\}$ 为所选出的指标体系。

第二步:权数滤次法。

根据指标权系数的大小,过滤掉权系数较小的指标,留下的即所选的指标。设指标体系 $Z=\{Z_1,Z_2,Z_3,\cdots,Z_n\}$,对应的权系数为 $a_i=\{a_1,a_2,\cdots,a_n\}$。

对于给定的 $a\in[0,1]$,我们有

$$Z^*=Z_a=\{Z_i\mid a\geqslant a,i=1,2,\cdots,n\}=\{X_1^*,X_2^*,X_n^*\} \tag{5-1}$$

其中,Z^* 是相对于 a 的滤次指标体系;a 是一个非常小的正数,它的取值应该由专家依据具体原则和实际情况而定。

第三步:指标集的效度净化。

通过这一步可以提高指标体系的合理性。效度是对指标结果准确性和有

效性的一种度量。记为 β，计算结果如下：

设指标体系 $Z=\{Z_1,Z_2,Z_3,\cdots,Z_n\}$，设评估对象有 S 人，他们对于指标 Z_i 的评分集合为 $\{F_1^{(i)},F_2^{(i)},F_3^{(i)},\cdots,F_S^{(i)}\}$，先按评分 $F_1^{(i)},F_2^{(i)},F_3^{(i)},\cdots,F_S^{(i)}$ 的大小将对象分为高、中、低三组，其中高分组和低分组的人数应占总人数 S 的 1/4 左右。

设 $\overline{F}_{1i}$ 为指标 Z_i 高分组的平均分，$\overline{F}_{2i}$ 为指标 Z_i 低分组的平均分，F_i 为指标 Z_i 的满分值。

则指标 Z_i 的效度为 $\beta_i = \dfrac{\overline{F}_{1i}}{F_i} - \dfrac{\overline{F}_{2i}}{F_i}$，$i=1,2,\cdots,n$，指标系统 Z_i 的平均效度为 $\overline{\beta_i} = \dfrac{1}{n}\sum\limits_{i=1}^{n}\beta_i$，一般来说：

当 β_i 或 $\overline{\beta}$ 相对于 Z_i 的评估结果较好时，应予以保留。

当 β_i 在 0.2～0.4 时，评估结果一般，此时应该对 Z_i 进行修正。

当 β_i 小于 0.2 时，评估结果较差，此时应该对 Z_i 进行修改或淘汰。

第四步：指标集的信度净化。

该方法是对指标集稳定性和可靠性的一种净化。所谓信度是指同一指标两次评估结果的相关系数。设 $\overline{Y}$ 是对指标 Z_i 第一次评估的平均值，$\overline{X}$ 是对指标 Z_i 第二次评估的平均值，则有

$$\overline{Y} = \frac{1}{n}\sum_{i=1}^{n}Y_i \tag{5-2}$$

$$\overline{X} = \frac{1}{n}\sum_{i=1}^{1}X_i \tag{5-3}$$

则指标体系 $Z=\{Z_1,Z_2,Z_3,\cdots,Z_n\}$ 的信度为

$$\rho = \frac{\sum\limits_{i=1}^{n}(Y_i-\overline{Y})-(X_i-\overline{X})}{\sqrt{\sum\limits_{i=1}^{n}(Y_i-\overline{Y})^2 \cdot \sum\limits_{i=1}^{n}(X_i-\overline{X})^2}} \tag{5-4}$$

如果参与评估的评估对象都是在平稳常态下进行的，且在两次评估期间评估对象没有显著变化，那么：

当 ρ 在 0.90～0.95 时，该指标体系具有优良的稳定性与可靠性；

当 ρ 在 0.80～0.90 时，该指标体系具有良好的稳定性与可靠性；

当 ρ 在 0.65～0.80 时，该指标体系具有一般的稳定性与可靠性；

当 ρ 在 0.65 以下时，该指标体系具有较差的稳定性与可靠性，此时，表示

该指标体系中的某些指标在两次评估中有着显著的差异。要找出这些指标可采取以下方法：

设 $\boldsymbol{R}_i^{(1)}=\{Y_{i1}^{(1)},Y_{i2}^{(1)},Y_{i3}^{(1)},\cdots,Y_{im}^{(1)}\}$，$\boldsymbol{R}_i^{(2)}=\{Y_{i1}^{(2)},Y_{i1}^{(2)},\cdots,Y_{im}^{(2)}\}$ 分别是评估对象对应于 Z_i 的评判向量，$i=1,2,\cdots,n$，对集合 $\{R_1^{(1)},R_2^{(1)},\cdots,R_n^{(1)},R_1^{(2)},R_2^{(2)},\cdots,R_n^{(2)}\}$ 进行聚类。

若对设计好的储入值，$\boldsymbol{R}_1^{(1)}$，$\boldsymbol{R}_t^{(2)}$ 均分在不同类，则取出 Z_i 再做定性分析，如果两次评估结果的差异确系 Z_i 本身的原因，则对指标 Z_i 做出修改或淘汰。

第五步：模糊聚类净化法。

此方法是对指标间相容性的一种净化，通过此方法可以将指标间相容性较大的指标并为一项或加以修改，或减少指标间的相容性，以使得指标体系更加具有独立性、科学性以及简洁性。

假设所有涉及的数据都是在平稳状态下获得的。

设指标体系：

$$Z=\{Z_1,Z_2,Z_3,\cdots,Z_n\}$$

模糊关系矩阵：

$$\boldsymbol{Q}=\begin{pmatrix} q_{11} & \cdots & q_{1n} \\ \vdots & \ddots & \vdots \\ q_{n1} & \cdots & q_{nn} \end{pmatrix} \tag{5-5}$$

其中，q_{1i} 表示 Z_1 与 Z_i 的相似系数，它可以由下式计算得来：

$$q_{ij}=\frac{\sum_{k=1}^m(\boldsymbol{r}_{ik}-\overline{\boldsymbol{r}}_i)-(\boldsymbol{r}_{jk}-\overline{\boldsymbol{r}}_j)}{\sqrt{\sum_{k=1}^m(\boldsymbol{r}_{ik}-\overline{\boldsymbol{r}}_i)^2\cdot\sum_{k=1}^m(\boldsymbol{r}_{jk}-\overline{\boldsymbol{r}}_j)^2}} \tag{5-6}$$

其中，$\boldsymbol{r}_{ik}$ 是对评估对象 P_t（有代表性的典型评估对象）相应于 Z 的评判向量。且有

$$\overline{\boldsymbol{r}}_i=\frac{1}{m}\sum_{k=1}^m\boldsymbol{r}_{ik} \tag{5-7}$$

$$\overline{\boldsymbol{r}}_j=\frac{1}{m}\sum_{k=1}^m\boldsymbol{r}_{jk} \tag{5-8}$$

根据有关模糊理论，我们假设：

① $q_{ii}=1,\forall i\in[0,1]$。

②$q_{ij}=q_{jk}, \forall i,j, q_{ij} \in [0,1]$。

③$q_{ij} \leq q_{jk} \leq q_{ik}, \forall i,j,k=1,2,3,\cdots,n$。

运算"◁"表示 $a \triangleleft b = \min\{a,b\}$，此时矩阵 $\boldsymbol{Q}=(q_{ij})_{n\times n}$ 称为模糊等价矩阵 $\boldsymbol{Q}=(q_{ij}^{\lambda})_{n\times n}$，其中有

$$q_{ij}^{\lambda} = \begin{cases} 1, & q_{ij} \geq \lambda \\ 0, & q_{ij} < \lambda \end{cases}$$

显然，对于不同的 λ 有不同的 $\boldsymbol{Q}_{\lambda}$。对于给定的 λ，$\boldsymbol{Q}_{\lambda}$ 是由 0 和 1 组成的矩阵。如果的第 i 列元素和第 j 列元素完全相等，我们就认为指标 Z_i 和指标 Z_j 是同一类。这样对于不同的 λ，其分类也是不同的，我们应选取这样的 λ，它使同类中的指标差异甚小，而类与类之间差异显著，这样的 λ 为最佳，而最佳 λ 的选取不做介绍，而与最佳 λ 对应的聚类，称为最佳聚类。并记作：

$$Z_{P_t} = \begin{Bmatrix} \{Z_1^{(1)}, Z_2^{(1)}, Z_3^{(1)}, \cdots, Z_{n_1}^{(1)}\}, \{Z_1^{(2)}, Z_2^{(2)}, Z_3^{(2)}, \cdots, Z_{n_2}^{(2)}\}, \cdots \\ \{Z_1^{(c)}, Z_2^{(c)}, Z_3^{(c)}, \cdots, Z_{n_c}^{(c)}\} \cdots \{Z_{P_t}^{(1)}, \cdots, Z_{P_t}^{(c)}\} \end{Bmatrix} \quad (5-9)$$

其中，$Z_{P_t}^i = \{Z_1^i, Z_2^i, Z_3^i, \cdots, Z_{n_i}^i\}$，称为 Z_{P_t} 的子类。

设有评估对象 S 人，设 $\{Z_{pt} | t=1,2,3,\cdots,s\}$，其中 Z_{pt} 是对相对于评估对象的最佳聚类，显然 Z_i 必然属于 Z_{pt} 的某一子类，若 $Z_{i1},Z_{i2},Z_{i3},\cdots,Z_{ib}$ 均属于子类，则称 $Z_{i1},Z_{i2},Z_{i3},\cdots,Z_{ib}$ 是同类。

设 $Z_{i1},Z_{i2},Z_{i3},\cdots,Z_{ib}$ 相对于 $\{Z_{pt} | t=1,2,3,\cdots,s\}$ 中的 k 个元素同类，则 $\varphi = \frac{k}{s}(1 \leq k \leq s)$ 是 $Z_{i1},Z_{i2},Z_{i3},\cdots,Z_{ib}$ 间的聚类程度，显然 $0 \leq \varphi \leq 1$。若 $\varphi \geq 0.8$，可将 $Z_{i1},Z_{i2},Z_{i3}\cdots Z_{ib}$ 并为一项，若 $\varphi < 0.8$ 则不予并项，应给以保留。对于同时可并入两项或多项的指标应以调整，使其只并入其中一项，若 $\varphi < 0.8$ 则不予并项，应给予保留。对于同时可并入两项或多项的指标应加以调整，使其只并入其中一项。

影响生鲜品冷链优化的因素还有很多，比如政府政策、公共突发事件的影响等，由于很多因素不可量化或者缺乏统计数据，所以这里不列入研究范围之内。为此，本章构建了生鲜品冷链优化调控关键要素的综合回归法体系，并通过科学合理的筛选，最终建立如表 5-3 所示的生鲜品冷链优化调控关键要素评价指标体系模型。

表 5-3 生鲜品冷链优化关键要素评价模型

评价维度	排序	一级评价指标	二级评价指标
环境	3	绿色低碳	CO_2 排放增长率
			CO_2 单位产值消耗量
			环保投资增长率
			循环资源利用率
			预冷能源消耗量
财务	4	财务绩效	资产回报率
			利润增长率
			流动比率
服务	5	客户服务	交货准时率
			生鲜品质量安全性
流程	1	流程绩效	冷链配送货损率
			冷库周转率
			清洁能源采用率
成长	2	创新与学习	冷链研发投入率
			员工受教育程度

5.3 生鲜品冷链优化调控关键要素评价指标权重的仿真计算

目前权重的计算方法主要是主观赋权法和客观赋权法,其中主观法包括专家评分法、德尔菲法、专家排序法及层次分析法等,客观法包括熵权法、主成分分析法、因子分析法、变异系数法、标准离差法及多目标规划法等。由于主观赋权法依据个人经验和学识而定,主观臆断强,此方法得出的结论科学性和准确性差,单纯的客观赋权法数学理论性强,计算方法烦琐,有时确定的权重与实际结果相反。因此,以专家排序法和变异系数主客观结合的综合赋权法进行赋权。

5.3.1 专家排序法

专家排序法,是将各个指标按照其自身的重要程度请专家依次排序。最重要的指标记为 1,排在第一,然后次重要的指标记为 2,排在第二,依次类推。假设共有 n 个指标,请 m 个专家对其进行排序,排成 $n \times m$ 的数表,其数字为 1,2,3,…,n,每个指标的序号就为该指标的秩,将 m 个专家所确定的秩加在一起得到秩和,用 R 来表示。第 j 个指标的秩和用 R_j 表示,d_j 表示第 j 个指标的权重,具体如表 5-4 所示。

表 5-4 专家排序法计算所得各指标权重

指标名称	专家1	专家2	专家3	专家4	专家5	秩和	d_j
CO_2 排放增长率	2	2	3	2	3	12	0.113
CO_2 单位产值消耗量	6	7	8	8	5	34	0.077
环保投资增长率	10	12	12	11	10	55	0.042
循环资源利用率	4	7	2	7	4	24	0.093
预冷能源消耗量	7	12	10	12	12	53	0.045
资产回报率	3	6	3	4	2	18	0.103
利润增长率	2	10	7	8	6	33	0.078
流动比率	12	11	5	8	8	44	0.06
交货准时率	7	5	6	7	10	35	0.075
生鲜品质量安全性	9	7	10	8	10	44	0.06
冷链配送货损率	12	9	15	10	11	57	0.038
冷库周转率	10	11	7	12	13	53	0.045
清洁能源采用率	5	8	7	8	5	33	0.078
冷链研发投入率	9	9	8	4	4	34	0.077
员工受教育程度	7	6	5	8	6	31	0.082

计算公式为

$$d_j = 2[m(1+n) - R_j]/[mn(1+n)], j = 1, 2, \cdots, n \quad (5-10)$$

由于该权重的计算结果和专家的评定有关,看法一致,则评价结果有实际意义,否则无效。因此,在确定权重之前需要对专家的评定结果进行显著性检验。如果结果评定一致,则进行权重的计算。

显著性检验方法如下:

假设 m 个专家对 n 个指标的重要程度的看法是不一致的。

(1)计算统计量 $X^2 = m(n-1)w$,其中,有

$$W = 12S/[m^2(n^3 - n)] \quad (5-11)$$

$$S = (R_1^2 + R_2^2 + \cdots + R_n^2) - (R_1 + R_2 + \cdots + R_n)/n \quad (5-12)$$

其中,$R_j(j=1,2,\cdots,n)$ 为第 j 个指标的秩和。

(2)根据显著性水平及自由度 $d_f = n - 1$,查 x^2 值找临界值 $X^2(d_f)$。

下结论:若 $x^2 \geqslant x^2(d_f)$ 则否定 H_0 即认为 m 个专家的看法是显著一致的;若 $x^2 \leqslant x^2(d_f)$,则接受 H_0,认为是相容的,即 m 个专家看法还没得到显著的一致,应建议专家再次进行排序,然后以同样的方法再次进行一致性检验,直到达到显著一致为止。

据计算过程如下:

$$S = 15\ 230 - 390 = 14\ 918 \quad (5-13)$$

$$W = 12 \times 14\ 918 \div [25 \times (15^3 - 15)] = 2.13 \quad (5-14)$$

$$X^2 = m(n-1)W = 5 \times (15 - 1) \times 2.13 = 149.1 \quad (5-15)$$

在 $\partial = 0.5$ 的显著性水平下,查卡方检验表得:

$$X^2(=14) = 13.339 < 149.1 \quad (5-16)$$

故否定原假设,认为 5 位专家的看法是显著一致的,即可进行权重计算。

5.3.2 变异系数法

根据变异系数法的操作步骤,首先,根据各项指标的时间序列数据,运用 SPSS (statistical package for the social sciences)软件计算各指标的均值和标准差,在此基础上计算变异系数 Var(均值与标准差之比),按照各指标的变异系数所占的比例,确定各指标的权数 ω_i,公式如下:

$$V_i = \frac{\sigma_i}{x_i} \tag{5-17}$$

其中，V_i为第i项指标的变异系数，也称为标准差系数；σ_i是第i项指标的标准差；x_i是第i项指标的平均值，$i=1,2,3,\cdots,n$。

表 5-5 各评价指标的仿真数据

指标名称	A1	A2	A3	A4	A5	A6	A7
CO_2排放增长率	5.7	8.02	9.3	9.81	10.5	11.7	5.1
CO_2单位产值消耗量	2.5	2.7	3.2	3.8	9.5	10	2.3
环保投资增长率	7.8	12	14	20.5	26	34.1	41
循环资源利用率	4.8	7.4	8.3	11.5	13.5	17.9	2.9
预冷能源消耗量	13	14	14	14	15	21	11
资产回报率	105	23.1	39.9	53.9	72.765	98.233	81
利润增长率	9.4	11.2	12.35	12.74	13.41	13.4	8.1
流动比率	18.346	24.239	29.565	36.824	45.883	57.17	15.343
交货准时率	0.88	0.99	0.94	0.91	0.94	0.97	0.35
生鲜品质量安全性	79	83	85	89	92	96	77
冷链配送货损率	8	8.4	8.8	9.5	10.2	10.8	7.7
冷库周转率	59.62	60.89	61.68	69.17	73.11	77.28	57.13
清洁能源采用率	18.147	24.239	29.505	38.24	45.783	57.007	14.343
冷链研发投入率	20	30	40	25	10	15	23
员工受教育程度	84	68	97	65	73	72	85

表 5-6 各指标的平均值及标准差

指标名称	平均值	标准差
CO_2排放增长率	8.59	2.46
CO_2单位产值消耗量	4.86	3.38
环保投资增长率	22.20	12.19

续表

指标名称	平均值	标准差
循环资源利用率	9.47	5.20
预冷能源消耗量	14.57	3.10
资产回报率	67.70	30.22
利润增长率	11.51	2.06
流动比率	32.48	15.15
交货准时率	0.85	0.23
生鲜品质量安全性	85.86	6.89
冷链配送货损率	9.06	1.15
冷库周转率	65.55	7.64
清洁能源采用率	32.47	15.40
冷链研发投入率	23.29	9.86
员工受教育程度	77.71	11.37

各项指标的权重计算公式为

$$W_i = \frac{V_i}{\sum_{i=1}^{n} V_i} \tag{5-18}$$

表 5-7 变异系数法计算所得各指标权重

指标名称	V_i	W_i
CO_2 排放增长率	0.286	0.046
CO_2 单位产值消耗量	0.696	0.113
环保投资增长率	0.549	0.089
循环资源利用率	0.549	0.089
预冷能源消耗量	0.213	0.034
资产回报率	0.446	0.072
利润增长率	0.179	0.029
流动比率	0.467	0.075

续表

指标名称	V_i	W_i
交货准时率	0.264	0.043
生鲜品质量安全性	0.080	0.013
冷链配送货损率	0.127	0.021
冷库周转率	0.117	0.019
清洁能源采用率	0.474	0.077
冷链研发投入率	0.423	0.069
员工受教育程度	0.146	0.024

5.3.3 综合权重的计算

经过以上两次赋值得到各指标权重分别为 d_i 和 w_i，由于影响可靠性分配及其权重的模糊性，故可靠性分配问题是个不确定性问题，根据最小鉴别信息原理，为使组合权重尽可能与两者接近，建立目标函数为

$$\min F = \sum_{i=1}^{m} \alpha_i \left[\ln \frac{\alpha_i}{d_i}\right] + \sum_{i=1}^{m} \alpha_i \left[\ln \frac{\alpha_i}{\omega_i}\right] \tag{5-19}$$

$$\text{s.t.} \sum_{i=1}^{m} \alpha_i = 1, \alpha_i > 0 \tag{5-20}$$

然后采用拉格朗日乘法求以上目标函数：

$$\begin{aligned} L(\alpha_i, \lambda) &= F(\alpha_i) - \lambda \sum_{i=1}^{m} \alpha_i \\ &= \sum_{i=1}^{m} \alpha_i \left[\ln \frac{\alpha_i}{d_i}\right] + \sum_{i=1}^{m} \alpha_i \left[\ln \frac{\alpha_i}{\omega_i}\right] - \lambda \left(\sum_{i=1}^{m} \alpha_i - 1\right) \end{aligned} \tag{5-21}$$

以上拉格朗日函数极值点存在的条件为

$$\frac{\partial L}{\partial \alpha_i} = 0, \frac{\partial L}{\partial \lambda} = 0, i = 1, 2, \cdots, m \tag{5-22}$$

解此联立方程，可得到关键因素的组合权重：

$$\alpha_i = \frac{[d_i \omega_i]^{0.5}}{\sum_{i=1}^{n} [d_i \omega_i]^{0.5}} \tag{5-23}$$

基于前文提出的生鲜品冷链优化调控关键要素评价指标体系,首先,经过五步骤综合优选法筛选出科学有效的评价指标体系模型。然后,通过专家排序法对各指标进行二次排序筛选,并经过显著性检验,最终确立各位专家对所提出的关键要素评价指标排序结果一致的生鲜品冷链优化关键要素指标体系。接下来,对构建的生鲜品冷链优化关键要素评价指标体系进行技术处理,即各指标权重的仿真计算。先经专家排序法和变异系数法分别计算各指标权重,最后用综合法对各项指标进行综合权重二次计算,计算得出15项关键要素评价指标的综合权重表,如表5-8所示。

表5-8　各指标的综合权数

指标名称	D_j	W_i	$d_j W_i$	综合权数
CO_2排放增长率	0.113 33	0.046 25	0.005 24	0.073 72
CO_2单位产值消耗量	0.076 67	0.112 66	0.008 64	0.094 63
环保投资增长率	0.041 67	0.088 823	0.003 70	0.061 94
循环资源利用率	0.093 33	0.088 787	0.008 29	0.092 69
预冷能源消耗量	0.045 00	0.034 441	0.001 55	0.040 08
资产回报率	0.103 33	0.072 224	0.007 46	0.087 96
利润增长率	0.078 33	0.029 015	0.002 27	0.048 54
流动比率	0.060 00	0.075 495	0.004 53	0.068 53
交货准时率	0.075 00	0.042 675	0.003 20	0.057 60
生鲜品质量安全性	0.060 00	0.012 986	0.000 78	0.028 42
冷链配送货损率	0.038 33	0.020 626	0.000 79	0.028 63
冷库周转率	0.045 00	0.018 869	0.000 85	0.029 67
清洁能源采用率	0.078 33	0.076 751	0.00 601	0.078 95
冷链研发投入率	0.076 67	0.068 524	0.005 25	0.073 80
员工受教育程度	0.081 67	0.023 67	0.001 93	0.044 77

从表5-8可知,生鲜品冷链优化关键要素评价指标按重要性排序位列前五的是CO_2单位产值消耗量、循环资源利用率、资产回报率、清洁能源采用率和冷链研发投入率。由此可以得出,生鲜品冷链优化调控关键要素中低碳与绿色

相关的指标对于整个生鲜品冷链来说十分重要,对于优化调控整个生鲜品冷链运营模式评价起着关键作用。

5.4　本章小结

评价生鲜品冷链优化关键要素不仅要重视其运营状况和经济效益,还要关注生态环保、资源利用及碳排放问题。本章结合"双碳"的趋势和要求,引入低碳环保因素,构建出以财务价值、供应链内部流程、客户服务水平、创新与学习和绿色低碳五个维度为主,运用集合滤孤法、权数滤次法和模糊聚类净化法等方法建立生鲜品冷链优化关键要素评价指标体系,能够估算每一项评价指标对于整个生鲜品冷链评价的重要性。

生鲜品冷链是一个流程众多、节点企业合作关系复杂、耗能情况显著的庞大网链,将低碳环保理念融入生鲜品冷链优化关键要素评价时,针对"双碳"要求下的关键要素进行优化,有利于建立"双碳"目标下的生鲜品冷链调控机制,构建完整的循环经济产业链,并使低碳环保变成冷链物流企业新的经济支撑点,全面增强生鲜品冷链产业的核心竞争力。

第6章 基于生命周期评估(LCA)的生鲜冷链碳足迹测度

相对于常温流通模式,全程冷链流通模式下可以显著减少生鲜品在物流过程中的损耗。冷链的不同环节由于作业方式和工具使用不同等干扰因素,碳足迹存在较大差异。本章基于全生命周期法建立生鲜品冷链各个环节的碳足迹测度模型,分别讨论不同冷藏运输方式和不同废弃物处理方式对冷链碳排放的影响,为政府环保部门、相关企业以及消费者在节能降耗方面提供参考和依据。

6.1 研究方法

6.1.1 生命周期法的介绍

学术界对碳足迹的定义是某一活动或产品在生命周期内直接及间接排放的温室气体量。常用的碳足迹的计算方法有生命周期评估法、投入产出分析法等。生命周期评价是一种自下而上的计算方法,可以分析一项产品从生产到废弃整个生命周期造成的环境影响。本研究采用生命周期评估法,计算依据为 PAS 2050:2008《商品和服务在生命周期温内的室气体排放评价规范》。生命周期评估法的优点是可以清晰地了解产品生命周期里各环节的投入和排放情况,从而寻找出高投入和高排放环节。

6.1.2 生命周期法的应用

LCA方法将产品或服务的每一个环节都列入评估体系之中,被称为从"摇篮"到"坟墓"的方法。由此可知,生产、预冷加工、储存、销售、消费和废弃等环节是生鲜品的完整生命周期过程。因此,对碳足迹的有效计算范围进行界定是确定生鲜品生命周期内温室气体排放活动的首要前提,并可为后期数据收集和碳足迹计算提供依据。

6.2 生鲜品冷链碳足迹

6.2.1 评价目标与功能单位

评价目标是量化我国生鲜品在冷链全生命周期的温室气体排放,核算食品冷链系统中温室气体排放量最大的生命周期阶段或生产流程,识别生鲜品从生产到消费全过程对环境的影响,为企业节能减排、降低成本提供数据支持。评价涉及生鲜品的主要生命周期过程包括:产品预冷、冷藏运输、低温储存、销售和消费以及废弃处置阶段。

功能单位是对产品系统输出功能的度量,为研究提供一个可以参考的单位。本研究的目的是要找出生鲜品冷链温室气体的排放热点,因此不进行产品间的比较。在对生鲜品冷链碳足迹的测度中以 kg 为功能单位。

6.2.2 系统边界

系统界定的关键原则是:要包括生产、使用及最终处理该产品的过程中直接和间接产生的碳足迹。以下情况可排除在边界之外:碳足迹小于该产品总碳足迹1%的项目、人类活动导致的碳足迹、消费者购买产品的交通碳足迹,以及动物作为交通工具时产生的碳足迹等情况。系统内温室气体排放源包括但不限于:能源利用,燃烧过程,化学反应,制冷剂的损失和其他气体的逃逸、运行,土地利用改变,以及牲畜和其他农业过程、废物。因此,系统边界由生鲜品冷链流程确定,如图6-1所示。

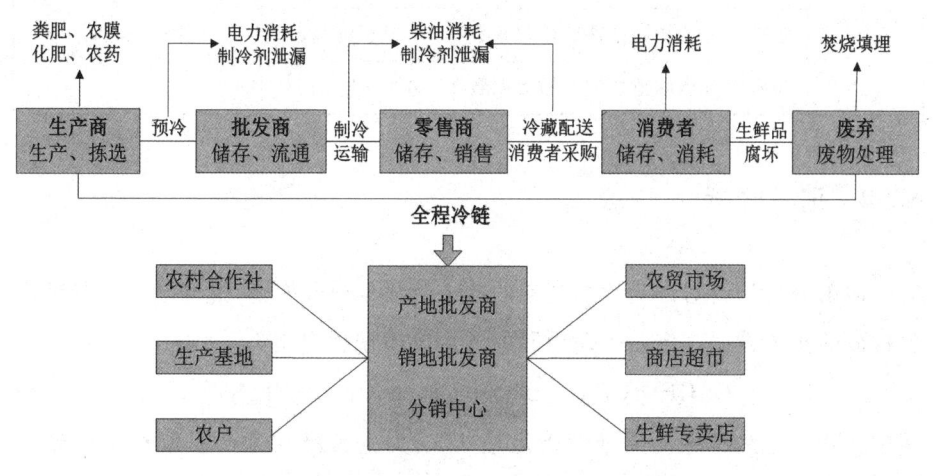

图 6-1 生鲜品冷链模式下生命周期碳足迹计算边界

6.2.3 数据收集

计算生鲜品冷链模式下全生命周期的碳足迹,需要收集系统边界内各环节投入的资源对应的碳排放系数,如表6-1所示。

表 6-1 清单分析中的碳排放系数

冷链环节	活动	数据	数据来源
运输	柴油碳排放系数	3.06 kg/kg	PWMI(petroleum well-to-motor inventories)
		2.63 kg/L	
预冷、储存	电力碳排放系数	0.785 kg/(kw·h)	杨建新(2015)
生产	粪肥碳排放系数	0.004 1 kg/kg	IPCC
	农膜碳排放系数	0.68 kg/kg	陈琳、宋博(2015)
	化肥碳排放系数	0.895 6 kg/kg	田云(2022)
	农药碳排放系数	4.934 1 kg/kg	韩召迎(2012)

续表

冷链环节	活动	数据	数据来源
废弃	变质生鲜品填埋处理碳排放系数	0.174 kg/kg	仲璐(2019)
	变质生鲜品焚烧处理碳排放系数	0.053 kg/kg	
	变质生鲜品堆肥处理碳排放系数	0.019 kg/kg	

6.2.4 清单分析

清单分析是针对产品生命周期的各个阶段列出其资源、能源消耗及各种废料排放的清单数据。产品生命周期的碳足迹模型被定义为

$$CF = CF_{pr} + CF_{pc} + CF_{tr} + CF_{st} + CF_{ab} \tag{6-1}$$

其中,CF 为生鲜品生命周期的碳足迹;CF_{pr} 为生鲜品在生产阶段产生的碳足迹;CF_{pc} 为生鲜品在预冷阶段产生的碳足迹;CF_{tr} 为生鲜品在冷藏运输阶段产生的碳足迹;CF_{st} 为生鲜品在低温储存阶段产生的碳足迹;CF_{ab} 为生鲜品在废弃处置阶段产生的碳足迹。

1)产地生长阶段

生鲜品涵盖范围广阔,本研究以果蔬为代表进行分析。果蔬在生长过程中的碳排放主要来自在农业生产中投入的化肥、农药、塑料膜、柴油、灌溉用电以及使用化肥产生的 N_2O,计算如下:

$$CF_{pr} = Ce_{pr} \times m_{pr} + GHG_{N_2O} \tag{6-2}$$

$$Ce_{pr} = \frac{\sum_{i=1}^{n} Ce_i \times Pr_i}{m_{pr}} \tag{6-3}$$

$$GHG_{N_2O} = I_N \times Ce_{N_2O} \times \frac{44}{28} \times 298 \times \frac{12}{44} \tag{6-4}$$

其中,CF_{pr} 为生鲜品在生产过程中的碳足迹总量;Ce_{pr} 与 m_{pr} 分别表示生产过程中的碳排放系数与对应的生鲜品质量;Ce_i 与 Pr_i 分别表示第 i 种产品在生鲜品生产过程中的投入量与其对应的碳排放系数;GHG_{N_2O} 表示生鲜品农业生产过程中的 N_2O 投入量;I_N 为纯氮投入量,Ce_{N_2O} 为 N_2O 的碳排放系数;$\frac{44}{28}$ 为

N_2O 与 N_2 的分子量比重;298 为 N_2O 转换为百年尺度上的相对全球增温潜力;$\frac{12}{44}$ 为 C 与 CO_2 的分子量比重。

本文参照 Lin Jianyi(2015)等的研究,最终确定每生产 1 kg 蔬菜的碳足迹为 0.26 kg CO_2,每生产 1 kg 水果的碳足迹为 0.89 kg CO_2。

2)田间预冷阶段

预冷是利用低温处理方法将采后果蔬产品的温度(20~30 ℃)迅速降到工艺要求温度(0~15 ℃)的操作过程。预冷可以快速去除生鲜品的田间热,有效抑制呼吸作用和微生物生长,减少损耗,提高品质,还可以减少运输和贮藏环节的冷负荷,降低运输能耗。目前最常用的预冷方式有真空预冷、强风压差预冷、冷水预冷和流态冰预冷等,本研究讨论强风压差预冷方式,该预冷方式会由于预冷设备耗电而产生碳排放,计算如下:

$$CF_{pc} = E_{pc} \times Ce_{pc} \tag{6-5}$$

$$E_{pc} = \frac{R}{COP_{pc}} \tag{6-6}$$

$$R = SHC \times m_{pc} \times \Delta T \tag{6-7}$$

$$\Delta T = T_n - T_{pc} \tag{6-8}$$

其中,CF_{pc} 表示生鲜品在田间预冷的过程中的碳排放总量;E_{pc} 与 Ce_{pc} 分别表示在预冷过程中的耗电量与电力碳排放系数;R 为生鲜品预冷到指定温度所需的制冷量;COP_{pc} 表示预冷设备能效比。制冷量由生鲜品的比热容 SHC、质量 m_{pc} 以及生鲜品的初始温度 T_n 和预冷后温度 T_{pc} 决定。

预冷过程中的耗电量 E_{pc} 主要取决于预冷设备的能效比 COP_{pc} 与生鲜品的比热容 SHC。预冷设备的能效比通常在 1~2.5。比热容表示单位质量的某种物质升高(或下降)单位温度所吸收(或释放)的热量。由于生鲜品内部特殊物质含量的差异,导致其在不同温度下有不同的比热容。常见蔬菜和水果的比热容如图 6-2 所示。

以梨与胡萝卜在不同温度下的比热容数据作为水果与蔬菜的代表,讨论单位质量的果蔬在 COP_{pc} 分别为 1.2、1.8 和 2.5 的情况下,预冷阶段的碳排放总量 CF_{pc} 与温度变化 ΔT 的关系,如图 6-3 所示。

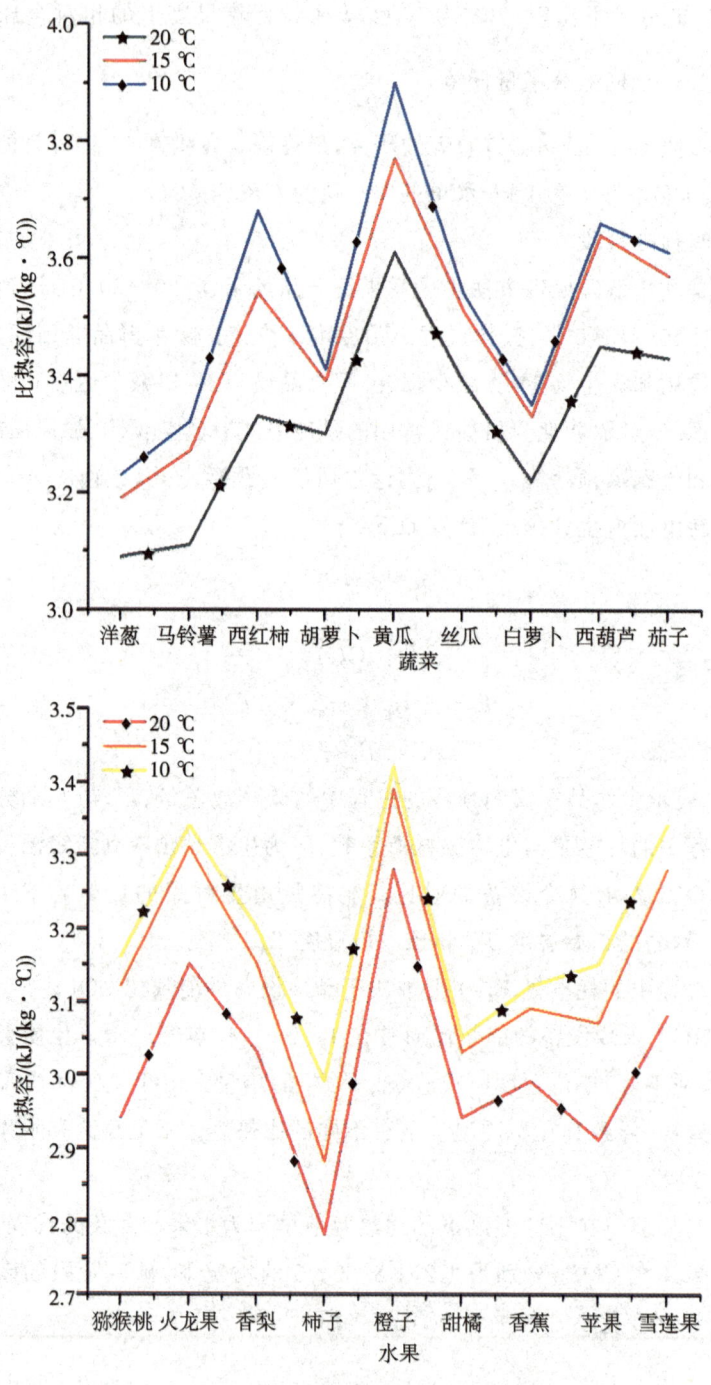

图 6-2 常见蔬菜水果的比热容数据图

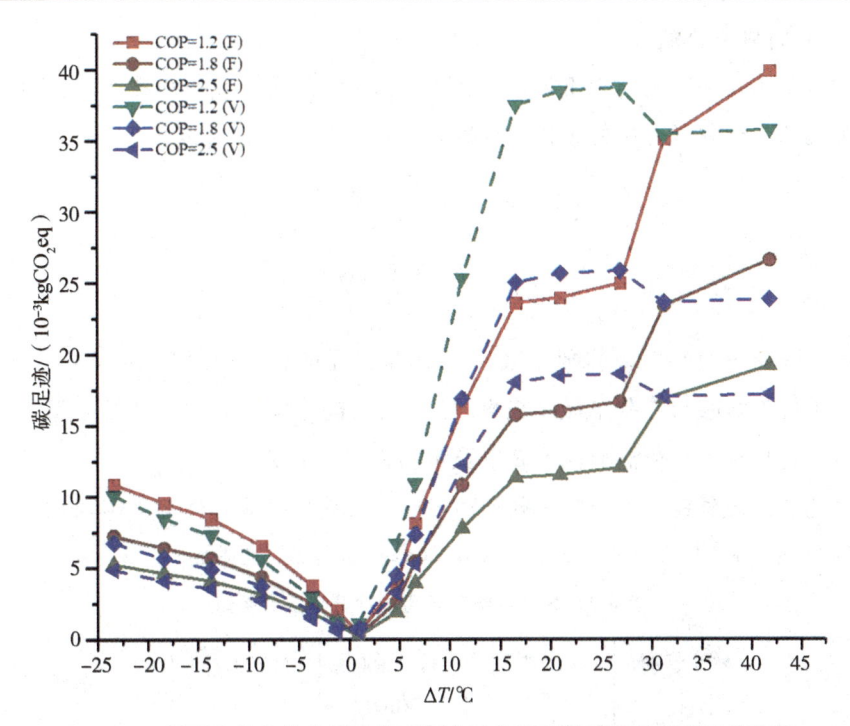

图 6-3　不同预冷设备的能效比情况下水果和蔬菜的碳足迹随温度差变化

由图 6-3 可知,当生鲜品由常温状态进行预冷,即 $\Delta T \geqslant 0$ 时,预冷碳排放总量随 ΔT 的提升而增加。在预冷设备的能效比相同时,同一温差下对蔬菜进行预冷比对水果预冷的碳排放更多。而对同一生鲜品,随着预冷设备能效比的提升,碳排放会随之减少。因此,在预冷过程中,考虑能效比更高的预冷设备更有利于碳减排。

3)冷藏运输阶段

完成生鲜品空间转移的运输环节,是实现生鲜品从产地送到零售商手中的过程。常见的运输方式有常温运输和冷藏运输,其区别在于用到的运输车辆不同。冷藏运输采用专门的冷藏车,具有制冷保鲜效果。运输阶段的碳排放主要源于三个方面：一是车辆行驶过程中的油耗所产生的碳排放；二是冷藏车运输过程中制冷设备制冷产生的碳排放；三是制冷剂泄漏造成的碳排放。计算公式如下：

$$CF_{tr} = CF_{tr}^1 + CF_{tr}^2 + CF_{tr}^3 \qquad (6-9)$$

其中,CF_{tr} 表示生鲜品冷藏运输环节的碳排放总量；CF_{tr}^1、CF_{tr}^2 和 CF_{tr}^3 分别表示在行驶中燃油消耗、制冷和制冷剂泄漏造成的碳排放。

(1) 行驶碳排放。

冷藏车根据不同的载重可以分为 1.5 t 小型与 10 t 大型冷藏车，使用的燃料为柴油。行驶过程中的碳排放计算如下：

$$CF_{tr}^l = \frac{Ce_o \times F \times m_{tr} \times d}{loa} \quad (6-10)$$

$$F = \frac{P_0 \times \beta \times \omega}{1\,000} \quad (6-11)$$

其中，Ce_o 表示柴油的碳排放系数；d 表示生鲜品的总运输距离；m_{tr} 与 loa 分别表示单位生鲜品与冷藏车标准载重；F 为在运输过程中的燃油消耗总量，与发动机额定功率 P_0、柴油消耗率 β 以及柴油密度 ω 有关。

选取福田奥铃 M4 轻型冷藏车和东风双轿重型冷藏车作为参考，行驶油耗分别为 0.166 7 L/km、0.285 7 L/km，其余参数如表 6-2 所示。

表 6-2　轻型冷藏车与重型冷藏车主要参数

对比	标准载重/t	额定功率/kW	行驶速度/(km/h)	行驶油耗/(L/km)	车型
轻型冷藏车	1.5	96	50	0.166 7	福田奥铃 M4
重型冷藏车	10	162	80	0.285 7	东风双桥冷藏车

讨论单位质量的生鲜品分别由轻型和重型冷藏车运输时，运输距离与碳排放的关系，如图 6-4 所示。

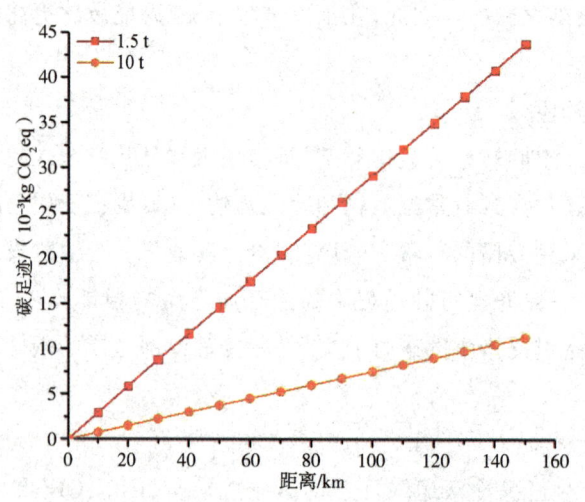

图 6-4　轻型冷藏车与重型冷藏车的运输距离与碳排放的关系

由图可知,运输过程中的碳排放与运输距离成正比,且在满载情况下采用重型冷藏车运输单位质量生鲜品的碳排放低于轻型冷藏车。因此,在生鲜品运输过程中,出于环保考虑应尽可能大量少批次运输。

(2)制冷碳排放。

冷藏汽车按照制冷方式可以分为隔热保温运输、蓄冷运输和机械制冷运输三种类型。本研究讨论机械制冷过程中的碳排放。

$$CF_{tr}^2 = \widetilde{F} \times Ce_o \tag{6-12}$$

$$\widetilde{F} = \frac{\widetilde{R}}{COP_{tr}} \tag{6-13}$$

其中,$\widetilde{F}$ 为机械制冷过程中的油耗;$\widetilde{R}$ 表示运输过程中的制冷量。

定义冷藏车的体形系数为 H,可以表示冷藏车单位体积的热量,与冷藏车的表面积 S 和体积 V 有关,计算公式如下:

$$H = \frac{S}{V} \tag{6-14}$$

冷藏车的热负荷决定了所需的制冷量,为了维持蔬菜冷藏运输过程中的低温环境,对冷藏车的得热量进行分析:

$$\widetilde{R} = - \times q \times \varepsilon \tag{6-15}$$

其中,$\widetilde{R}$ 由燃料质量 Fu、燃料热值 q、发动机热效率 ε 以及冷藏汽车制冷系统的能效比 COP_{tr} 决定。

生鲜品在采用冷藏汽车运输的过程中,冷藏车内的能量平衡可用下式表示:

$$\widetilde{R} = \left[\frac{H \times K \times (T_e - T_{tr})}{\eta} + Q \times \rho\right] \times \widetilde{t} \tag{6-16}$$

其中,T_e 与 T_{tr} 分别表示环境温度与生鲜品运输时的制冷温度;K 为冷藏车中保温材料的导热系数;η 为保温材料的厚度;Q 表示生鲜品的呼吸热;ρ 表示生鲜品在运输过程中的堆码密度;$\widetilde{t}$ 指生鲜品的总运输时长。

呼吸热 Q 是指果蔬在呼吸过程中消耗呼吸底物,以热能形式释放出体外的能量,该部分能量可能使果蔬的温度升高,从而加快果蔬的腐坏。因此,准确掌握果蔬的呼吸热可以提前选择合适的运输制冷设备及制冷温度。部分蔬菜与水果分别在 0 ℃、4.44 ℃、15.6 ℃ 环境下的呼吸热如图 6-5 所示。

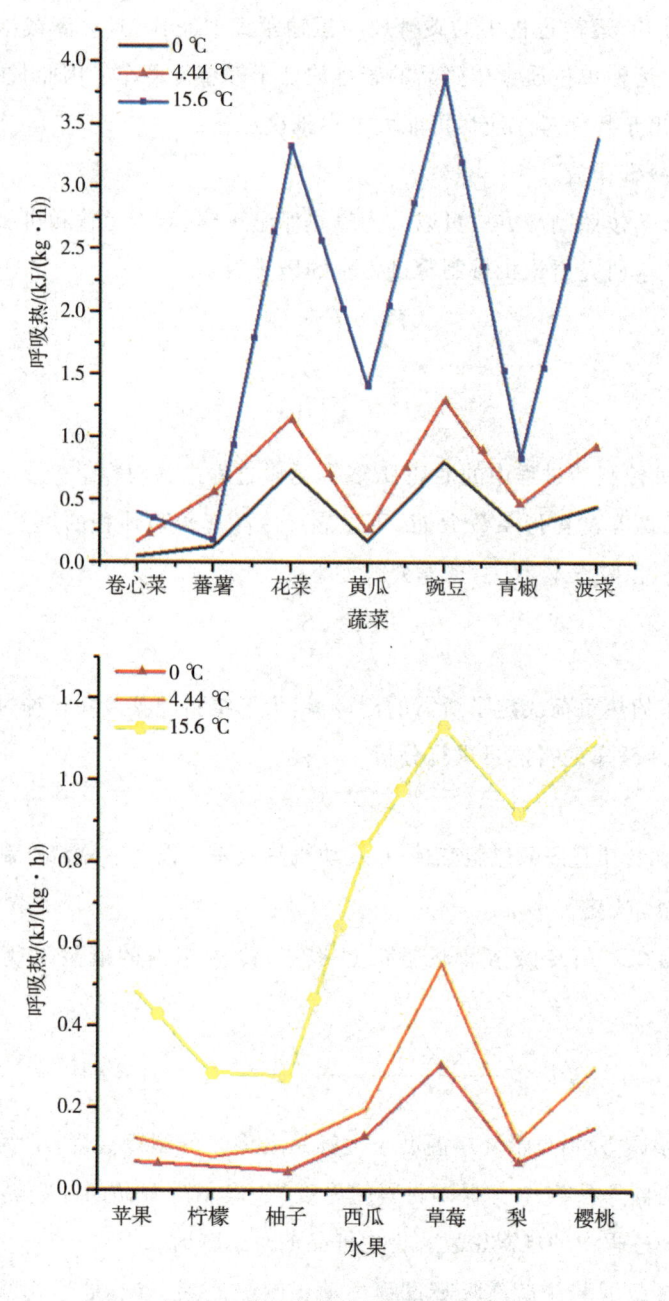

图 6-5 常见蔬菜水果的呼吸热图

由图 6-5 可知,同一生鲜品制冷温度越低,呼吸释放出的热量越少,从而可以延长其保质期。因此,在生鲜品冷链运输中,要注意保持低温与恒温,从而降低生鲜品的变质率。

联立上面三式得到：

$$\mathrm{Fu} \times \mathrm{COP}_{\mathrm{tr}} \times q \times \varepsilon = \left[\frac{S \times K \times (T_e - T_{\mathrm{tr}})}{V \times \eta} + Q \times \rho\right] \times \tilde{t} \quad (6\text{-}17)$$

其中,燃料热值 q 取 43.2 MJ/kg;柴油发动机热效率 ε 为 40%;冷藏车的保温层厚度 η 为 0.06m;保温材料的导热系数 K 为 0.08 J/(m·℃);单位体积内的堆码密度 ρ 为 250 kg/m³;轻型冷藏车与重型冷藏车的体形系数 H 分别为 2.39 和 2.09。冷藏车的制冷系统的能效比 $\mathrm{COP}_{\mathrm{tr}}$ 一般在 0.5～1.75 之间(Tassou,2009)。本书选择 $\mathrm{COP}_{\mathrm{tr}}$ 分别为 1.25、1.50、1.75 时,轻型冷藏车与重型冷藏车随着运输时间的变化而产生的碳排放总量的变化,如图 6-6 所示。

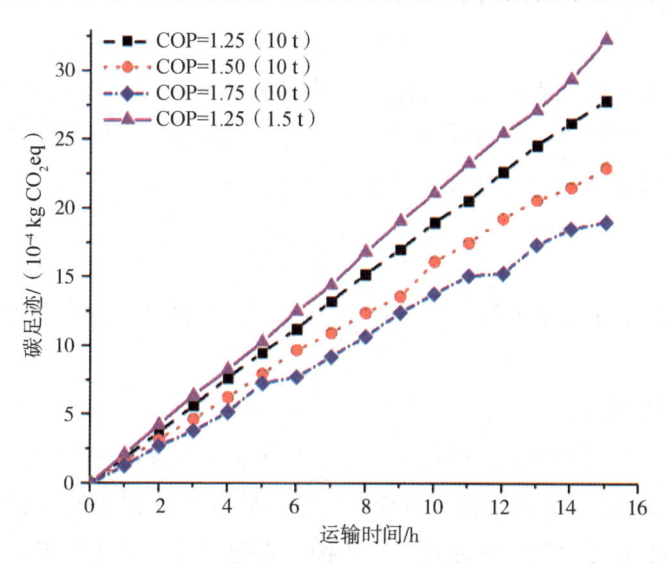

图 6-6 不同制冷系统能效比情况下轻型冷藏车与重型冷藏车碳排放随运输距离的变化

由图可知,随着运输时间的增加,冷藏车制冷设备的碳排放越多。同时,提升冷藏车制冷设备的能效比有利于降低碳排放(Muhammad,2021)。

(3)制冷剂泄漏碳排放。

$$\mathrm{CF}_{\mathrm{tr}}^3 = \frac{\mathrm{GWP} \times \mathrm{Rl}_{\mathrm{tr}}}{\mathrm{Sv}} \quad (6\text{-}18)$$

其中,$\mathrm{Rl}_{\mathrm{tr}}$ 与 Sv 分别表示运输过程中制冷设备的制冷剂每小时的泄漏量与冷藏车的额定载重;GWP 为全球变暖潜能值,计作排放到大气中的 1 kg 温室气体在 100 年内的辐射效力与 1 kg 二氧化碳辐射效力的比值。目前市场上广泛应用的制冷剂包括 R404a、R410a 与 R744（二氧化碳），三者全球变暖潜能值（global warming potential, GWP）的大小不同，从而影响碳足迹的直接排放水平。

4）低温储存阶段

生鲜品从生产到消费，储存主要发生在批发商储存、零售商储存和消费者储存等环节，考虑到数据的可获得性，本研究主要考虑农产品流通期间批发商、零售商的储存，相对于常温储存环节，冷藏环境含制冷设备。低温储存阶段的碳排放 CF_{st} 包括制冷设备的耗电量 CF_{st}^1 与制冷剂的泄漏 CF_{st}^2，其中有

$$CF_{st} = CF_{st}^1 + CF_{st}^2 \tag{6-19}$$

因制冷设备耗电而产生的碳排放计算过程如下：

$$CF_{st}^1 = E_{st} \times Ce_p \tag{6-20}$$

其中，E_{st} 与 Ce_p 分别表示每小时储存单位生鲜品的制冷设备耗电量与电力碳排放系数。根据中国冷藏库电耗标准，E_{st} 取 $0.3 \text{ kW} \cdot \text{h}/(\text{t} \cdot \text{d})$。

制冷剂泄漏而产生的碳排放计算过程如下：

$$CF_{st}^2 = \frac{Rl_{st} \times GWP}{Sc} \tag{6-21}$$

其中，Rl_{st} 与 Sc 分别表示制冷设备中制冷剂每小时的泄漏量与冷库的标定储存量。

5）废弃物处置阶段

生鲜品具有易腐性，本研究主要考虑生鲜品运输和储存过程中的货损情况，研究冷链模式下处理生鲜品废弃物产生的碳排放。废弃物的处理方式主要有堆肥、氧化消化、焚化、填埋和露天倾倒。本研究讨论卫生填埋、生物堆肥与焚烧等不同方式处理生鲜品废弃物的碳排放，计算过程如下：

$$CF_{ab} = m_{ab} \times Ce_l \times \lambda \tag{6-22}$$

其中，m_{ab} 表示生鲜品的质量；λ 表示生鲜品的腐损率；Ce_l 表示单位腐损生鲜品在填埋过程中的碳排放系数。

生鲜品冷链物流中变质率高居不下，本研究分析单位质量的生鲜品废弃物不同处理方式下随变质率的变化的碳排放情况，如图 6-7 所示。

由图 6-7 可知，生鲜品的变质率越高，处理废弃物产生的碳排放越多。通过对比，卫生填埋方式产生的碳排放最多，生物堆肥方式最为环保。因此，在生鲜品物流中，一方面要注重全程冷链，降低变质率。另一方面，要注重选择环保

性更高的废弃物处理方式。

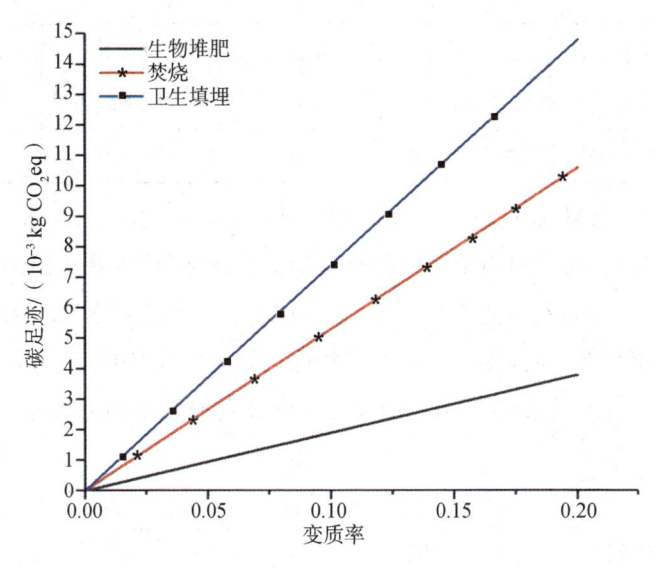

图 6-7　不同生鲜品废弃物处理方式情况下碳排放随变质率的变化

6.3　实证分析

6.3.1　案例介绍

X 市因为得天独厚的气候条件和良好的工业基础设施有着完整的梨产业链条。在充分调研的基础上,将上述碳足迹测度模型应用在 X 市的梨的冷链,通过实际参数进行分析。梨于每年九月上旬陆续成熟,产地的农民在采摘后会对梨进行预冷处理,随后等待批发商进行批量收购。批发商会安排冷藏车将梨运输至当地的农贸市场、生鲜店铺和大型商超进行销售,最后到达消费者手中。从生产到消费,还会涉及批发商、零售商和消费者临时储存的环节。在梨的冷链中,会有一定的变质率,这类废弃物会运输至专门的处理基地进行废弃物处理。梨的产品特征如表 6-3 所示。

表 6-3 梨的产品特质

品名	生长周期/d	冷藏温度/℃	比热容/(kJ/(kg·℃))	呼吸热/(kJ/(kg·h))	全程冷链变质率/%
梨	220~230	5	3.2	0.1181	10

目前,有一批梨共计 10 t,采摘后进行预冷,预冷温度为 5 ℃,该预冷设备的能效比为 2.5。随后采用重型冷藏车对梨进行运输,该冷藏车使用 R410A 制冷剂,GWP=2 060,制冷能效比为 1.25,冷链全程运输距离为 100 km。该批梨分别在批发商仓库、零售商以及消费者处进行临时储存,储存时间分别为 48 h、24 h 和 24 h。该批梨变质率为 10%,废弃物被运输至废物处置中心采用生物堆肥方式进行处理。

6.3.2 结果与分析

梨的冷链物流经历了田间预冷、冷藏运输、低温储存、销售与废弃处置等阶段,单位质量的梨全生命周期各环节的碳足迹状况如表 6-4 所示。

表 6-4 1kg 梨全生命周期各环节的碳足迹状况

冷链环节	涵盖范围	相关活动	活动说明	碳排放总量/(×10⁻³ kg CO_2 eq)
生产	产地	粪肥、农膜、化肥、农药碳排放		890
预冷	田间预冷	预冷设备耗电碳排放	耗电量为 $7×10^{-3}$ kW·h	5.580
运输	包括从产地运输至批发商临时仓库,从仓库运输至零售商,以及废弃物运输至处理中心	行驶耗油碳排放	柴油消耗为 28.57 L	7.513
		制冷设备耗油碳排放	制冷设备能效比为 1.25	0.200
		制冷剂泄漏碳排放	制冷剂 R410A,GWP=2 060	0.258

第 6 章 基于生命周期评估(LCA)的生鲜冷链碳足迹测度

续表

冷链环节	涵盖范围	相关活动	活动说明	碳排放总量/($\times 10^{-3}$ kg CO$_2$ eq)
储存	包括批发商的储存、零售商的储存和消费者的储存	制冷设备耗电碳排放	储存总时长为 96 h	0.942
		制冷剂泄漏碳排放	制冷剂 R410A，GWP=2 060	0.226
废弃	梨废弃物处置中心	废弃物处置碳排放	变质率为 10%	1.900

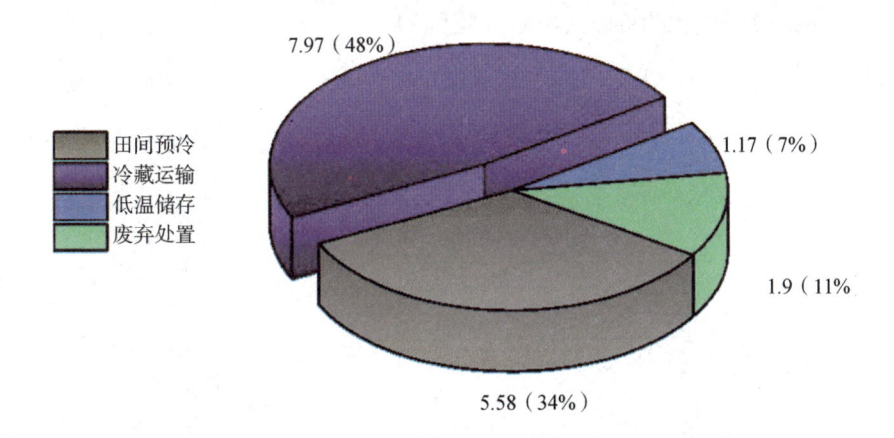

图 6-8　梨冷链各环节碳排放累计及所占比例

由图 6-8 可知,1 kg 梨冷链物流各环节的碳排放总量为 0.016 617 kg 二氧化碳。其中,运输阶段的碳足迹占比最高,达到了 48%。这是因为在运输过程中既有冷藏车行驶产生的碳排放,也有为维持冷藏而进行制冷产生的碳排放和制冷剂泄漏。此外,生鲜品空间位置的变化均需要冷藏车的运输,运输距离越长,产生的碳排放也会越多。其次,是预冷阶段的碳排放,占比为 34%。预冷阶段需要将梨从室外温度迅速降低至冷藏温度,需要耗费大量的电力从而产生碳排放。梨的冷链过程中的变质率为 10%,为处理因腐坏而无法正常销售的废弃物而产生的碳排放占比为 11%。储存阶段包括批发商、零售商和消费者的临时储存,共计 96 h,耗电是冷藏储存过程中主要的碳排放,共计占比 7%。

6.4　本章小结

本研究基于生命周期评估法,建立了包含田间预冷、冷藏运输、低温储存和废弃处置等各环节的果蔬生鲜品冷链碳足迹测度模型,分别讨论了不同冷藏运输方式和不同废弃物处理方式对冷链碳排放的影响。以 1 kg 梨的冷链物流各环节的碳足迹为例,测算出田间预冷、冷藏运输、低温储存和废弃处置等主要环节的碳足迹分别占比为 34％、48％、7％和 11％。

第三部分 生鲜品冷链上游阶段运营优化

第 7 章　考虑新鲜度的生鲜品产地冷链物流服务网络构建

冷链物流是生鲜农产品的主要流通方式,但冷链成本过高、运输过程中易断链一直困扰着我国冷链物流的发展。在"双碳"背景下,基于生鲜品配送时效性强和易腐的特点,综合考虑早到的库存成本、晚到的惩罚成本、配送过程中的货损成本,以及到达终端零售商时的新鲜度,构建以总成本最小为目标的整数规划模型,设计考虑新鲜度的冷链物流服务网络,并对比分析不同算法下的仿真结果。

7.1　问题描述

随着对冷链物流路径优化理论研究的深入,关于生鲜产品货损成本的研究也越来越广泛,国内外众多学者将运输时间、运输温度与生鲜品品质相结合,探讨生鲜产品货损成本的问题,如不少学者综合考虑冷链运输过程中的运输成本、固定成本、货损成本、惩罚成本和能耗成本,建立以总成本最小为目标函数的路径优化模型,并采用改进的蚁群算法进行求解。在建立货损成本函数时,将生鲜产品的腐败程度随时间和温度的变化关系类比化学反应速率公式,建立货损成本函数,具有一定的现实意义。

本章以生鲜品为研究对象,重点研究"原产地—配送中心—客户"生鲜品产地冷链物流服务网络的路径优化问题,如图 7-1 所示。在服务网络的构建中,考虑到生鲜品配送的及时性,加入研究提前到货的库存成本和延迟到货的惩罚成本;考虑到新鲜产品的易腐特性,与配送过程中的货物损坏成本进行关联;考虑到新鲜品的特点是需要冷藏运输的产品,加入了配送中心的冷藏成本参数;

同时,还考虑了冷链运输过程中的成本。建立以总成本最小为目标非线性混合整数规划模型,主要解决了如下问题,并进行如下假设:

(1)通过总成本最小函数,选择配送中心。

(2)降低冷链运输成本。

(3)提高冷链运输效率。

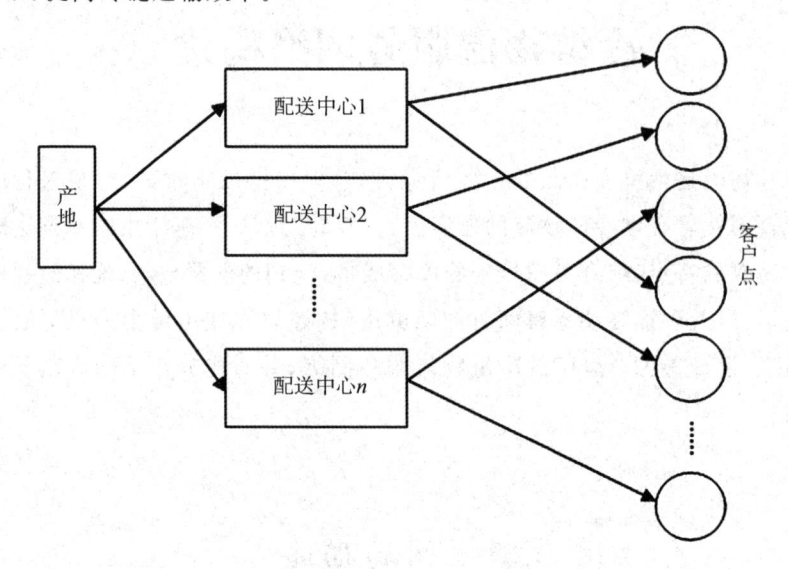

图 7-1 "产地—配送中心—客户"分布

问题假设:

(1)服务网络中包含一个产地,n 个配送中心,m 个客户。一个产地向多个配送中心发货,但是一个配送中心只向一个客户发货。

(2)产地、配送中心与客户的位置、配送中心及客户需求均已知。

(3)产地的产能满足配送中心的需求。

(4)基于分销成本的经济性,我们假设一个客户只接受一辆运输车辆的配送服务。

(5)在整个配送过程中都有服务时间窗限制。

(6)配送过程中不存在交通阻塞。

(7)车辆从配送中心出发,任务完成后返回配送中心。

(8)配送车辆数量有限,且最大车辆载重为已知条件。

7.2 模型构建与解析

研究假定在特定区域中,存在一个生鲜食品产地为若干个冷链配送中心配送货物,若干个配送中心再为若干个客户进行冷链产品的配送服务。已知产地、配送中心与客户的地理位置信息,已知客户需求及配送的软硬时间窗要求,在此基础上设立总成本最小的目标函数(包括运输成本、货损成本、惩罚成本、库存成本和冷藏成本)。要求在满足约束条件的同时合理规划冷链车辆的运输路径,在总运输成本最小的同时使货物尽可能在客户可接受的时间段内送达。

7.2.1 符号说明

$a(A)$ 表示配送产品的种类,$a=\{1,2,3,\cdots,A\}$。

$b(B)$ 表示配送中心数量,$b=\{1,2,3,\cdots,B\}$。

$c(C)$ 表示客户数量,$c=\{1,2,3,\cdots,C\}$。

e_{ab} 表示产品 a 从工厂运到配送中心 b 的单位运费。

f_{abc} 表示产品 a 从配送中心 b 运往客户 c 的单位运费。

n_{ac} 表示客户 c 对产品 a 的需求量。

s_b 表示配送中心 b 对产地货物的冷藏固定费用。

k 表示配送中心数量。

t_{ab} 表示产品 a 从产地到配送中心 b 的实际运输时间。

t'_{abc} 表示产品 a 从配送中心 b 运至客户的 c 实际运输时间。

$[l_{ac},m_{ac}]$ 表示客户 c 对产品 a 规定的运达时间要求,为软时间窗,其中 l_{ac} 表示客户 c。规定配送中心的最早送达时间。同理,m_{ac} 表示客户 c 规定配送中心的最晚送达时间。

$[l'_{ac},m'_{ac}]$ 表示产品 a 能够运达的时间,为硬时间窗,其中 l'_{ac} 表示客户 c 可接受配送中心的最早送达时间。同理,m'_{ac} 表示客户 c 可接受配送中心的最晚送达时间。

W 表示运输过程中的冷藏成本,w 表示运输过程中单位时间冷藏成本。

Z 表示货物延期运达的惩罚成本，z_a 表示产品 a 延期送达的单位时间惩罚成本。

O 表示货物提早运达的仓储成本，o_a 表示产品 a 提前送达的单位时间仓储成本。

P_a 表示产品 a 单价。

此外，还设定了决策变量：

q_{ab} 表示产品 a 到从产地到配送中心 b 的运量。

x_b 为 0-1 变量，表示配送中心 b 是否被选中，若选中，则值为 1，否则为 0。

y_{abc} 表示是否由配送中心 b 向客户 a 送货，送货时，取值为 1，否则为 0。

7.2.2 模型构建

$$\min z = \sum_{a=1}^{A}\sum_{b=1}^{B} e_{ab} \cdot q_{ab} + \sum_{a=1}^{A}\sum_{b=1}^{B}\sum_{c=1}^{C} f_{abc} \cdot n_{ac} \cdot y_{abc} + \sum_{b}^{B} s_b \cdot x_b + W + Z + O + \sum_{a=1}^{A}\sum_{b=1}^{B} P_a \cdot q_{ab}(1 - e^{-\lambda t_{ab}}) + \sum_{a=1}^{A}\sum_{b=1}^{B} P_a \cdot n_{ac} \cdot y_{abc}(1 - e^{-\lambda t'_{ab}}) \tag{7-1}$$

约束条件

$$\sum_{b=1}^{B} x_b \cdot n_{ac} = 1 \quad \forall c \in C, a \in A \tag{7-2}$$

$$q_{ab} = \sum_{c=1}^{C} n_{ac} \cdot y_{abc} \quad \forall a \in A, b \in B \tag{7-3}$$

$$\sum_{b=1}^{B} x_b = k \tag{7-4}$$

$$x_b, y_{abc} \in \{0,1\} \tag{7-5}$$

$$W = w\sum_{a=1}^{A}\sum_{b=1}^{B}\sum_{c=1}^{C}(t_{ab} + t'_{abc}) \cdot x_b \cdot y_{abc} \tag{7-6}$$

$$Z = \begin{cases} \sum_{a=1}^{A}\sum_{b=1}^{B}\sum_{c=1}^{C}(t_{ab} + t'_{abc} - m_{ac}) \cdot z_a \cdot x_b \cdot o_a \cdot y_{abc}, m_{ac} \leqslant t_{ab} + t'_{abc} \leqslant m'_{ac} \\ 0, t_{ab} + t'_{abc} < m_{ac} \\ M, t_{ab} + t'_{abc} > m'_{ac} \end{cases} \tag{7-7}$$

$$O = \begin{cases} \sum_{a=1}^{A}\sum_{b=1}^{B}\sum_{c=1}^{C}[l_{ab} - (t_{ab} + t'_{ab})] \cdot o_a \cdot x_b \cdot n_{abc}, l'_{ac} \leqslant t_{ab} + t'_{abc} \leqslant l_{ac} \\ 0, t_{ab} + t'_{abc} > l_{ac} \\ M, t_{ab} + t'_{abc} < l'_{ac} \end{cases} \quad (7-8)$$

$$x_b \geqslant 0, \forall a \in A, b \in B \quad (7-9)$$

$$w, z, o_a \geqslant 0 \quad (7-10)$$

式(7-1)表示货物从产地到配送中心的运输成本、产品从配送中心到客户的运输成本、配送中心对货物的冷藏固定费用、运输途中的冷藏成本、货物晚到的惩罚成本、货物早到的仓储成本、从产地到配送中心的货损成本及从配送中心到客户的货损成本。

式(7-2)~式(7-10)为约束条件。

式(7-2)表示每位客户需求的货物只能来自一个配送中心。

式(7-3)表示货物供需平衡。

式(7-4)表示选择的配送中心数量与所需配送中心数量相等。

式(7-5)表示 x,y 为 0-1 变量。

式(7-6)表示货物运输过程中的冷藏成本。

式(7-7)表示延期交货产生的惩罚成本。

式(7-8)表示提前交货产生的仓储成本。

式(7-9)表示 0-1 变量,当值为 1 时,表示配送中心 b 被选中,反之则未被选中。

式(7-10)表示运输过程中的冷藏成本、货物延期运达的惩罚成本和货物提早运达的仓储成本均大于 0。

7.2.3 模型求解

遗传算法是求解路径优化问题的最广泛的算法。目前,众多学者采用遗传算法对该问题进行求解,例如将温度作为决策变量,通过在冷链运输过程中调节温度来平衡制冷成本与货损成本,从而研究总成本最小的路径优化问题并采用遗传算法进行求解。在设计遗传算法的交叉环节和变异环节时,采用双切点交叉法和逆转变异方式,提高了算法的局部搜索能力,保持了群体的多样性。

最后，通过算例验证了模型的可行性。在采用遗传算法求解带时间窗的冷链配送模型时，对染色体采用序数编码方式来减少无效解的生成，采用轮盘赌的选择方式和部分匹配交叉方法，并采用倒数的方式计算适应度函数，来达到求解的高效性。常见的通过建立配送成本最小和客户满意度最大的多目标路径优化模型，采用一种启发式雨数来表示个体适应度，将多目标转化为单目标，并用改进遗传算法进行求解。在算法的编码、选择和交叉设计方面：采用混合编码策略，并采用比例选择方法和最大保留交叉方法。遗传算法采用自然进化机制来表现复杂现象，适合求解 NP-Hard 问题（non-deterministic polynomial-time hard）。但有容易陷入局部最优的缺陷。因此，众多学者对其进行改进，如设计编码、选择和交叉方式等。总体来说，遗传算法是目前求解路径优化问题中应用最广泛的算法。

本章根据目标函数的特点，将最速下降法、模拟退火算法与遗传算法相结合，运用 MATLAB R2017B 编程，设计混合算法进行求解。该混合算法的求解步骤如下。

步骤 1：设置算法初始参数。包括种群规模、交叉概率、变异概率和迭代次数。

步骤 2：染色体编码。采用整数编码方式，根据产地、配送中心和客户的坐标信息进行逐层级的路径优化。首先按产地对应的配送中心的数量（n）来生成 n 位基因编码。再按配送中心对应的客户的数量（m）来生成 m 位基因编码。其中，将各层级节点用 0 表示，列入编码中。具体设计方法如图 7-2 所示。

n 位基因编码

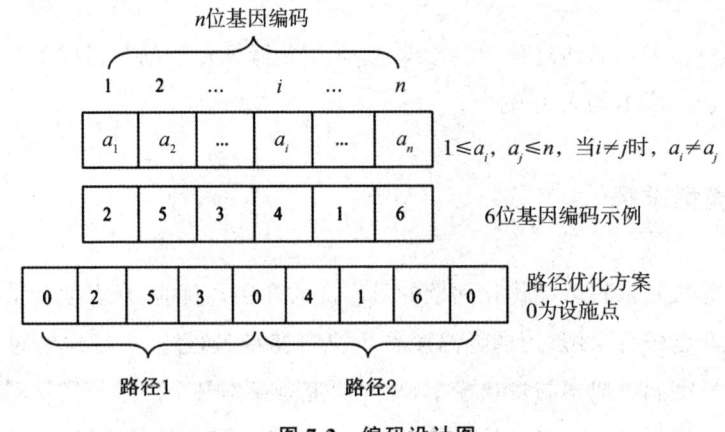

1	2	...	i	...	n
a_1	a_2	...	a_i	...	a_n

$1 \leq a_i,\ a_j \leq n$，当 $i \neq j$ 时，$a_i \neq a_j$

2	5	3	4	1	6

6 位基因编码示例

0	2	5	3	0	4	1	6	0

路径优化方案
0 为设施点

路径1　　路径2

图 7-2　编码设计图

步骤 3：初始化种群。

第 7 章　考虑新鲜度的生鲜品产地冷链物流服务网络构建

步骤 4:适应度函数的计算。结合模拟退火算法中适应度函数的设计,对适应度函数进行拉伸,避免遗传算法后期适应度一致性导致的早熟现象,以及优秀个体在产生后代时的优势不明显。

$$f_i = \frac{e^{f_i/T}}{\sum_{i=1}^{M} e^{f_i/T}} \quad (7\text{-}11)$$

$$T = T_0(0.99^{g-1}) \quad (7\text{-}12)$$

其中,f_i 为第 i 个个体的适应度;M 为种群大小;T 为温度;T_0 为初始温度;g 表示温度系数。

步骤 5:选择。根据上一代的适应度函数值计算出增量,根据模拟退火算法中的 Metropolis 准则选出新子代。

步骤 6:遗传操作。采用两点交叉、高斯变异的方法分别对个体进行交叉操作和变异操作。然后引入最速下降算子,对产生的新个体进行局部调优。使算法的计算速度更快,计算精度更高。

步骤 7:精英策略选择出下一代父体。

步骤 8:执行步骤 4 到步骤 7,直到进化代数达到最大值,算法结束。

7.3　算例仿真

为了验证模型的可行性,选取 A 冷链物流企业的各项数据进行计算,并运用 MATLAB 软件进行仿真。

7.3.1　算例参数描述

已知 A 公司有一个产地、5 个配送中心和 26 个客户点。为计算方便,将产地、配送中心及客户所在的地理位置坐标化。其中产地坐标为[40,40](单位为 km),单位货品的运输费用 4 元/(km·kg);货损衰减系数 $\theta=0.1$;货品单价 20 元/kg;单位时间惩罚成本 6 元/(h·kg);运输过程中的冷藏成本为 60 元/h;运输过程中行驶速度为 35 km/h;时间窗为[80,100]min;货品卸载时间为 20 min。此外,已知 A 公司未优化路径前的总运输成本为 7 000 元。配送中心与客户坐标、冷藏固定成本和客户需求情况如表 7-2 所示。

表 7-1 配送中心坐标及冷藏固定费用

配送中心	坐标/km	冷藏固定费用/(元/kg)
A	[31,21]	310
B	[57,17]	340
C	[62,51]	410
D	[37,63]	440
E	[21,52]	285

表 7-2 客户坐标及需求量

客户	需求量/kg	坐标/km	客户	需求量/kg	坐标/km
1	23.11	[52,43]	14	31.45	[45,58]
2	31.45	[38,66]	15	23.11	[65,25]
3	24.00	[12,11]	16	26.00	[18,30]
4	20.44	[66,45]	17	23.11	[52,66]
5	21.22	[45,19]	18	26.56	[26,57]
6	32.11	[12,20]	19	31.45	[35,47]
7	26.00	[73,42]	20	35.11	[53,32]
8	23.11	[49,10]	21	23.11	[33,56]
9	31.45	[70,12]	22	24.11	[30,70]
10	26.56	[30,3]	23	31.45	[60,66]
11	26.00	[12,60]	24	26.56	[13,69]
12	31.45	[62,10]	25	23.11	[9,45]
13	26.00	[30,36]	26	26.00	[65,60]

7.3.2 模型求解结果

用 MATLAB 编写标准遗传算法和混合算法,设置相同的初始参数,种群规模 popsize=60,pc=0.8,交叉概率 pc=0.18,变异概率 pc 为 0.1,迭代次数为

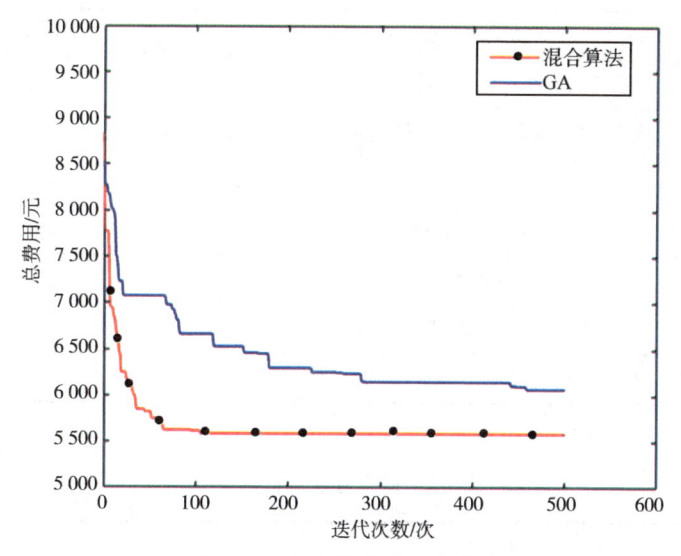

500次。两种算法的求解结果如图 7-3、图 7-4 和表 7-3～表 7-6 所示。

图 7-3　GA 与混合算法迭代图

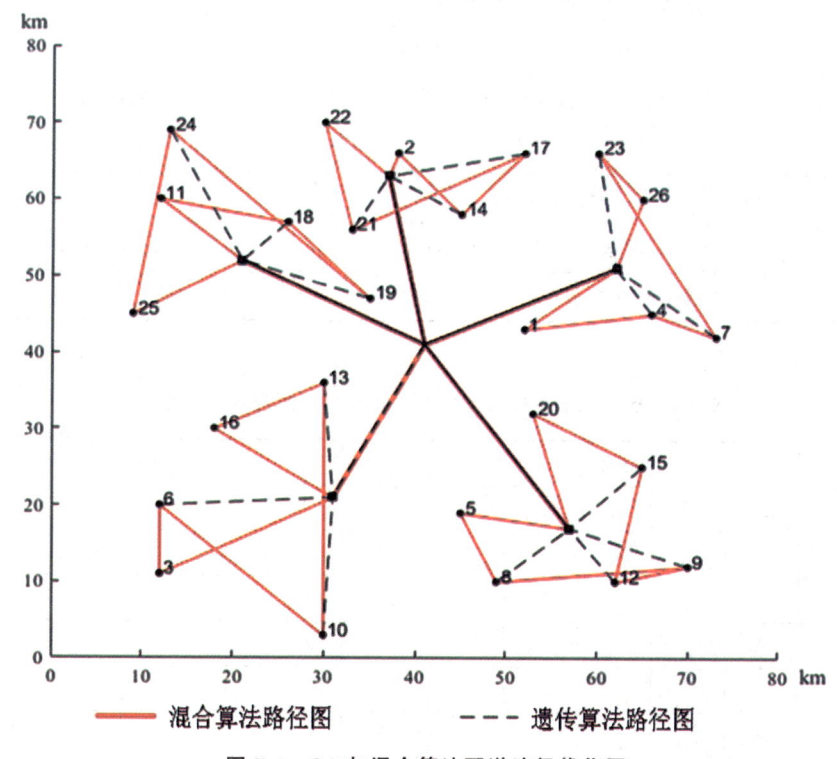

图 7-4　GA 与混合算法配送路径优化图

表 7-3　GA 运算结果

总成本/元	6 069.898 7
工厂到配送中心的运输成本/元	478.602 4
配送中心到需求点的运输成本/元	1 608.390 2
配送中心固定费用/元	1 785
冷藏成本/元	689.310 1
惩罚成本/元	0
工厂到配送中心的货损成本/元	915.591 9
配送中心到需求点的货损成本/元	593.004 2

表 7-4　混合算法运算结果

总成本/元	5 567.119 3
工厂到配送中心的运输成本/元	478.602 4
配送中心到需求点的运输成本/元	1 318.942 1
配送中心固定费用/元	1 785
冷藏成本/元	565.261 3
惩罚成本/元	0
工厂到配送中心的货损成本/元	925.591 9
配送中心到需求点的货损成本/元	494.006 7

表 7-5　运用 GA 算法得出的 1~26 客户点对应的配送中心

客户	配送中心					客户	配送中心				
	A	B	C	D	E		A	B	C	D	E
1			C			14				D	
2				D		15		B			
3	A					16	A				
4			C			17			C		
5	A					18					E
6					E	19					E

续表

客户	配送中心					客户	配送中心				
	A	B	C	D	E		A	B	C	D	E
7		B				20			C		
8		B				21				D	
9		B				22				D	
10	A					23				D	
11					E	24					E
12	A					25					E
13	A					26			C		

表 7-6 由混合遗传算法得出的 1~26 客户点对应的配送中心

客户	配送中心					客户	配送中心				
	A	B	C	D	E		A	B	C	D	E
1			C			14				D	
2				D		15		B			
3	A					16	A				
4			C			17				D	
5		B				18					E
6	A					19					E
7			C			20		B			
8		B				21				D	
9		B				22				D	
10	A					23			C		
11					E	24					E
12		B				25					E
13	A					26			C		

由图 7-3 可看出,混合算法的计算速度和计算精度优于遗传算法。当迭代到 300 次之后,两种算法的目标函数最小总成本值都趋于平稳。运用混合算法求解结果中,最小运输成本约为 5 567 元,比遗传算法的优化结果少了约 500 元。由图 7-4 可直观地看出遗传算法与混合算法的优化路径。由表 7-5 和表

7-6 可知每一位客户对应的配送中心。最后,得出 A 公司运输成本最小时的最佳运输路径。

7.4 研究结论

与传统的物流运输相比,生鲜品冷链物流对产品质量和时效的要求更加严格,这必然会导致成本的增加。此外,在生鲜品冷链物流配送的过程中,碳排放不仅来自行驶车辆本身,还来自车内的各种制冷设备。在"双碳"背景下,随着国家碳税政策的实施,碳排放量的增加不仅污染了环境,也增加了物流企业的配送成本。因此,如何在保证生鲜产品的新鲜度的同时,实现低碳运输,是生鲜品冷链物流配送急需解决的问题。

冷链物流服务网络中路径优化的主要方向是如何优化各种冷链物流的运行模式,进而提出相应的启发式算法进行求解,达到运行速度快、精度高的效果。基于生鲜产品易腐烂的特点和冷链配送时间窗的要求,在生鲜品冷链物流的路径优化中考虑了新鲜度的参数影响,构建带时间窗的生鲜产品路径优化模型,通过建立最小总成本函数,设计混合算法求解,对比遗传算法和混合算法的求解结果,最后结合 A 公司的实际运输数据得到路径优化结果。

7.5 本章小结

本章以生鲜品为研究对象,重点研究"原产地—配送中心—客户"生鲜品产地冷链物流服务网络的路径优化问题,建立以总成本最小为目标的非线性混合整数规划模型。通过对比混合算法和遗传算法的运算结果可知,混合算法在处理此类问题时可以取到更优解,更适合用来解决生鲜品冷链物流服务网络的相关问题。

第8章 基于生鲜品产地预冷和碳减排技术研发投入研究

由于生鲜品具有易腐烂、易变质的特点,从而导致了生鲜品的高损耗率。对此,可以通过预冷技术来保障其品质,延长其货架期。根据美国农业部农业研究服务院(Agricultural Research Service,ARS)和加州大学伯克利分校科学家的一项新研究,新的食品冷冻方法可以使冷冻食品更安全、质量更好,同时节省能源和减少碳排放。因此,在"双碳"这个大背景下,对生鲜品产地预冷技术和碳减排技术的结合研究更具有现实意义。本章运用微分博弈的方法,构建生鲜品供应商和零售商的博弈模型,研究不同决策模式下两者对预冷技术和碳减排技术研发投入的努力水平、影响因素以及生鲜品冷链总收益的变化情况,并对模型进行仿真分析。

8.1 问题描述

研究假定为一个生鲜品供应商和一个生鲜品零售商之间的二级供应链,生鲜品供应商和零售商会根据是否占据主导地位来决策两种技术的投入情况。一般占据主导地位的主体倾向于投入采用预冷技术,从而激励另一个主体投入采用碳减排技术,而主导主体由于占据主导地位,会承担另一个主体的部分碳减排技术的研发投入。理性消费者将偏好于使用预冷技术和碳减排技术的产品。为评价预冷技术和碳减排技术研发投入的影响因素,进行如下假设。

假设 8.1 通过预冷技术和碳减排技术的研发投入可以提高生鲜产品的新鲜度,但生鲜产品的新鲜度随着时间的推移会有自然衰减的现象,产品新鲜度随时间变化的情况为

$$\vec{G}(t) = \alpha J(t) + \beta L(t) - \eta G(t) \tag{8-1}$$

其中，$G(t)$表示t时刻产品的新鲜度，且设$G(0)=G_0$；$J(t)$为t时刻采取碳减排技术的努力水平；$L(t)$为t时刻采取预冷技术的努力水平；$\alpha>0$为碳减排技术的使用效率，表示碳减排技术的投入对产品新鲜度的正向影响；$\beta>0$为预冷技术的使用效率，表示预冷技术的投入对产品新鲜度的正向影响；$\eta>0$为新鲜度的递减率，表示随时间的增长，新鲜度将会降低。

假设 8.2 理性消费者倾向于选择使用了预冷技术和碳减排技术、新鲜度高且价格低廉的产品，因此市场的需求函数为：

$$D(t) = HG(t)(a - bp(t)) \tag{8-2}$$

其中，$D(t)$表示t时刻该产品的市场需求量；$p(t)$表示t时刻该产品的零售价；a为市场规模；b为消费者价格敏感系数；H为消费者新鲜度敏感系数。

假设 8.3 实施预冷技术和碳减排技术的成本分别为各自研发努力水平的凸函数：

$$C_J = \frac{K}{2}J^2 \tag{8-3}$$

$$C_L = \frac{M}{2}L^2 \tag{8-4}$$

其中，C_J表示实施碳减排技术的成本；$K>0$为碳减排技术研发的努力水平对成本的相关系数；C_L表示实施预冷技术的成本；$M>0$为预冷技术研发的努力水平对成本的相关系数。

假设 8.4 供应商和零售商都为理性决策人，供应链上的库存成本和缺货成本均为0，在较长的运行时间内，供应商和零售商的贴现率都为$\rho(\rho>0)$，供应商和零售商的批发价为$\bar{\omega}$，供应商采取预冷技术或碳减排技术的投入成本用C_1表示，零售商采取预冷技术或碳减排技术的投入成本用C_2表示。则供应商、零售商和供应链的长期收益分别为

$$T_S = \int_0^\infty e^{-\rho t}[\bar{\omega}HG(a-bp) - C_1]dt \tag{8-5}$$

$$T_R = \int_0^\infty e^{-\rho t}[(p-\bar{\omega})HG(a-bp) - C_2]dt \tag{8-6}$$

$$T_V = \int_0^\infty e^{-\rho t}[pHG(a-bp) - C_1 - C_2]dt \tag{8-7}$$

8.2 模型构解与解析

8.2.1 预冷碳减排技术下分散式供应链模型

供应商和零售商在追求各自利润最大化的分散式供应链当中,在不同情境下均需要决策预冷技术和碳减排技术的投入水平。本章将对供应商或零售商在供应链当中占主导地位的情形进行研究。

1)供应商占主导的情形

由于此时供应商在供应链中占据主导地位,也就具有较强的引导市场需求的能力,因此也会更倾向于采取预冷技术,假设受供应商采取预冷技术的影响,零售商此时会研发投入碳减排技术,并且供应商会承担比例为 λ 的碳减排技术的投入成本。

在这种情况下,供应商和零售商之间进行 Stackelberg 博弈,由于此时供应链的主导者为生鲜品的供应商,则博弈顺序为:供应商先确认预冷技术的投入水平 L 和对碳减排成本的承担份额 λ,零售商再据此确认碳减排技术的投入水平 J,供应商和零售商双方均为理性博弈人,追求利润最大。根据式(8-5)和式(8-6),生鲜品供应商和零售商的长期收益函数分别为

$$\max T_S = \int_0^\infty e^{-\rho t}\left[\bar{\omega}HG(a-bp) - \frac{\lambda K}{2}J^2 - \frac{M}{2}L^2\right]dt \qquad (8\text{-}8)$$

$$\max T_R = \int_0^\infty e^{-\rho t}\left[(p-\bar{\omega})HG(a-bp) - \frac{(1-\lambda)}{2}KJ^2\right]dt \qquad (8\text{-}9)$$

在 t 时刻以后,供应商和零售商的长期利润最优价值函数可表示为 $T_S(L) = e^{-\rho t}V_S^1(G)$ 和 $T_R(J) = e^{-\rho t}V_R^1(G)$,根据最优控制理论,$V_S^1(G)$ 和 $V_R^1(G)$ 对任意 $G \geqslant 0$ 都满足 HJB 方程,即

$$\rho V_S^1(G) = \max\left[\bar{\omega}HG(a-bp) - \frac{\lambda}{2}KJ^2 - \frac{M}{2}L^2 + \widetilde{V_S^1}(\alpha J + \beta L - \eta G)\right]$$

$$(8\text{-}10)$$

$$\rho V_R^1(G) = \max\left[(p-\bar{\omega})HG(a-bp) - \frac{(1-\lambda)}{2}KJ^2 + \widetilde{V_R^1}(\alpha J + \beta L - \eta G)\right]$$
(8-11)

方程(8-11)对 J 求一阶偏导得到

$$J = \frac{\alpha \widetilde{V_R^1}}{K(1-\lambda)}$$
(8-12)

将式(8-12)代入式(8-10)并分别对 L 和 λ 求偏导得到

$$L = \frac{\beta \widetilde{V_S^1}}{M}$$
(8-13)

$$\lambda = \frac{2\widetilde{V_S^1} - \widetilde{V_R^1}}{2\widetilde{V_S^1} + \widetilde{V_R^1}}$$
(8-14)

将式(8-12)、式(8-13)和式(8-14)代入式(8-10)和式(8-11)得到

$$\rho V_S^1(G) = \bar{\omega} HG(a-bp) - \frac{\lambda}{2}KJ^2 - \frac{M}{2}L^2 + \widetilde{V_S^1}(\alpha J + \beta L - \eta G)$$

$$= [\bar{\omega}H(a-bp) - \eta \widetilde{V_S^1}]G + \frac{\alpha^2(2\widetilde{V_S^1} + \widetilde{V_R^1})^2}{8K} + \frac{\beta^2(\widetilde{V_S^1})^2}{2M}$$
(8-15)

$$\rho V_R^1(G) = (p-\bar{\omega})HG(a-bp) - \frac{(1-\lambda)}{2}KJ^2 + \widetilde{V_R^1}(\alpha J + \beta L - \eta G)$$

$$= [(p-\bar{\omega})(a-bp)H - \eta \widetilde{V_R^1}]G + \frac{\alpha^2 \widetilde{V_R^1}(2\widetilde{V_S^1} + \widetilde{V_R^1})}{4K} + \frac{\beta^2 \widetilde{V_S^1} \widetilde{V_R^1}}{M}$$
(8-16)

由式(8-15)和式(8-16)得,关于 G 的线性最优值函数是 HJB 方程的解,令 $V_S^1 = m_1 G + m_2$,$V_R^1 = n_1 G + n_2$,其中,m_1, m_2, n_1, n_2 均为常数,则 $\widetilde{V_S^1} = m_1$,$\widetilde{V_R^1} = n_1$,将其代入式(8-15)和式(8-16)可得

$$m_1 = \frac{\bar{\omega}H(a-bp)}{\rho + \eta}$$

$$m_2 = \frac{\alpha^2 H^2(p+\bar{\omega})^2(a-bp)^2}{8K\rho(\rho+\eta)^2} + \frac{\beta^2 \bar{\omega}^2 H^2(a-bp)^2}{2M\rho(\rho+\eta)^2}$$

$$n_1 = \frac{H(p-\bar{\omega})(a-bp)}{\rho + \eta}$$

$$n_2 = \frac{\alpha^2 H^2 (p^2 - \bar{\omega}^2)(a-bp)^2}{4K\rho(\rho+\eta)^2} + \frac{\bar{\omega} H^2 \beta^2 (p-\bar{\omega})(a-bp)^2}{M\rho(\rho+\eta)^2}$$

将 $\widetilde{V_S^1} = m_1 = \dfrac{\bar{\omega} H(a-bp)}{\rho+\eta}$ 和 $\widetilde{V_R^1} = n_1 = \dfrac{H(p-\bar{\omega})(a-bp)}{\rho+\eta}$ 代入式 (8-12)、式(8-13)和式(8-14)可得

$$L^{\Delta} = \frac{\bar{\omega}\beta H(a-bp)}{M(\rho+\eta)} \tag{8-17}$$

$$\lambda = \frac{2m_1 - n_1}{2m_1 + n_1} = \frac{3\bar{\omega} - p}{p + \bar{\omega}} \tag{8-18}$$

$$J^{\Delta} = \frac{\alpha \widetilde{V_R^1}}{K(1-\lambda)} = \frac{\alpha H(p+\bar{\omega})(a-bp)}{2K(\rho+\eta)} \tag{8-19}$$

此时供应商、零售商以及供应链的最优价值函数如下：

$$V_{S1} = \frac{\bar{\omega} HG(a-bp)}{\rho+\eta} + \frac{\alpha^2 H^2 (p+\bar{\omega})^2 (a-bp)^2}{8K\rho(\rho+\eta)^2} + \frac{\beta^2 \bar{\omega}^2 H^2 (a-bp)^2}{2M\rho(\rho+\eta)^2}$$

$$\tag{8-20}$$

$$V_{R1} = \frac{(p-\bar{\omega})(a-bp)HG}{\rho+\eta} + \frac{\alpha^2 H^2 (p^2-\bar{\omega}^2)(a-bp)^2}{4K\rho(\rho+\eta)^2} +$$

$$\frac{\bar{\omega} H^2 \beta^2 (p-\bar{\omega})(a-bp)^2}{M\rho(\rho+\eta)^2} \tag{8-21}$$

$$V_T^{\Delta} = \frac{pHG(a-bp)}{\rho+\eta} + \frac{\alpha^2 H^2 (3p^2 + 2p\bar{\omega} - \bar{\omega}^2)(a-bp)^2}{8K\rho(\rho+\eta)^2} +$$

$$\frac{\bar{\omega} H^2 \beta^2 (2p-\bar{\omega})(a-bp)^2}{2M\rho(\rho+\eta)^2} \tag{8-22}$$

2) 零售商占主导的情形

由于此时零售商在供应链中占据主导地位，也就具有较强的引导市场需求的能力，因此也会更倾向于采取预冷技术，假设受零售商采取预冷技术的影响，供应商此时会研发投入碳减排技术，并且零售商会承担比例为 θ 的碳减排技术的投入成本。

在这种情况下，供应商和零售商之间进行 Stackelberg 博弈，由于此时供应链的主导者为生鲜品的零售商，则博弈顺序为：零售商先确认预冷技术的投入水平 L 和碳减排成本的承担份额 θ，供应商再据此确认碳减排技术的投入水平 J，供应商和零售商双方均为理性博弈人，追求利润最大。根据式(8-5)和式(8-6)得到生鲜品供应商和零售商的长期收益函数分别为

$$\max T_S = \int_0^\infty e^{-\rho t}\left[\bar{\omega}HG(a-bp) - \frac{(1-\theta)}{2}KJ^2\right]dt \qquad (8-23)$$

$$\max T_R = \int_0^\infty e^{-\rho t}\left[(p-\bar{\omega})HG(a-bp) - \frac{\theta}{2}KJ^2 - \frac{M}{2}L^2\right]dt \qquad (8-24)$$

在 t 时刻以后,供应商和零售商的长期利润最优价值函数可表示为 $T_S(J) = e^{-\rho t}V_S^2(G)$ 和 $T_R(L) = e^{-\rho t}V_R^2(G)$,根据最优控制理论,$V_S^2(G)$ 和 $V_R^2(G)$ 对任意 $G \geqslant 0$ 都满足 HJB 方程,即

$$\rho V_S^2(G) = \max\left[\bar{\omega}HG(a-bp) - \frac{(1-\theta)}{2}KJ^2 + \widetilde{V_S^2}(\alpha J + \beta L - \eta G)\right] \qquad (8-25)$$

$$\rho V_R^2(G) = \max\left[(p-\bar{\omega})HG(a-bp) - \frac{\theta}{2}KJ^2 - \frac{M}{2}L^2 + \widetilde{V_R^2}(\alpha J + \beta L - \eta G)\right] \qquad (8-26)$$

方程(8-25)对 J 求一阶偏导得到

$$J = \frac{\alpha \widetilde{V_S^2}}{K(1-\theta)} \qquad (8-27)$$

将式(8-27)代入式(8-26)并分别对 L 和 θ 求偏导得到

$$L = \frac{\beta \widetilde{V_R^2}}{M} \qquad (8-28)$$

$$\theta = \frac{2\widetilde{V_R^2} - \widetilde{V_S^2}}{2\widetilde{V_R^2} + \widetilde{V_S^2}} \qquad (8-29)$$

将式(8-27)、式(8-28)和式(8-29)代入式(8-25)和式(8-26)得到

$$\rho V_S^2(G) = \bar{\omega}HG(a-bp) - \frac{(1-\theta)}{2}KJ^2 + \widetilde{V_S^2}(\alpha J + \beta L - \eta G)$$

$$= [\bar{\omega}H(a-bp) - \eta \widetilde{V_S^2}]G + \frac{\alpha^2 \widetilde{V_S^2}(2\widetilde{V_R^2} + \widetilde{V_S^2})}{4K} + \frac{\beta^2}{M}\widetilde{V_S^2}\widetilde{V_R^2} \qquad (8-30)$$

$$\rho V_R^2(G) = (p-\bar{\omega})HG(a-bp) - \frac{\theta}{2}KJ^2 - \frac{M}{2}L^2 + \widetilde{V_R^2}(\alpha J + \beta L - \eta G)$$

$$= [(p-\bar{\omega})(a-bp)H - \eta \widetilde{V_R^2}]G + \frac{\alpha^2(2\widetilde{V_R^2} + \widetilde{V_S^2})^2}{8K} + \frac{\beta^2(\widetilde{V_R^2})^2}{2M} \qquad (8-31)$$

由式(8-30)和式(8-31)得,关于 G 的线性最优值函数是 HJB 方程的解,令 $V_S^2=m_3G+m_4, V_R^2=n_3G+n_4$,其中,$m_3,m_4,n_3,n_4$ 均为常数,则 $\widetilde{V_S^2}=m_3,\widetilde{V_R^2}=n_3$,将其代入式(8-30)和式(8-31)可得

$$m_3=\frac{\bar{\omega}H(a-bp)}{\rho+\eta}$$

$$m_4=\frac{\bar{\omega}\alpha^2H^2(2p-\bar{\omega})(a-bp)^2}{4K\rho(\rho+\eta)^2}+\frac{\bar{\omega}\beta^2H^2(p-\bar{\omega})(a-bp)^2}{M\rho(\rho+\eta)^2}$$

$$n_3=\frac{H(p-\bar{\omega})(a-bp)}{\rho+\eta}$$

$$n_4=\frac{\alpha^2H^2(2p-\bar{\omega})^2(a-bp)^2}{8K\rho(\rho+\eta)^2}+\frac{H^2\beta^2(p-\bar{\omega})^2(a-bp)^2}{2M\rho(\rho+\eta)^2}$$

将 $\widetilde{V_S^2}=m_3=\dfrac{\bar{\omega}H(a-bp)}{\rho+\eta}$ 和 $\widetilde{V_R^2}=n_3=\dfrac{H(p-\bar{\omega})(a-bp)}{\rho+\eta}$ 代入式(8-27)~式(8-29)可得

$$L^{\triangle\triangle}=\frac{\beta H(p-\bar{\omega})(a-bp)}{M(\rho+\eta)} \tag{8-32}$$

$$\theta=\frac{2n_3-m_3}{2n_3+m_3}=\frac{2p-3\bar{\omega}}{2p-\bar{\omega}} \tag{8-33}$$

$$J^{\triangle\triangle}=\frac{\alpha\widetilde{V_R^2}}{K(1-\theta)}=\frac{\alpha H(2p-\bar{\omega})(a-bp)}{2K(\rho+\eta)} \tag{8-34}$$

此时供应商、零售商以及供应链的最优价值函数如下:

$$V_{S2}=\frac{\bar{\omega}HG(a-bp)}{\rho+\eta}+\frac{\bar{\omega}\alpha^2H^2(2p-\bar{\omega})(a-bp)^2}{4K\rho(\rho+\eta)^2}+$$
$$\frac{\bar{\omega}\beta^2H^2(p-\bar{\omega})(a-bp)^2}{M\rho(\rho+\eta)^2} \tag{8-35}$$

$$V_{R2}=\frac{(p-\bar{\omega})(a-bp)HG}{\rho+\eta}+\frac{\alpha^2H^2(2p-\bar{\omega})^2(a-bp)^2}{8K\rho(\rho+\eta)^2}+$$
$$\frac{H^2\beta^2(p-\bar{\omega})^2(a-bp)^2}{2M\rho(\rho+\eta)^2} \tag{8-36}$$

$$V_T^{\triangle\triangle}=\frac{pHG(a-bp)}{\rho+\eta}+\frac{\alpha^2H^2(4p^2-\bar{\omega}^2)(a-bp)^2}{8K\rho(\rho+\eta)^2}+$$
$$\frac{H^2\beta^2(p^2-\bar{\omega}^2)(a-bp)^2}{2M\rho(\rho+\eta)^2} \tag{8-37}$$

8.2.2 预冷碳减排技术下集中式供应链模型

在集中式供应链中,供应商和零售商共享出售生鲜品的收益,共担预冷技术的投入成本及碳减排技术的投入成本。在合作性决策下,供应商和零售商不以追求自身利润最大化为目标,而是以供应链整体收益最大化为目标,通过收益共享契约等形式进行利润分配。根据式(8-7),且此时最优控制问题也满足HJB方程:

$$\rho V_T(G) = \max\left[pHG(a-bp) - \frac{K}{2}J^2 - \frac{M}{2}L^2 + \widetilde{V_T}(\alpha J + \beta L - \eta G)\right] \tag{8-38}$$

将式(8-20)分别对 J 和 L 求一阶偏导,并令导数为 0 可得

$$J = \frac{\alpha \widetilde{V}_T}{K} \tag{8-39}$$

$$L = \frac{\beta \widetilde{V}_T}{M} \tag{8-40}$$

将式(8-39)和式(8-40)代入式(8-38)可得

$$\rho V_T(G) = [pH(a-bp) - \eta \widetilde{V_T}]G + \frac{\alpha^2 \widetilde{V_T^2}}{2K} + \frac{\beta^2 \widetilde{V_T^2}}{2M} \tag{8-41}$$

由(8-41)式得,关于 G 的线性最优值函数是 HJB 方程的解,令 $V_T = \mu_1 G + \mu_2$,其中 μ_1, μ_2 均为常数,则 $\widetilde{V_T} = \mu_1$,将其代入式(8-41)可得

$$\mu_1 = \frac{pH(a-bp)}{\rho+\eta}$$

$$\mu_2 = \frac{\alpha^2 p^2 H^2 (a-bp)^2}{2K\rho(\rho+\eta)^2} + \frac{\beta^2 p^2 H^2 (a-bp)^2}{2M\rho(\rho+\eta)^2}$$

则 $\widetilde{V_T} = \mu_1 = \dfrac{pH(a-bp)}{\rho+\eta}$,将其代入式(8-39)和式(8-40)可得

$$J^{\triangle\triangle\triangle} = \frac{\alpha pH(a-bp)}{K(\rho+\eta)} \tag{8-42}$$

$$L^{\triangle\triangle\triangle} = \frac{\beta pH(a-bp)}{M(\rho+\eta)} \tag{8-43}$$

则此时供应链的最优价值函数如下:

$$V_{\mathrm{T}}^{\triangle\triangle\triangle} = \frac{pHG(a-bp)}{\rho+\eta} + \frac{\alpha^2 p^2 H^2(a-bp)^2}{2K\rho(\rho+\eta)^2} + \frac{\beta^2 p^2 H^2(a-bp)^2}{2M\rho(\rho+\eta)^2}$$

(8-44)

8.2.3 对比与分析

根据式(8-22)和式(8-44)可知：

$$V_{\mathrm{T}}^{\triangle\triangle\triangle} - V_{\mathrm{T}}^{\triangle} = \frac{\alpha^2 H^2(p-\bar{\omega})^2(a-bp)^2}{8K\rho(\rho+\eta)^2} + \frac{H^2\beta^2(p-\bar{\omega})^2(a-bp)^2}{2M\rho(\rho+\eta)^2}$$

(8-45)

由式(8-45)易知：

$$V_{\mathrm{T}}^{\triangle\triangle\triangle} - V_{\mathrm{T}}^{\triangle} > 0$$

根据式(8-37)和式(8-44)可知：

$$V_{\mathrm{T}}^{\triangle\triangle\triangle} - V_{\mathrm{T}}^{\triangle\triangle} = \frac{\alpha^2 H^2\bar{\omega}^2(a-bp)^2}{8K\rho(\rho+\eta)^2} + \frac{H^2\beta^2\bar{\omega}^2(a-bp)^2}{2M\rho(\rho+\eta)^2} \quad (8-46)$$

由式(8-46)易知：

$$V_{\mathrm{T}}^{\triangle\triangle\triangle} - V_{\mathrm{T}}^{\triangle\triangle} > 0$$

根据式(8-22)和式(8-37)可知：

$$V_{\mathrm{T}}^{\triangle\triangle} - V_{\mathrm{T}}^{\triangle} = \frac{\alpha^2 H^2(a-bp)^2(p^2-2p\bar{\omega})}{8K\rho(\rho+\eta)^2} + \frac{H^2\beta^2(a-bp)^2(p^2-2p\bar{\omega})}{2M\rho(\rho+\eta)^2}$$

$$= \frac{H^2(a-bp)^2(p^2-2p\bar{\omega})}{\rho(\rho+\eta)^2}\left(\frac{\alpha^2}{8K} + \frac{\beta^2}{2M}\right) \quad (8-47)$$

结论 8.1 由式(8-45)和式(8-46)知，分散式供应链模型下两种情形的供应链整体收益均低于集中式供应链模型下供应链的整体收益。而由式(8-47)可知，令 $V_{\mathrm{T}}^{\triangle\triangle} - V_{\mathrm{T}}^{\triangle} \geqslant 0$ 得 $p \geqslant 2\bar{\omega}$，反之，当 $p < 2\bar{\omega}$ 时，$V_{\mathrm{T}}^{\triangle\triangle} - V_{\mathrm{T}}^{\triangle} < 0$；即当价格 p 和批发价 ω 满足 $p \geqslant 2\bar{\omega}$ 条件时，分散式供应链模型下零售商占主导时供应链整体收益不低于供应商占主导时的供应链整体收益，而当价格 p 和批发价 ω 满足 $p < 2\bar{\omega}$ 条件时，分散式供应链模型下零售商占主导时供应链整体收益低于供应商占主导时的供应链整体收益。且三种情形下整体供应链的收益受到预冷技术研发的努力水平对成本的相关系数 M 和碳减排技术研发的努力水平对成本的相关系数 K 等因素的影响。

结论 8.2 由式(8-18) $\lambda = \dfrac{2m_1 - n_1}{2m_1 + n_1} = \dfrac{3\bar{\omega} - p}{p + \bar{\omega}}$ 可知,在分散式供应链模型下供应商占主导时,在满足供应商和零售商的收益最大化的前提时,供应商承担碳减排技术投入成本的比例 λ 与 p 和 $\bar{\omega}$ 的关系应满足 $\lambda = \dfrac{3\bar{\omega} - p}{p + \bar{\omega}}$;由式(8-33) $\theta = \dfrac{2n_3 - m_3}{2n_3 + m_3} = \dfrac{2p - 3\bar{\omega}}{2p - \bar{\omega}}$ 可知,在分散式供应链模型下零售商占主导时,在满足供应商和零售商的收益最大化的前提时,零售商承担碳减排技术投入成本的比例 θ 与 p 和 $\bar{\omega}$ 的关系应满足 $\theta = \dfrac{2n_3 - m_3}{2n_3 + m_3} = \dfrac{2p - 3\bar{\omega}}{2p - \bar{\omega}}$。

由式(8-19)和式(8-42)可得

$$\Delta J_1 = J^{\triangle\triangle\triangle} - J^{\triangle} = \frac{\alpha H(a - bp)(p - \bar{\omega})}{2K(\rho + \eta)} \qquad (8\text{-}48)$$

结论 8.3 由式(8-48)知,令 $\Delta J_1 \geqslant 0$ 恒成立,即集中式供应链模型下对碳减排技术的投入水平不低于分散式供应链模型下供应商占主导时对碳减排技术的投入水平。

由式(8-34)和式(8-42)可得

$$\Delta J_2 = J^{\triangle\triangle\triangle} - J^{\triangle\triangle} = \frac{\alpha H \bar{\omega}(a - bp)}{2K(\rho + \eta)} \qquad (8\text{-}49)$$

结论 8.4 由式(8-49)知,$\Delta J_2 > 0$ 恒成立,即集中式供应链模型下对碳减排技术的投入水平要高于分散式供应链模型下零售商占主导时对碳减排技术的投入水平。

由式(8-19)和式(8-34)可得

$$\Delta J_3 = J^{\triangle\triangle} - J^{\triangle} = \frac{\alpha H(a - bp)(p - 2\bar{\omega})}{2K(\rho + \eta)} \qquad (8\text{-}50)$$

结论 8.5 由式(8-50)知,令 $\Delta J_3 \geqslant 0$ 可解得 $p \geqslant 2\bar{\omega}$,即当价格 p 在 $p \geqslant 2\bar{\omega}$ 区间内取值时,分散式供应链模型下零售商占主导时对碳减排技术的投入水平不低于分散式供应链模型下供应商占主导时对碳减排技术的投入水平;反之,当价格 p 在 $p < 2\bar{\omega}$ 区间内取值时,分散式供应链模型下零售商占主导时对碳减排技术的投入水平低于分散式供应链模型下供应商占主导时对碳减排技术的投入水平。

由式(8-17)和式(8-43)可得

$$\Delta L_1 = L^{\triangle\triangle\triangle} - L^{\triangle} = \frac{\beta H(a-bp)(p-\bar{\omega})}{M(\rho+\eta)} \tag{8-51}$$

结论 8.6 由式(8-51)知，$\Delta L_2 > 0$恒成立，即集中式供应链模型下对预冷技术的投入水平要高于分散式供应链模型下供应商占主导时对预冷技术的投入水平。

由式(8-32)和式(8-43)可得

$$\Delta L_2 = L^{\triangle\triangle\triangle} - L^{\triangle\triangle} = \frac{\beta H \bar{\omega}(a-bp)}{M(\rho+\eta)} \tag{8-52}$$

结论 8.7 由式(8-52)知，$\Delta L_2 > 0$恒成立，即集中式供应链模型下对预冷技术的投入水平要高于分散式供应链模型下零售商占主导时对预冷技术的投入水平。

由式(8-17)和式(8-32)可得

$$\Delta L_3 = L^{\triangle\triangle} - L^{\triangle} = \frac{\beta H(a-bp)(p-2\bar{\omega})}{M(\rho+\eta)} \tag{8-53}$$

结论 8.8 由式(8-53)知，令$\Delta L_3 \geqslant 0$可解得$p \geqslant 2\bar{\omega}$，即当价格$p$在$p \geqslant 2\bar{\omega}$区间内取值时，分散式供应链模型下零售商占主导时对预冷技术的投入水平不低于分散式供应链模型下供应商占主导时对预冷技术的投入水平；反之，当价格p在$p < 2\bar{\omega}$区间内取值时，分散式供应链模型下零售商占主导时对预冷技术的投入水平低于分散式供应链模型下供应商占主导时对预冷技术的投入水平。

8.3 算例仿真

为验证上一部分结论，并分析某些重要参数变化对生鲜产品供应商和零售商对预冷技术的研发投入水平和对碳减排技术的研发投入水平的影响，为了方便计算将部分初始参数设置为$\rho=0.3, \eta=0.2, H=0.5, G_0=10, a=5, b=1, \bar{\omega}=2, \alpha=0.6, \beta=0.4, K=0.1, M=0.1$。

将上述参数代入式(8-22)、式(8-37)和式(8-44)，可得图8-1。其中SY_1表示分散式供应链模型下供应商占主导时供应链的整体收益，SY_2表示分散式供应链模型下零售商占主导时供应链的整体收益,SY_3 表示集中式供应链模型下供应链的整体收益。如图 8-1 所示,集中式供应链模型下供应链的整体收益大于两种分散式的供应链整体收益。而对比分散式供应链模型下供应商占主导和零售商占主导下各自的供应链整体收益曲线可以看出,两者存在一个交点,在交点左侧供应商占主导时的供应链整体收益较高,而在交点右侧零售商占主导时的供应链整体收益较高,正如结论 8.1 所得。

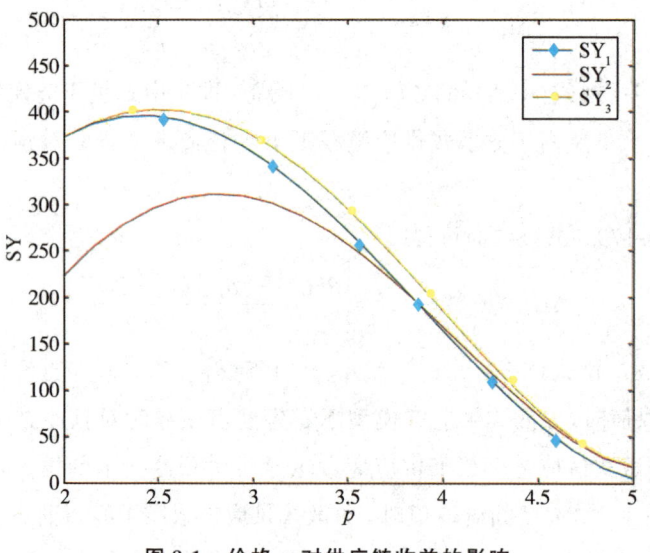

图 8-1　价格 p 对供应链收益的影响

将上述参数代入式(8-22)、式(8-37)和式(8-44),将参数 M 的值设为 0.1,参数 K 为自变量,可得图 8-2。将参数 K 的值设为 0.1,参数 M 为自变量,可得图 8-3。如图 8-2 和图 8-3 所示,三种情形下的供应链整体收益均随着参数 K 和参数 M 值的增大先减小然后逐渐趋于平稳;同时,集中式供应链模型下供应链的整体收益一直大于分散式供应链模型下供应链的整体收益,而对于分散式模型下的两种情况,供应商占主导时的供应链整体收益要大于零售商占主导时的供应链整体收益。

图 8-4 中 J_1 表示分散式供应链模型下供应商占主导时对碳减排技术的投入水平,J_2 表示分散式供应链模型下零售商占主导时对碳减排技术的投入水平,J_3 表示集中式供应链模型下对碳减排技术的投入水平。如图 8-4 所示,集中式供应链模型下对碳减排技术的投入水平大于两种分散式的供应链模型。而对比分散式供应链模型下供应商占主导和零售商占主导下的曲线可以看出,

两者存在一个交点,在交点左侧供应商占主导时对碳减排技术的研发投入水平较高,而在交点右侧零售商占主导时对碳减排技术的研发投入水平较高,正如结论 8.3、结论 8.4 和结论 8.5 所示。

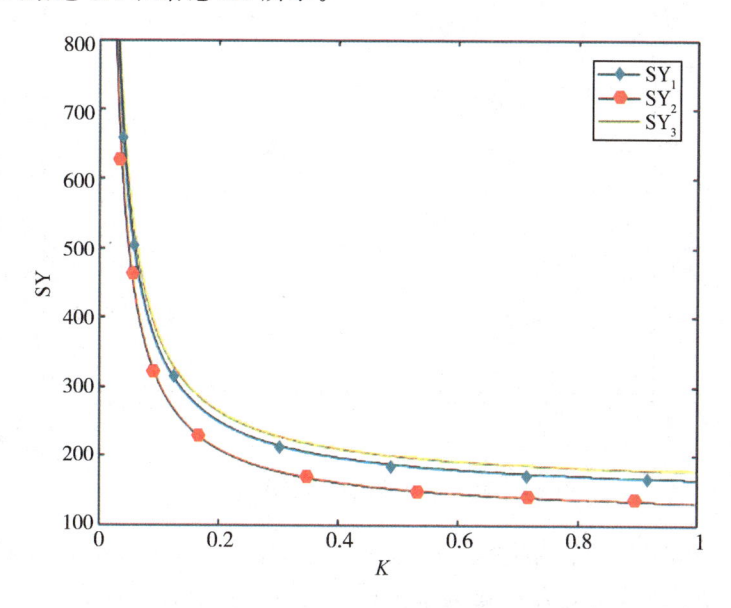

图 8-2 参数 K 对供应链收益的影响

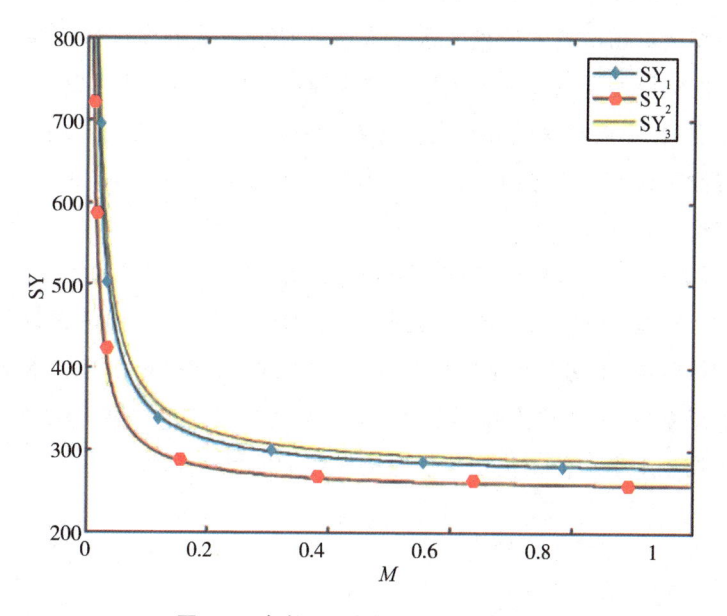

图 8-3 参数 M 对供应链收益的影响

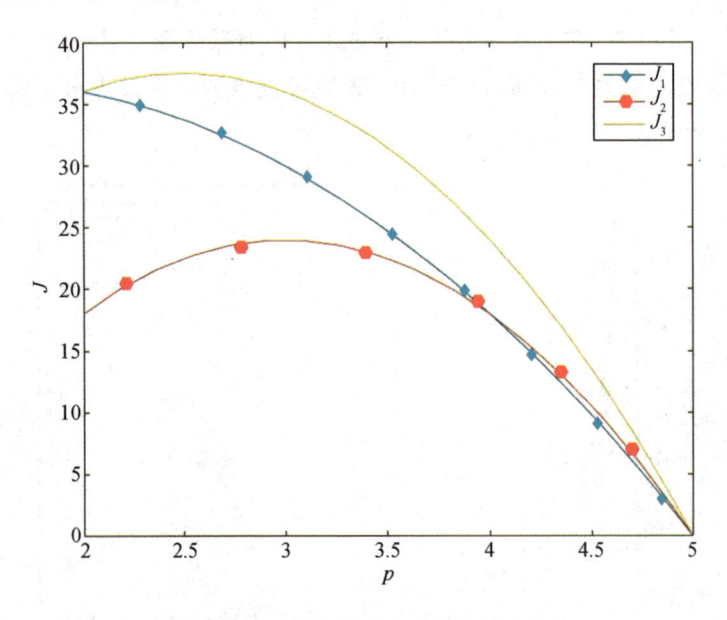

图 8-4　同价格下的碳减排技术努力水平

图 8-5 中 L_1 表示分散式供应链模型下供应商占主导时对预冷技术的投入水平，L_2 表示分散式供应链模型下零售商占主导时对预冷技术的投入水平，L_3 表示集中式供应链模型下对预冷技术的投入水平。如图 8-5 所示，集中式供应链模型下对预冷技术的投入水平大于两种分散式的供应链模型。而对比分散式供应链模型下供应商占主导和零售商占主导下的曲线可以看出，两者存在一个交点，在交点左侧供应商占主导时对预冷技术的研发投入水平较高，而在交点右侧零售商占主导时对预冷技术的研发投入水平较高，正如结论 6、结论 7 和结论 8.1 所示。

将 $\rho=0.3, \eta=0.2, a=5, b=1, \bar{\omega}=2, \beta=0.4, K=0.1, M=0.1, p=3$ 代入式(8-17)、式(8-32)和式(8-43)可得图 8-6，由图 8-6 所示，在只考虑新鲜度敏感系数 H 对预冷技术努力水平的影响时，三种情形下预冷技术努力水平均随着新鲜度敏感系数 H 的增大而逐渐增大，且分散式供应链模型下两种情形的预冷技术的投入水平均低于集中式供应链模型下的投入水平。

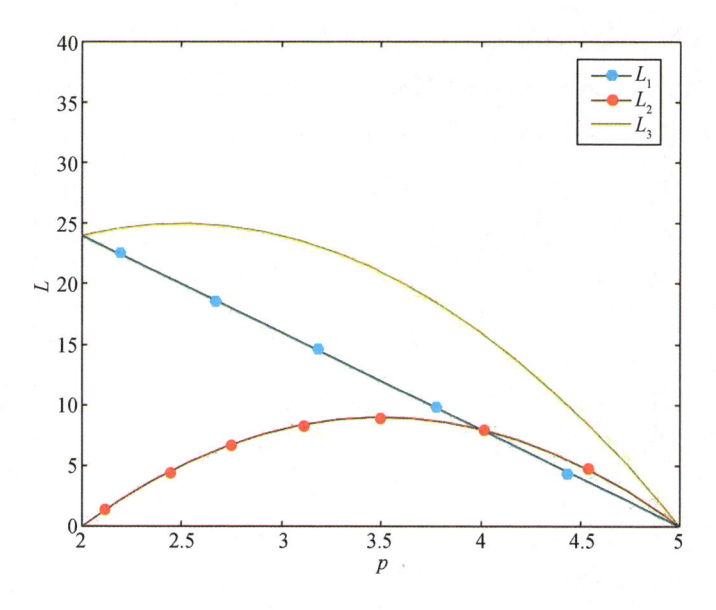

图 8-5　同价格下的预冷技术努力水平

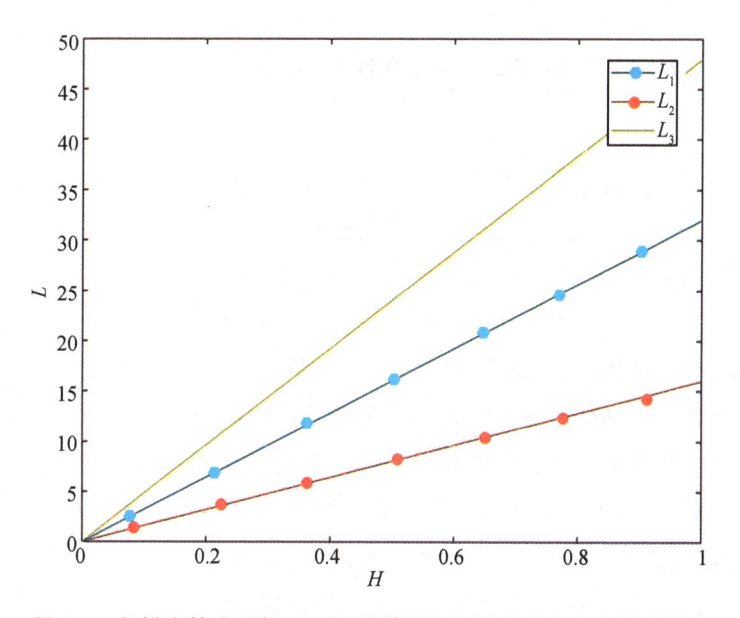

图 8-6　新鲜度敏感系数 H 对三种情形下预冷技术努力水平的影响

将 $\rho=0.3, \eta=0.2, a=5, b=1, \bar{\omega}=2, \alpha=0.6, K=0.1, M=0.1, p=3$ 代入式 (8-19)、式 (8-34) 和式 (8-42) 可得图 8-7，由图 8-7 所示，在只考虑新鲜度敏感系数 H 对碳减排技术努力水平的影响时，三种情形下碳减排技术努力水平均

随着新鲜度敏感系数 H 的增大而逐渐增大,且分散式供应链模型下两种情形的碳减排技术的投入水平均低于集中式供应链模型下的投入水平。

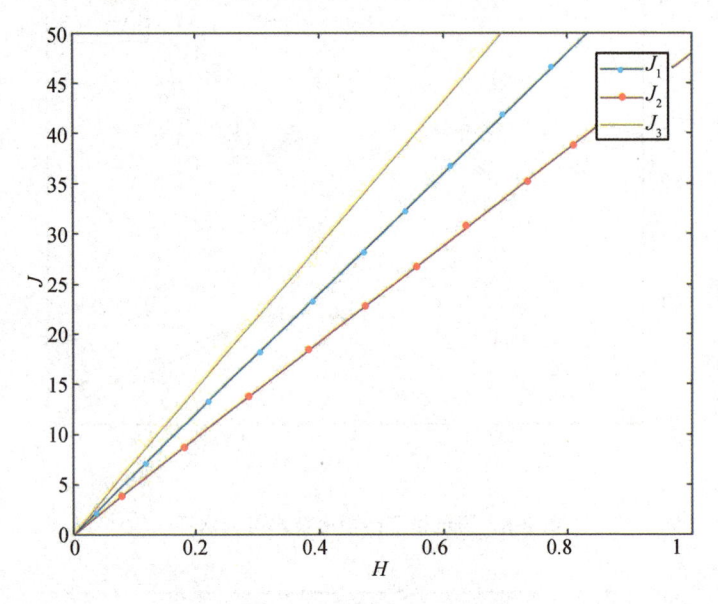

图 8-7　新鲜度敏感系数 H 对三种情形下碳减排技术努力水平的影响

8.4　研究结论

本章分析不同情形下供应商和零售商对预冷技术和碳减排技术的研发投入,并结合算例仿真得到如下结论:① 在只考虑价格 p 对供应链整体收益的影响时,三种情形下集中式供应链模型的供应链整体收益最大。而对于分散式供应链模型下两种情形的供应链整体收益来说,当价格 p 和 $\bar{\omega}$ 的大小满足 $p \geqslant 2\bar{\omega}$ 时,分散式供应链模型下零售商占主导时供应链整体收益大于等于供应商占主导时的供应链整体收益。② 参数 K、M 对三种情形下供应链整体收益的影响均为,随着参数值的增大供应链的整体收益均呈现先减少然后再逐渐趋于稳定,且三种情形下供应链整体收益的大小为,集中式供应链的值最高,零售商占主导时的值最低。③ 在只考虑价格 p 对三种情形下预冷技术和碳减排技术的研发投入水平影响时,三种情形下集中式供应链模型对预冷技术和碳减排技术的研发投入水平最高。而对于分散式供应链模型的两种情形下对预冷技术和碳减排技术的研发投入水平来说,当价格 p 在 $p \geqslant 2\bar{\omega}$ 区间内取值时,零售商占主导时对预冷技术和碳减排技术的投入水平不低于供应商占主导时对预冷技术和碳减排技术的投入水平。④ 在只考虑参数 H 对三种情形下预冷技术和碳减排技术的研发投入水平影响时,两种技术的研发投入水平随着参数值的增大均呈现先减少然后再逐渐趋于稳定的情形。且三种情形下集中式供应链模型对预冷技术和碳减排技术的研发投入水平最高,零售商占主导地位时对预冷技术和碳减排技术的研发投入水平最低。

8.5　本章小结

生鲜品产地使用预冷技术和碳减排技术不仅可以提高生鲜品的新鲜度,也顺应了"双碳"的趋势和要求。本章构建生鲜品供应商和零售商的博弈模型,研究两种不同决策模式下二者对预冷技术和碳减排技术研发投入的努力水平、影响因素以及生鲜品冷链总收益的变化情况。相关研究结论能够为生鲜品供应商和零售商决策预冷技术和碳减排技术的研发投入提供一定的启示。

第四部分　生鲜品冷链中游阶段运营优化

第9章　考虑新鲜度与碳减排的生鲜品冷链定价优化模型

生鲜品冷链具有高耗能、高碳排放的特点，基于碳限额与交易的政策背景，冷链决策者需要综合考虑经济效益和生态效益之间的关系。本章构建了一个零售商和一个供应商的生鲜品冷链 Stacklberg 模型，对比分析了不同碳约束情形下的冷链最优决策，最后进行了数值分析。

随着物质生活水平的不断提升，人们对生鲜品的质量要求越来越高。生鲜品的新鲜度与需求有着密切的联系，但由于生鲜品具有持续的易腐易损性，这种特性不仅体现在流通过程中因装卸、搬运带来的实体损耗，还体现在零售渠道中自然物理性变质带来的价值损耗，直接影响销售量及收益情况。另外，在生鲜品冷链的保鲜、运输以及配送过程中，会伴随着高耗能和高碳排放现象的产生。在未来低碳政策的引导下，冷链碳排放量会逐渐趋于控制，因此，在当前低碳经济环境下，生鲜品冷链决策者除了关注经济利益外，还需关注节约资源、低碳减排等提高生态效益的行为，此类行为特征对生鲜品的需求也存在间接的影响，从而改变生鲜品冷链整体利润及冷链各主体的利润分配。

生鲜品具有易腐、生命周期短等特点，因此新鲜度一直作为冷链中的重要研究对象。李想等(2022)考虑到碳排放、生鲜变质等因素，建立了多目标生鲜配送路径优化模型，并设计模拟退火算法，以冷链物流企业为例进行求解验证。王建强等(2022)根据肉类腐败原理，分析冷链物流对食品新鲜度的影响，阐述 H 前肉类新鲜度检测技术的工作原理，介绍肉类新鲜度检测技术的研究现状。曹晓宁等(2021)研究了考虑供应商保鲜努力的生鲜品双渠道供应链协调决策模型，设计了两部定价契约、批发价协调契约和混合协调契约等契约模型，研究表明：三种契约均能在一定范围内有效实现供应链协调，提高各成员的利润。孙玉玲等(2017)考虑利他偏好以及新鲜度和运输损耗特性，建立了鲜活农产品供应链决策模型,研究了供应链主体具有不同利他偏好时的最优决策。陈艳等(2022)构建了考虑供应商保鲜努力水平影响的市场需求函数,通过Stackelberg博弈求解了不同决策模式下的最优保鲜努力水平、定价和利润。Aworh(2021)考虑到生鲜品保鲜效果的前提下,研究了新鲜农产品供应链中的食品安全问题。Li Ruihui 等(2018)在需求函数考虑新鲜度因素,通过建立定价库存联合决策模型,来分析在亏损中性与亏损厌恶两种需求行为下,零售商的最优决策。Song Zilong 等(2019)在市场需求中将新鲜度、价格、随机因素等考虑在内,通过建立不同决策情形下的博弈模型,基于成本分担与合并返利两种合同类型研究了市场偏好对供应链决策以及利润的影响。

  随着低碳经济的发展,供应链低碳生产决策日益成为研究的热点。王一雷等(2022)在碳交易政策下,考虑到产品商誉能够影响消费者需求,构建了供应链中制造商和零售商的三种微分博弈模型,研究结果表明:碳交易政策的实施能够长期提升制造商产品的碳减排水平和零售商的低碳宣传水平,产品最终的商誉和零售商的利润也有所增长。武丹(2021)考虑消费者的低碳偏好和碳交易政策,建立了供应商和制造商构成的两级供应链减排微分博弈模型,比较分析了供应链最优均衡反馈策略及最优利润,并提出减排策略。李小燕等(2021)基于碳交易机制,考虑制造商之间存在竞争情况,分别构建信息完全对称和信息非对称情形下的供应链模型,对低碳制造商减排率和产品销售价格进行决策研究。姜跃等(2020)在低碳经济背景下,构建了由供应商、制造商和零售商组成三级供应链的动态减排决策模型,比较分析了在协同状态和非协同状态下供应链的最优决策。孙立成等(2022)基于碳转移与消费者低碳偏好双重影响下,构建了供应商主导的 Stackelberg 博弈模型,分别研究了在分散和集中情景下碳转移和消费者低碳偏好对供应链异质性产品销售价和批发价的影响。马雪丽等(2020)针对非固定保质期的生鲜品,研究了供应商－TPLSP－零售商三级冷链系统中当 TPLSP 同时承担生鲜品的保鲜与低碳责任时,冷链系统的保鲜、碳减排及定价等决策。Li Qinqin 等(2018)研究了当零售商存在公平关切行为时供应链碳减排与定价策略。研究表明:当减排成本较高时,零售商的利润受公平关切行为影响较大;减排成本较低时,公平关切行为对制造商的利润影响较大。

  本研究在碳限额与交易政策背景下,考虑生鲜品新鲜度的同时,在冷链系统中引入碳减排努力水平,构建了不同碳约束情形下的生鲜品冷链博弈决策模型,并研究解决以下问题:在不同碳约束情形下,生鲜品冷链系统的最优决策;碳限额与交易机制下,分散决策和集中决策对生鲜品冷链系统利润的影响;碳交易价格、消费者新鲜度偏好和消费者低碳偏好对生鲜品冷链利润分配的影响。

9.1 问题描述

本研究考虑由一个供应商和一个零售商构成的二级生鲜品冷链系统。其中生鲜品供应商在冷链中处于主导地位,根据供求关系来确定生鲜品的批发价格,零售商则根据供应商的决策和市场需求量,来确定生鲜品零售单价。另外,生鲜品冷链系统的保鲜努力水平和碳减排努力水平也会影响零售价格及需求量的波动。

假设 9.1 假设冷链各主体仅销售一种生鲜品,且双方在进行定价博弈的过程中信息对称,即双方均可完全获得对方在定价过程中采取的策略。为方便研究,假定线上线下实行统一定价。同时消费者在购买生鲜品时,新鲜度是影响其购买决策的关键因素,因此在需求函数中考虑新鲜度因素。

假设 9.2 假设零售商通过线上线下两个渠道进行销售,生鲜品由供应商运送至零售商处时的新鲜度为 θ,当消费者从线上渠道购买生鲜品时,运送途中存在折损且折损程度为 θ_0。通过对生鲜品的保鲜投入可以使得生鲜品的折损度降低,此时生鲜品到达零售商处的新鲜度可由函数表示为 $\theta(e)=\theta(1-\theta_0+e)$,其中 e 表示保鲜努力,同时碳减排会对需求造成影响,需求对碳减排努力水平变化的敏感系数(消费者低碳偏好)为 u。根据以上假设,可将线上线下需求函数的线性表达式分别表示为:线上需求函数 $D_1=\beta d-p+\gamma\theta(e)+uv$,线下需求函数 $D_2=(1-\beta)d-p+\gamma\theta+uv$,总需求量 $Q=D_1+D_2$。其中,d 表示潜在市场需求且无限大;β 表示线上渠道的市场比例,相应地,$1-\beta$ 表示线下渠道的市场比例满足 $0<\beta<1$;γ 表示需求对新鲜度变化的敏感系数(消费者新鲜度偏好)。

假设 9.3 产品在运输过程中产生的成本包含在基础成本之中,假设零售商需承担保鲜成本 $c_e = \frac{1}{2}ke^2$，其中，k 表示保鲜努力对保鲜成本的影响系数；e 表示保鲜努力。假设供应商需承担碳减排成本 $c_v = \frac{1}{2}\delta v^2$，其中 δ 表示供应商碳减排努力对碳减排成本的影响系数；v 表示碳减排量。

9.2 模型构建与解析

9.2.1 分散决策下无碳约束的生鲜品冷链定价模型

在分散决策下无碳约束环境中，生鲜品供应商和零售商都是完全理性的，都以自身利润最大化为目标，生鲜品供应商根据零售商的反应确定产品的碳减排水平 v 和批发价 ω，使其利润最大化。然后零售商则根据批发价格和市场情况确定零售价格 p 和保鲜努力 e。

在分散决策下无碳约束的生鲜品冷链定价模型中，供应商和零售商的利润函数表示为

$$\pi_1 = (\omega - c)Q - c_v$$
$$= (\omega - c)[d - 2p + \gamma\theta + \gamma\theta(1 - \theta_0 + e) + 2uv] - \frac{1}{2}\delta v^2 \quad (9-1)$$

$$\pi_2 = (p - \omega)Q - c_e$$
$$= (p - \omega)[d - 2p + \gamma\theta + \gamma\theta(1 - \theta_0 + e) + 2uv] - \frac{1}{2}ke^2 \quad (9-2)$$

定理 9.1 当 $4k - \gamma^2\theta^2 > 0$ 时，供应商和零售商的利润函数都存在最优解。

证明 运用逆向归纳法求解该斯塔伯格均衡解，得 π_2 对 p 与 e 的一阶导为

$$\frac{\partial \pi_2}{\partial p} = d - 4p + 2\omega + \gamma\theta + 2uv + \gamma\theta(e - \theta_0 + 1) \quad (9-3)$$

$$\frac{\partial \pi_2}{\partial e} = \gamma\theta(p - \omega) - ek \quad (9-4)$$

相应的 π_2 的海塞矩阵为 $H_2 = \begin{bmatrix} -4 & \gamma\theta \\ \gamma\theta & -k \end{bmatrix}$，令 M_k 为该海塞矩阵的 k 阶

顺序主子式,则有: $M_1 = -4, M_2 = 4k - \gamma^2\theta^2$。由海塞矩阵负定判定定理可知,此海塞矩阵负定的条件为 $4k - \gamma^2\theta^2 > 0$,令 $\frac{\partial \pi_2}{\partial p} = 0$ 和 $\frac{\partial \pi_2}{\partial e} = 0$ 可得零售商的最优反应函数:

$$p^* = \frac{dk + 2\omega k + 2\gamma\theta k + 2uvk - \gamma\theta_0\theta k - \gamma^2\omega\theta^2}{4k - \gamma^2\theta^2} \tag{9-5}$$

$$e^* = \frac{\gamma\theta(d - 2\omega + 2\gamma\theta + 2uv - \gamma\theta_0\theta)}{4k - \gamma^2\theta^2} \tag{9-6}$$

将 p^* 和 e^* 代入式(9-1)中,可得供应商利润函数为

$$\pi_1 = \left(-\frac{4\delta k - \delta\gamma^2\theta^2}{2(4k - \gamma^2\theta^2)}\right)v^2 + \left(-\frac{8cku - 8k\omega u}{2(4k - \gamma^2\theta^2)}\right)v$$

$$- \frac{8k\omega^2 + 4cdk - 8ck\omega - 4d k\omega + 8c\gamma k\theta}{2(4k - \gamma^2\theta^2)}$$

$$+ \frac{+ 8\gamma k\omega\theta + 4c\gamma k\theta_0\theta - 4\gamma k\omega\theta_0\theta}{2(4k - \gamma^2\theta^2)} \tag{9-7}$$

$$\frac{\partial \pi_1}{\partial \omega} = \frac{2k(2c + d - 4\omega + 2\gamma\theta + 2uv - \gamma\theta_0\theta)}{4k - \gamma^2\theta^2} \tag{9-8}$$

$$\frac{\partial \pi_1}{\partial v} = -\frac{-\delta v\gamma^2\theta^2 + 4cku + 4\delta kv - 4k\omega u}{4k - \gamma^2\theta^2} \tag{9-9}$$

π_1 的海塞矩阵为 $\mathbf{H}_1 = \begin{bmatrix} \frac{8k}{\gamma^2\theta^2 - 4k} & \frac{4ku}{4k - \gamma^2\theta^2} \\ \frac{4ku}{4k - \gamma^2\theta^2} & -\delta \end{bmatrix}$,令 M_k 为该海塞矩阵的 k 阶顺序主子式,则有 $M_1 = \frac{8k}{\gamma^2\theta^2 - 4k}, M_2 = -\frac{8k(\delta\gamma^2\theta^2 + 2ku^2 - 4\delta k)}{(4k - \gamma^2\theta^2)^2}$。由海塞矩阵负定判定定理可知,当 $\frac{8k}{\gamma^2\theta^2 - 4k} < 0$ 且 $-\frac{8k(\delta\gamma^2\theta^2 + 2ku^2 - 4\delta k)}{(4k - \gamma^2\theta^2)^2} > 0$ 时,该海塞矩阵负定,所以 π_1 是关于 ω、v 的联合凹函数,可求得

$$\omega^* = \frac{(8ck)u^2 + 2\delta\gamma^3\theta^3 - 8c\delta k - 4d\delta k - 8\delta\gamma k\theta}{(8k)u^2 + 4\delta\gamma^2\theta^2 - 16\delta k}$$

$$+ \frac{2c\delta\gamma^2\theta^2 + d\delta\gamma^2\theta^2 - \delta\gamma^3\theta_0\theta^3 + 4\delta\gamma k\theta_0\theta}{(8k)u^2 + 4\delta\gamma^2\theta^2 - 16\delta k} \tag{9-10}$$

$$v^* = \frac{ku(2c - d - 2\gamma\theta + \gamma\theta_0\theta)}{\delta\gamma^2\theta^2 + 2ku^2 - 4\delta k} \tag{9-11}$$

将 ω^*、v^* 代入最优反应函数 p^* 和 e^* 得

$$p^* = \frac{8cku^2 + 2\delta\gamma^3\theta^3 - 4c\delta k - 6d\delta k - 12\delta\gamma k\theta}{8ku^2 + 4\delta\gamma^2\theta^2 - 16\delta k}$$

$$+ \frac{2c\delta\gamma^2\theta^2 + d\delta\gamma^2\theta^2 - \delta\gamma^3\theta_0\theta^3 + 6\delta\gamma k\theta_0\theta}{8ku^2 + 4\delta\gamma^2\theta^2 - 16\delta k} \qquad (9\text{-}12)$$

$$e^* = \frac{\delta\gamma\theta(2c - d - 2\gamma\theta + \gamma\theta_0\theta)}{2\delta\gamma^2\theta^2 + 4ku^2 - 8\delta k} \qquad (9\text{-}13)$$

将式(9-10)、式(9-11)、式(9-12)和式(9-13),分别代入式(9-1)和式(9-2)可得集中决策下供应商和零售商最优利润和最优需求量:

$$Q_1 = \frac{\delta k(2c - d - 2\gamma\theta + \gamma\theta_0\theta)}{\delta\gamma^2\theta^2 + 2ku^2 - 4\delta k} \qquad (9\text{-}14)$$

$$\pi_1 = -\frac{\delta k(2c - d - 2\gamma\theta + \gamma\theta_0\theta)^2}{4\delta\gamma^2\theta^2 + 8ku^2 - 16\delta k} \qquad (9\text{-}15)$$

$$\pi_2 = \frac{\delta^2 k(4k - \gamma^2\theta^2)(2c - d - 2\gamma\theta + \gamma\theta_0\theta)^2}{8(\delta\gamma^2\theta^2 + 2ku^2 - 4\delta k)^2} \qquad (9\text{-}16)$$

9.2.2 分散决策下有碳约束的生鲜品冷链定价模型

在分散决策下有碳约束的环境中,基于碳排放与交易政策,政府规定碳排放配额为 M,单位产品的碳排放量为 f,企业之间可以自由交易碳配额,且单位价格为 z。

在分散决策下有碳约束的生鲜品冷链定价模型中,供应商和零售商的利润函数表示为

$$\begin{aligned}\pi_3 &= (\omega - c)Q + z[M - (f - v)Q] - c_v \\ &= (\omega - c)[d - 2p + 2uv + 2\gamma\theta - \gamma\theta\theta_0 + e\gamma\theta)] + z(M - (f - v)(d - 2p \\ &\quad + 2\gamma\theta + 2uv + e\gamma\theta - \gamma\theta\theta_0)) - \frac{1}{2}\delta v^2 \end{aligned} \qquad (9\text{-}17)$$

$$\begin{aligned}\pi_4 &= (p - \omega)Q - c_e \\ &= (p - \omega)(d - 2p + 2uv + 2\gamma\theta - \gamma\theta\theta_0 + e\gamma\theta) - \frac{1}{2}ke^2 \end{aligned} \qquad (9\text{-}18)$$

定理 9.2 当 $4k - \gamma^2\theta^2 > 0$ 时,供应商和零售商利润函数都存在最优解。

证明 运用逆向归纳法求解该斯塔伯格均衡解,先求 π_4 关于 p 和 e 的一

阶导数：

$$\frac{\partial \pi_4}{\partial p} = d + 2\omega - 4p + 2\gamma\theta + 2uv + e\gamma\theta - \gamma\theta_0\theta \quad (9-19)$$

$$\frac{\partial \pi_4}{\partial e} = -ek - \gamma\theta(\omega - p) \quad (9-20)$$

进而可得 π_4 的海塞矩阵为 $\boldsymbol{H}_4 = \begin{bmatrix} -4 & \gamma\theta \\ \gamma\theta & -k \end{bmatrix}$，令 M_k 为该海塞矩阵的 k 阶顺序主子式，则有 $M_1 = -4, M_2 = 4k - \gamma^2\theta^2$。由海塞矩阵负定判定定理可知，当 $4k - \gamma^2\theta^2 > 0$ 时，此海塞矩阵负定，所以当 $4k - \gamma^2\theta^2 > 0$ 时，π_4 是关于 p 和 e 的凹函数，可得

$$p^{**} = \frac{dk + 2\omega k + 2\gamma\theta k + 2uvk - \gamma\theta_0\theta k - \gamma^2\omega\theta^2}{4k - \gamma^2\theta^2} \quad (9-21)$$

$$e^{**} = \frac{\gamma\theta(d - 2\omega + 2\gamma\theta + 2uv - \gamma\theta_0\theta)}{4k - \gamma^2\theta^2} \quad (9-22)$$

将 p^{**} 和 e^{**} 代入式(9-17)可得供应商利润函数：

$$\begin{aligned}\pi_3 =& \frac{1}{2(4k - \gamma^2\theta^2)}z(8Mk + 8kuv^2 - 2M\gamma^2\theta^2 - 4dfk + 8fk\omega + 4dkv \\ & - 8k\omega v - 8f\gamma k\theta - 8fkuv + 8\gamma k\theta v + 4f\gamma k\theta_0\theta - 4\gamma k\theta_0\theta v) \\ & - \frac{1}{2(4k - \gamma^2\theta^2)}(8k\omega^2 + 4\delta kv^2 + 4cdk - 8ck\omega - 4dk\omega + 8c\gamma k\theta \\ & - 8\gamma k\omega\theta + 8ckuv - 8k\omega uv - \delta\gamma^2\theta^2v^2 - 4c\gamma k\theta_0\theta + 4\gamma k\omega\theta_0\theta) \end{aligned}$$

$$(9-23)$$

接着求式(9-23)关于 ω、v 的一阶偏导数：

$$\frac{\partial \pi_3}{\partial \omega} = \frac{2k(2c + d - 4\omega + 2\gamma\theta + 2fz + 2uv - 2vz - \gamma\theta_0\theta)}{4k - \gamma^2\theta^2} \quad (9-24)$$

$$\begin{aligned}\frac{\partial \pi_3}{\partial v} =& \frac{4cku + 4\delta kv - 2dkz - 4k\omega u + 4k\omega z}{\gamma^2\theta^2 - 4k} \\ & + \frac{4fkuz - 4\gamma k\theta z - 8kuvz - \delta\gamma^2\theta^2 v + 2\gamma k\theta_0\theta z}{\gamma^2\theta^2 - 4k}\end{aligned} \quad (9-25)$$

可得 π_3 的海塞矩阵为 $\boldsymbol{H}_3 = \begin{bmatrix} \dfrac{8k}{\gamma^2\theta^2 - 4k} & \dfrac{4k(u-z)}{4k - \gamma^2\theta^2} \\ \dfrac{4k(u-z)}{4k - \gamma^2\theta^2} & \dfrac{\delta\gamma^2\theta^2 - 4\delta k + 8kuz}{4k - \gamma^2\theta^2} \end{bmatrix}$。

令 M_k 为该海塞矩阵的 k 阶顺序主子式,则有 $M_1 = \dfrac{8k}{\gamma^2\theta^2 - 4k}$,$M_2 = -\dfrac{8k(\delta\gamma^2\theta^2 + 2ku^2 + 4kuz + 2kz^2 - 4\delta k)}{(4k - \gamma^2\theta^2)^2}$。由海塞矩阵负定判定定理可知,当 $\dfrac{8k}{\gamma^2\theta^2 - 4k} < 0$ 且 $-\dfrac{8k(\delta\gamma^2\theta^2 + 2ku^2 + 4kuz + 2kz^2 - 4\delta k)}{(4k - \gamma^2\theta^2)^2} > 0$ 时,该海塞矩阵负定,所以 π_4 是关于 ω, v 的联合凹函数,可求得

$$\omega^* = \dfrac{(4dk + 8fku + 8\gamma k\theta - 4\gamma k\theta_0\theta)z^2}{(8k)z^2 + (16ku)z + 4\delta\gamma^2\theta^2 + 8ku^2 - 16\delta k}$$
$$+ \dfrac{(8fku^2 - 8\delta fk + 8cku + 4dku + 8\gamma k\theta u + 2\delta f\gamma^2\theta^2 - 4\gamma k\theta_0\theta u)z}{(8k)z^2 + (16ku)z + 4\delta\gamma^2\theta^2 + 8ku^2 - 16\delta k}$$
$$+ \dfrac{8cku^2 + 2\delta\gamma^3\theta^3 - 8c\delta k - 4d\delta k - 8\delta\gamma k\theta}{(8k)z^2 + (16ku)z + 4\delta\gamma^2\theta^2 + 8ku^2 - 16\delta k}$$
$$+ \dfrac{2c\delta\gamma^2\theta^2 + d\delta\gamma^2\theta^2 - \delta\gamma^3\theta_0\theta^3 + 4\delta\gamma k\theta_0\theta}{(8k)z^2 + (16ku)z + 4\delta\gamma^2\theta^2 + 8ku^2 - 16\delta k} \tag{9-26}$$

$$v^{**} = \dfrac{k(u + z)(2c - d - 2\gamma\theta + 2fz + \gamma_0\theta)}{\delta\gamma^2\theta^2 + 2ku^2 + 4kuz + 2kz^2 - 4\delta k} \tag{9-27}$$

将式 ω^{**}, v^{**} 代入式(9-21)(9-22)可得:

$$p^{**} = \dfrac{(4dk + 8fku + 8\gamma k\theta - 4\gamma k\theta_0\theta)z^2}{(8k)z^2 + (16ku)z + 4\delta\gamma^2\theta^2 + 8ku^2 - 16\delta k}$$
$$+ \dfrac{(8fku^2 - 4\delta fk + 8cku + 4dku + 8\gamma k\theta u + 2\delta f\gamma^2\theta^2 - 4\gamma k\theta_0\theta u)z}{(8k)z^2 + (16ku)z + 4\delta\gamma^2\theta^2 + 8ku^2 - 16\delta k}$$
$$+ \dfrac{8cku^2 + 2\delta\gamma^3\theta^3 - 4c\delta k - 6d\delta k - 12\delta\gamma k\theta + 2c\delta\gamma^2\theta^2}{(8k)z^2 + (16ku)z + 4\delta\gamma^2\theta^2 + 8ku^2 - 16\delta k}$$
$$+ \dfrac{d\delta\gamma^2\theta^2 - \delta\gamma^3\theta_0\theta^3 + 6\delta\gamma k\theta_0\theta}{(8k)z^2 + (16ku)z + 4\delta\gamma^2\theta^2 + 8ku^2 - 16\delta k} \tag{9-28}$$

$$e^{**} = \dfrac{\delta\gamma\theta(2c - d - 2\gamma\theta + 2fz + \gamma_0\theta)}{2(\delta\gamma^2\theta^2 + 2ku^2 + 4kuz + 2kz^2 - 4\delta k)} \tag{9-29}$$

将式(9-26)、式(9-27)、式(9-28)和式(9-29)代入需求函数、供应商和零售商利润函数,可得最优需求量和最优利润函数:

$$Q_2 = \dfrac{\delta k(2c - d - 2\gamma\theta + 2fz + \gamma_0\theta)}{\delta\gamma^2\theta^2 + 2ku^2 + 4kuz + 2kz^2 - 4\delta k} \tag{9-30}$$

$$\pi_3 = \dfrac{((8Mk)z^3 + (16Mku - 4\delta f^2 k)z^2)}{((8k)z^2 + (16ku)z + 4\delta\gamma^2\theta^2 + 8ku^2 - 16\delta k)}$$

$$+\frac{(8Mku^2 - 16M\delta k + 4M\delta\gamma^2\theta^2 - 8c\delta fk)z}{((8k)z^2 + (16ku)z + 4\delta\gamma^2\theta^2 + 8ku^2 - 16\delta k)}$$

$$+\frac{(4d\delta fk + 8\delta f\gamma k\theta - 4\delta f\gamma k\theta_0\theta)z}{((8k)z^2 + (16ku)z + 4\delta\gamma^2\theta^2 + 8ku^2 - 16\delta k)}$$

$$+\frac{-4\delta kc^2 + 4\delta kcd - 4\delta kc\gamma\theta_0\theta + 8\delta kc\gamma\theta}{((8k)z^2 + (16ku)z + 4\delta\gamma^2\theta^2 + 8ku^2 - 16\delta k)} \quad (9\text{-}31)$$

$$+\frac{-\delta kd^2 + 2\delta kd\gamma\theta\theta_0 - 4\delta kd\gamma\theta}{((8k)z^2 + (16ku)z + 4\delta\gamma^2\theta^2 + 8ku^2 - 16\delta k)}$$

$$+\frac{-\delta k\gamma^2\theta^2\theta_0^2 + 4\delta k\gamma^2\theta^2\theta_0^2 - 4\delta k\gamma^2\theta^2}{((8k)z^2 + (16ku)z + 4\delta\gamma^2\theta^2 + 8ku^2 - 16\delta k)}$$

$$\pi_4 = \frac{\delta^2 k(4k - \gamma^2\theta^2)(2c - d - 2\gamma\theta + 2fz + \gamma\theta_0\theta)^2}{8(\delta\gamma^2\theta^2 + 2ku^2 + 4kuz + 2kz^2 - 4\delta k)^2} \quad (9\text{-}32)$$

引理 9.1 在分散决策下,有碳约束的冷链的供应商的碳减排努力水平、零售商的新鲜度努力水平、市场需求量以及冷链总利润高于无碳约束的冷链。即 $e^{**} > e^*, v^{**} > v^*, Q_2 > Q_1, \pi^{**} > \pi^*$。

证明 比较 e^* 和 e^{**},并代入数值,有

$$e^{**} - e^* = \frac{\delta\gamma\theta(2c - d - 2\gamma\theta + 2fz + \gamma_0\theta)}{2(\delta\gamma^2\theta^2 + 2ku^2 + 4kuz + 2kz^2 - 4\delta k)}$$

$$- \frac{\delta\gamma\theta(2c - d - 2\gamma\theta + \gamma_0\theta)}{2(\delta\gamma^2\theta^2 + 2ku^2 - 4\delta k)} = 0.25 > 0 \quad (9\text{-}33)$$

所以,可证 $e^{**} > e^*$。

比较 v^* 和 v^{**},并代入数值,有

$$v^{**} - v^* = \frac{k(u+z)(2c - d - 2\gamma\theta + 2fz + \gamma_0\theta)}{\delta\gamma^2\theta^2 + 2ku^2 + 4kuz + 2kz^2 - 4\delta k}$$

$$- \frac{ku(2c - d - 2\gamma\theta + \gamma_0\theta)}{\delta\gamma^2\theta^2 + 2ku^2 - 4\delta k} = 0.75 > 0 \quad (9\text{-}34)$$

所以,可证 $v^{**} > v^*$。

比较 Q_1 和 Q_2,并代入数值,有

$$Q_2 - Q_1 = \frac{\delta k(2c - d - 2\gamma\theta + 2fz + \gamma_0\theta)}{\delta\gamma^2\theta^2 + 2ku^2 + 4kuz + 2kz^2 - 4\delta k}$$

$$- \frac{\delta k(2c - d - 2\gamma\theta + \gamma_0\theta)}{\delta\gamma^2\theta^2 + 2ku^2 - 4\delta k} = 0.25 > 0 \quad (9\text{-}35)$$

所以,可证 $Q_2 > Q_1$。

比较 $\pi^* = \pi_1 + \pi_2$ 和 $\pi^{**} = \pi_3 + \pi_4$，并代入数值，有

$$\begin{aligned}
\pi^{**} - \pi^* =& \frac{((8Mk)z^3 + (16Mku - 4\delta f^2 k)z^2)}{((8k)z^2 + (16ku)z + 4\delta\gamma^2\theta^2 + 8ku^2 - 16\delta k)} \\
&+ \frac{(8Mku^2 - 16M\delta k + 4M\delta\gamma^2\theta^2 - 8c\delta fk)z}{((8k)z^2 + (16ku)z + 4\delta\gamma^2\theta^2 + 8ku^2 - 16\delta k)} \\
&+ \frac{(4d\delta fk + 8\delta f\gamma k\theta - 4\delta f\gamma k\theta_0\theta)z}{((8k)z^2 + (16ku)z + 4\delta\gamma^2\theta^2 + 8ku^2 - 16\delta k)} \\
&+ \frac{-4\delta kc^2 + 4\delta kcd - 4\delta kc\gamma\theta_0\theta + 8\delta kc\gamma\theta}{((8k)z^2 + (16ku)z + 4\delta\gamma^2\theta^2 + 8ku^2 - 16\delta k)} \\
&+ \frac{-\delta kd^2 + 2\delta kd\gamma\theta\theta_0 - 4\delta kd\gamma\theta}{((8k)z^2 + (16ku)z + 4\delta\gamma^2\theta^2 + 8ku^2 - 16\delta k)} \\
&+ \frac{-\delta k\gamma^2\theta^2\theta_0^2 + 4\delta k\gamma^2\theta^2\theta_0 - 4\delta k\gamma^2\theta^2}{((8k)z^2 + (16ku)z + 4\delta\gamma^2\theta^2 + 8ku^2 - 16\delta k)} \\
&+ \frac{\delta^2 k(4k - \gamma^2\theta^2)(2c - d - 2\gamma\theta + 2fz + \gamma\theta_0\theta)^2}{8(\delta\gamma^2\theta^2 + 2ku^2 + 4kuz + 2kz^2 - 4\delta k)^2} \\
&+ \frac{\delta k(2c - d - 2\gamma\theta + \gamma\theta_0\theta)^2}{4\delta\gamma^2\theta^2 + 8ku^2 - 16\delta k} \\
&- \frac{\delta^2 k(4k - \gamma^2\theta^2)(2c - d - 2\gamma\theta + \gamma\theta_0\theta)^2}{8(\delta\gamma^2\theta^2 + 2ku^2 - 4\delta k)^2} = 2.781\ 3 > 0
\end{aligned}$$

(9-36)

所以，可证 $\pi^{**} > \pi^*$。

该引理说明：在分散决策下，与无碳约束相比，有碳约束的冷链系统，在碳限额交易政策下，可以激励供应商提高碳减排努力水平，同时提高零售商保鲜努力水平，进而生鲜品需求会增加，供应商和零售商都会获得更高的利润。

9.2.3　集中决策下有碳约束的生鲜品冷链定价模型

在集中决策环境下将供应商和零售商视为整体，他们利益完全一致，生鲜品冷链进行集中决策时，从生鲜品冷链整体利益的角度出发确定最优的零售价格、碳减排努力水平和保鲜努力水平。由于引理9.1已证明有碳约束时冷链系统期望收益较高，故本研究考虑有碳约束的集中决策，此时整条冷链的利润表示为

$$\pi_5 = (p-c)Q + z[M-(f-v)Q] - c_e - c_v$$
$$= z(M - (f-v)(d - 2p + 2\gamma\theta + 2uv + e\gamma\theta - \gamma\theta\theta_0))-$$
$$\frac{1}{2}ke^2 - (c-p)(d - 2p + 2\gamma\theta + 2uv + e\gamma\theta - \gamma\theta\theta_0) - \frac{1}{2}\delta v^2 \quad (9\text{-}37)$$

求 π_5 关于 p、e、v 的一阶导数：

$$\frac{\partial \pi_5}{\partial p} = 2c + d - 4p + 2\gamma\theta + 2fz + 2uv - 2vz + e\gamma\theta - \gamma_0\theta \quad (9\text{-}38)$$

$$\frac{\partial \pi_5}{\partial e} = -ek - \gamma\theta(c-p) - \gamma\theta z(f-v) \quad (9\text{-}39)$$

$$\frac{\partial \pi_5}{\partial v} = dz - \delta v - 2cu + 2pu - 2pz - 2fuz$$
$$+ 2\gamma\theta z + 4uvz + e\gamma\theta z - \gamma_0\theta z \quad (9\text{-}40)$$

定理 9.3 当 $4k - \gamma^2\theta^2 > 0$ 且 $8kuz + 4ku^2 + 4k(z^2-1) + 4\gamma^2\theta^2 z(1-z) + \gamma^2\theta^2\delta < 0$ 时，生鲜品冷链存在最优解。

证明 π_5 的海塞矩阵为 $\boldsymbol{H}_5 = \begin{bmatrix} -4 & \gamma\theta & 2u-2z \\ \gamma\theta & -k & \gamma\theta z \\ 2u-2z & \gamma\theta z & 4uz-\delta \end{bmatrix}$。

令 M_k 为该海塞矩阵的 k 阶顺序主子式，则有 $M_1 = -4$，$M_2 = 4k - \gamma^2\theta^2$，$M_3 = 8kuz + 4ku^2 + 4k(z^2-1) + 4\gamma^2\theta^2 z(1-z) + \gamma^2\theta^2\delta$。根据上述顺序主子式及海塞矩阵负定的判断定理可知：当 $4k - \gamma^2\theta^2 > 0$，且 $8kuz + 4ku^2 + 4k(z^2-1) + 4\gamma^2\theta^2 z(1-z) + \gamma^2\theta^2\delta < 0$ 时，该海塞矩阵负定，所以，当 $4k - \gamma^2\theta^2 > 0$ 且 $8kuz + 4ku^2 + 4k(z^2-1) + 4\gamma^2\theta^2 z(1-z) + \gamma^2\theta^2\delta < 0$ 时，生鲜品冷链存在最优解。令 $\frac{\partial \pi_5}{\partial p} = 0$，$\frac{\partial \pi_5}{\partial e} = 0$，$\frac{\partial \pi_5}{\partial v} = 0$，可得最优反应函数 p^{***}、e^{***}、v^{***}。

$$p^{***} = \frac{(2dk + 4fku + 4\gamma k\theta - 2\gamma k\theta_0\theta)z^2}{(4k)z^2 + (8ku)z + \delta\gamma^2\theta^2 + 4ku^2 - 4\delta k}$$
$$+ \frac{(4fku^2 - 2\delta fk + 4cku + 2dku + 4\gamma k\theta u + \delta f\gamma^2\theta^2 - 2\gamma k\theta_0\theta u)z}{(4k)z^2 + (8ku)z + \delta\gamma^2\theta^2 + 4ku^2 - 4\delta k}$$
$$+ \frac{4cku^2 - 2c\delta k - d\delta k - 2\delta\gamma k\theta + c\gamma^2\theta^2 + \delta\gamma k\theta_0\theta}{(4k)z^2 + (8ku)z + \delta\gamma^2\theta^2 + 4ku^2 - 4\delta k} \quad (9\text{-}41)$$

$$e^{***} = \frac{\delta\gamma\theta(2c - d - 2\gamma\theta + 2fz + \gamma_0\theta)}{\delta\gamma^2\theta^2 + 4ku^2 + 8kuz + 4kz^2 - 4\delta k} \quad (9\text{-}42)$$

$$v^{***} = \frac{k(u+z)(2c - d - 2\gamma\theta + 2fz + \gamma\theta_0\theta)}{\delta\gamma^2\theta^2 + 2ku^2 + 4kuz + 2kz^2 - 4\delta k} \qquad (9\text{-}43)$$

将 p^{***}、e^{***}、v^{***} 代入需求函数、供应商和零售商利润函数中,可得最优需求和最优利润:

$$Q_3 = \frac{2\delta k(2c - d - 2\gamma\theta + 2fz + \gamma\theta_0\theta)}{\delta\gamma^2\theta^2 + 4ku^2 + 8kuz + 4kz^2 - 4\delta k} \qquad (9\text{-}44)$$

$$\pi_5 = \frac{(8Mk)z^3 + (16Mku - 4\delta f^2 k)z^2}{(8k)z^2 + (16ku)z + 2\delta\gamma^2\theta^2 + 8ku^2 - 8\delta k}$$

$$+ \frac{(8Mku^2 - 8M\delta k + 2M\delta\gamma^2\theta^2 - 8c\delta fk + 4d\delta fk + 8\delta f\gamma k\theta - 4\delta f\gamma k\theta_0\theta)z}{(8k)z^2 + (16ku)z + 2\delta\gamma^2\theta^2 + 8ku^2 - 8\delta k}$$

$$+ \frac{-4\delta kc^2 + 4\delta kcd - 4\delta kc\gamma\theta_0\theta + 8\delta kc\gamma\theta - \delta kd^2}{(8k)z^2 + (16ku)z + 2\delta\gamma^2\theta^2 + 8ku^2 - 8\delta k}$$

$$+ \frac{2\delta kd\gamma\theta_0\theta - 4\delta kd\gamma\theta - \delta k\gamma^2\theta_0^2\theta^2 + 4\delta k\gamma^2\theta_0\theta^2 - 4\delta k\gamma^2\theta^2}{(8k)z^2 + (16ku)z + 2\delta\gamma^2\theta^2 + 8ku^2 - 8\delta k} \qquad (9\text{-}45)$$

通过对比定理 9.1 和定理 9.3 可得到引理如下:

引理 9.2 在碳限额交易政策下,集中决策下的冷链碳减排努力水平等于分散决策下的碳减排努力水平,但集中决策下的冷链保鲜努力水平、市场需求量以及冷链总利润高于分散决策下的冷链。即 $v^{**} = v^{***}$,$e^{***} > e^{**}$,$Q_3 > Q_2$,$\pi^{***} > \pi^{**}$。

证明 比较 v^{**} 和 v^{***},有

$$v^{**} = v^{***} = \frac{k(u+z)(2c - d - 2\gamma\theta + 2fz + \gamma\theta_0\theta)}{\delta\gamma^2\theta^2 + 2ku^2 + 4kuz + 2kz^2 - 4\delta k} \qquad (9\text{-}46)$$

所以,可证 $v^{**} = v^{***}$。

比较 e^{**} 和 e^{***},并代入数值,有

$$e^{***} - e^{**} = \frac{\delta\gamma\theta(2c - d - 2\gamma\theta + 2fz + \gamma\theta_0\theta)}{\delta\gamma^2\theta^2 + 4ku^2 + 8kuz + 4kz^2 - 4\delta k}$$

$$- \frac{\delta\gamma\theta(2c - d - 2\gamma\theta + 2fz + \gamma\theta_0\theta)}{2(\delta\gamma^2\theta^2 + 2ku^2 + 4kuz + 2kz^2 - 4\delta k)} = 0.055\,6 > 0$$

$$(9\text{-}47)$$

所以,可证 $e^{***} > e^{**}$。

比较 Q_3 和 Q_2,并代入数值,有

$$Q_3 - Q_2 = \frac{2\delta k(2c - d - 2\gamma\theta + 2fz + \gamma\theta_0\theta)}{\delta\gamma^2\theta^2 + 4ku^2 + 8kuz + 4kz^2 - 4\delta k}$$

$$-\frac{\delta k(2c - d - 2\gamma\theta + 2fz + \gamma\theta_0\theta)}{\delta\gamma^2\theta^2 + 2ku^2 + 4kuz + 2kz^2 - 4\delta k} = 0.0556 > 0 \qquad (9\text{-}48)$$

所以,可证 $Q_3 > Q_2$。

比较 $\pi_3 + \pi_4 = \pi^{**}$ 和 $\pi_5 = \pi^{***}$,并代入数值,有

$$\pi^{***} - \pi^{**} = 0.5173 > 0 \qquad (9\text{-}49)$$

所以,可证 $\pi^{***} > \pi^{**}$。

该引理说明:集中决策下的碳减排水平与分散决策下相同,故单位生鲜品的碳排放量也相同。但在集中决策模式下保鲜努力水平、生鲜品需求量以及系统总利润更高。其主要原因是因为在分散决策下,由于冷链各节点信息不透明,在生鲜品冷链运营过程中,供应链各节点只以自身利益最大化为目标,而忽略了整体的利益,使生鲜品冷链产生了"双重边际效应"。

9.3　算例仿真

基于碳限额与交易约束下生鲜品冷链的定价模型,本节对主要参数进行赋值并借助 Matlab 软件进行算例分析。相关参数的初始值设定如下:$c=1$,$d=15$,$\gamma=6$,$\theta=1$,$\theta_0=0.3$,$\beta=0.6$,$k=2$,$\delta=2$,$u=1$。

9.3.1　不同决策模式下生鲜品冷链模型效益分析

根据国家和地方政府出台的关于碳限额与交易的政策文件,以及在碳交易市场运行情况的基础上,令 $z=8$,$M=10$,$f=1$,对不同决策模式下的生鲜品冷链模型效益进行计算分析,结果如表 9-1 所示。

表 9-1　不同决策模式下的冷链效益

决策环境	模型	π(利润)	数值
分散决策	无碳约束模型	π_1	−8.970 7
		π_2	−4.186 3
	碳限额与交易模型	π_3	79.954 0
		π_4	−0.023 0
集中决策	碳限额与交易模型	π_5	83.867 6

通过计算,不同决策模式的利润对比如表 9-1 所示。由此可得,碳限额与交易政策决策模式下,冷链系统利润较高于无碳约束,说明碳限额与交易政策能够有效提高冷链系统利润。

9.3.2　碳交易价格对生鲜品冷链决策和效益的影响

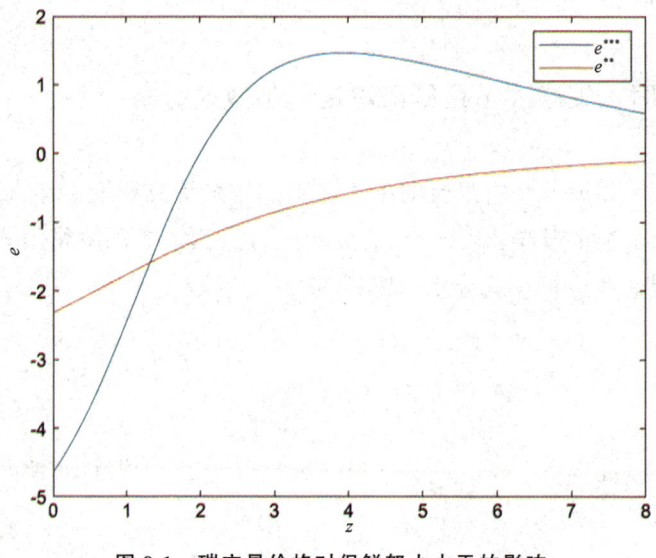

1) 碳交易价格对保鲜努力水平的影响

由图 9-1 可以看出随着碳交易价格 z 的不断增大,保鲜努力水平先升高后下降,且集中决策下的保鲜努力水平较高于分散决策,这是由于在随着碳交易价格的增加,供应商通过碳交易获取的利润会逐渐增加,之后,供应商会加大对碳减排的投入,并适当地降低保鲜努力水平。

图 9-1　碳交易价格对保鲜努力水平的影响

2)碳交易价格对碳减排水平的影响

分散决策下和集中决策下的碳减排努力水平相同,由图 9-2 可知随着碳交易价格 z 的不断增大,碳减排水平先下降后升高。这是因为随着碳交易价格的增加,供应商通过碳交易获得收益逐渐增加,之后便逐渐提高碳减排水平,出售剩余的碳排放额度提高收益。

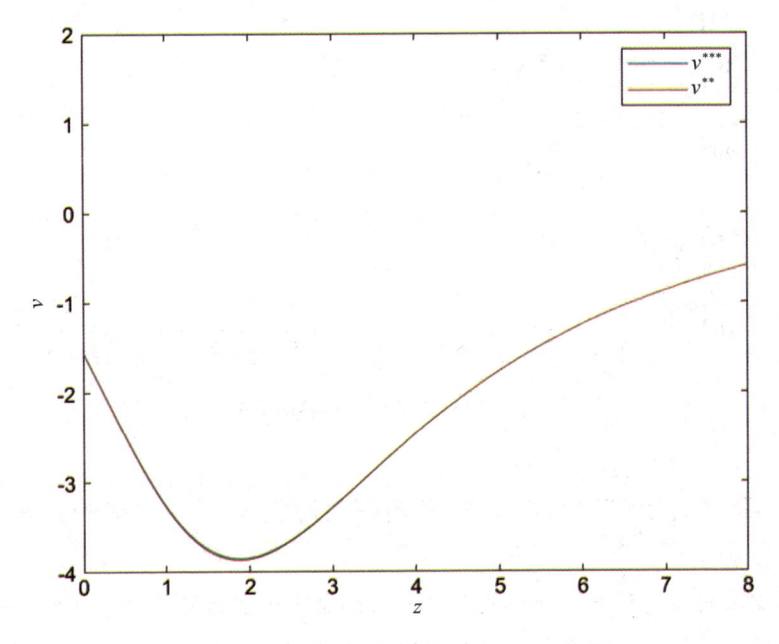

图 9-2 碳交易价格对碳减排水平的影响

3)碳交易价格对利润的影响

由图 9-3 可知,碳交易价格 z 与冷链的系统呈总利润正相关,同时集中决策下冷链的系统总利润也显著高于分散决策下的冷链系统利润。这表明,碳交易价格高,供应商就能够从出售多余的碳配额中获取更多的利润。生鲜品冷链供应商应当根据碳交易价格的高低,对生鲜品冷链决策进行调整,当碳交易价格较高时,可通过增加碳减排努力水平来提高系统利润。当碳交易价格较低,碳交易带来的收益无法高于碳减排所带来的成本时,企业应协调碳减排努力水平和保鲜努力水平之间的关系,提高生鲜产品的销量。

图 9-3 碳交易价格对利润的影响

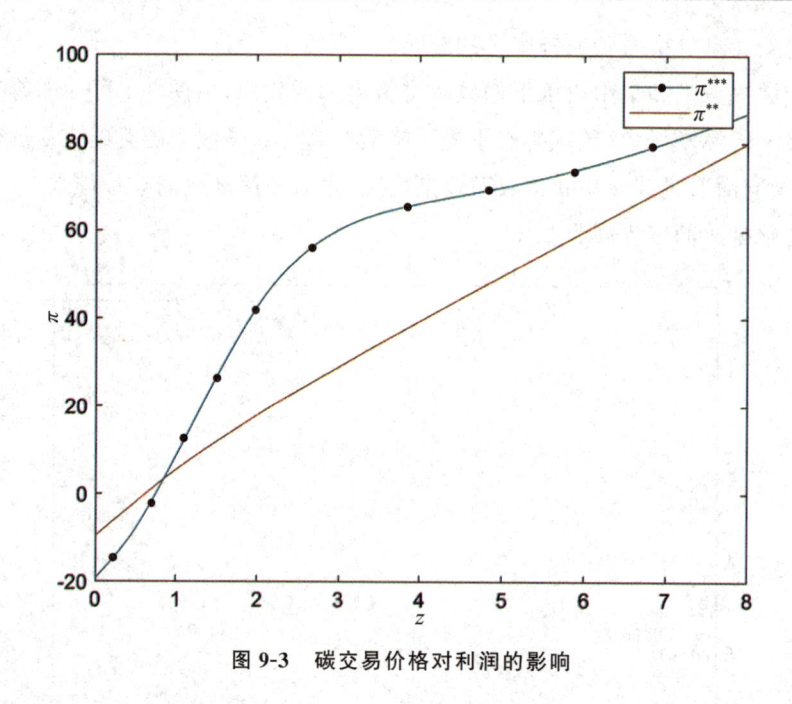

9.3.3 消费者低碳偏好和新鲜度偏好对冷链决策和效益的影响

碳交易价格对生鲜品冷链决策和效益的影响的实验结果表明,分散决策与集中决策下冷链系统中决策变量和经济效益的变化趋势相同,本部分以分散决策下的冷链系统决策和效益为例,分析消费者低碳偏好和新鲜度偏好对系统决策和效益的影响。

消费者新鲜度偏好和低碳偏好会影响零售商的保鲜努力水平和供应商碳减排努力水平,进而会对生鲜品链的利润产生影响。本节对消费者新鲜度偏好以及低碳偏好和最优解之间的关系进行了研究,冷链最优解的变化如下图 9-4 所示。

1) 对保鲜努力水平的影响

图 9-4 表明,冷链的保鲜努力水平主要受 γ 的影响,随着 γ 的增加,保鲜努力水平会逐渐提高。这是因为消费者新鲜度偏好高,表明消费者更愿意购买新鲜度比较高的产品,所以零售商更愿意去提高生鲜农产品的新鲜度水平。

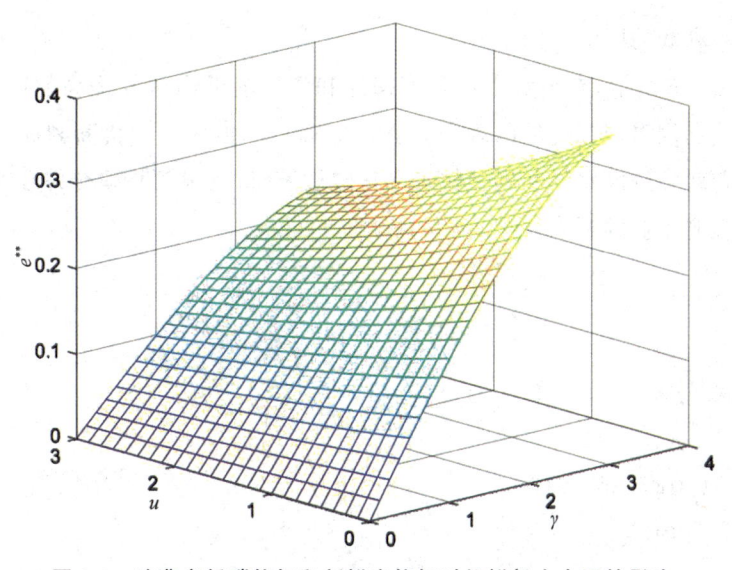

图 9-4 消费者低碳偏好和新鲜度偏好对保鲜努力水平的影响

2)对碳减排努力水平的影响

图 9-5 表明,当 γ 处于一定范围时,随着 u 的增大,冷链碳减排水平会逐渐提高,而当 γ 超过这个范围碳减排水平会逐渐下降。这是因为当消费者新鲜度的偏好不断增加时,供应商会努力提高保鲜努力水平,从而导致碳减排努力水平逐渐降低,冷链碳排放量会变大。

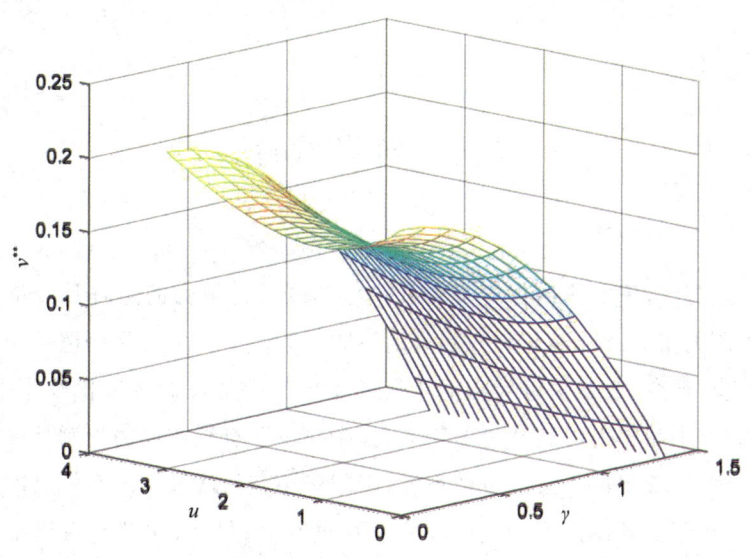

图 9-5 消费者低碳偏好和新鲜度偏好对碳减排努力水平的影响

3)对利润的影响

如图 9-6 所示,在消费者新鲜度偏好和消费者低碳偏好提高的同时,生鲜品冷链的利润出现了增加的现象。且供应商利润恒大于零售商利润。这说明当消费者对新鲜度水平和碳减排水平比较敏感时,碳限额与碳交易政策更能够有效地提升企业的利润。

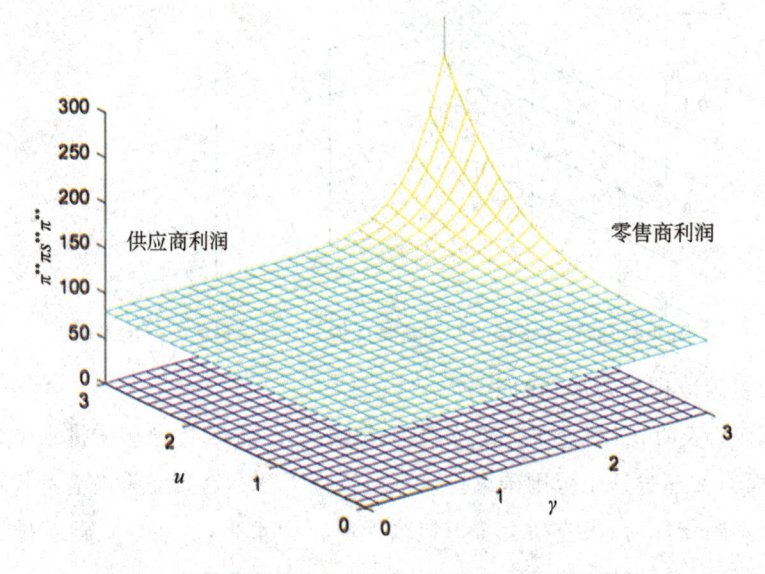

图 9-6 消费者低碳偏好和新鲜度偏好对利润的影响

9.4 研究结论

通过构建考虑零售商保鲜努力和供应商碳减排努力的生鲜品冷链定价模型,对无碳约束和碳限额与交易政策下不同决策模式的生鲜品冷链系统最优定价决策进行研究,发现保鲜努力对于提高生鲜品冷链收益具有积极作用,但决策者会忽略碳减排对冷链产生的影响;集中决策下有碳约束的生鲜品冷链系统要优于分散决策下的生鲜品冷链系统;碳限额与交易政策下的生鲜品冷链系统利润明显高于无碳约束下的生鲜品冷链系统利润;另外,无碳约束模型的碳减排努力水平要低于碳限额与交易模型的碳减排努力水平,消费者新鲜度偏好、低碳偏好以及碳交易的价格也会影响碳减排水平。在"双碳"背景下,生鲜品冷链系统应当加大保鲜努力水平和碳减排努力水平,从而提高收益,促进冷链系统的可持续发展。

9.5 本章小结

本章聚焦生鲜品新鲜度要素和低碳供应链优化方法,在具体的应用场景下构建了考虑零售商保鲜努力和供应商碳减排努力的生鲜品冷链定价模型,对比分析了不同碳约束情形下的冷链最优定价,并结合我国碳交易市场运行情况和消费者偏好进行仿真模拟,得到了碳交易价格、消费者低碳偏好和消费者新鲜度偏好对生鲜品冷链系统最优定价决策的影响情况。相关研究结论能够为生鲜品冷链企业的定价决策和碳减排决策提供一定的理论和实践启示。

第10章 基于碳标签制度的三级生鲜品冷链库存优化模型

碳标签既是科学合理的碳排放量化工具，也是挖掘企业减排潜力的重要手段，不仅能培养消费者的低碳消费意识和消费习惯，也能促进传统高碳产业向绿色低碳化转型。本章基于由上游供应商、兼具产品增值与物流服务功能的配送中心，以及下游零售商组成的生鲜品冷链系统，考虑配送中心进行碳减排投入，实施碳标签制度，引入生鲜品碳足迹与销售价格刻画低碳偏好消费市场需求，通过 Weibull 分布函数描述生鲜品变质率，构建三级生鲜品冷链的一体化库存模型并进行算例仿真，结合调研数据，运用遗传算法搜寻最优决策，为生鲜品冷链库存优化的节能减排实践提供有益参考。

10.1 问题描述

研究假定由上游供应商、兼具产品增值与物流服务功能的配送中心、下游零售商组成的三级生鲜品冷链系统，讨论其在实施碳标签制度下的库存优化策略。作为冷链的初级分销商和物流服务商，配送中心在库存周期内，需要对来自供应商的生鲜品采购原材料进行分拣、初级生产加工、包装和贴标签，并将加工后的生鲜产品按照下游零售商的采购订单进行 JIT(just-in-time)配送，完成货款结算和终端配送服务。同时由于当前消费者环境保护意识的增强，越来越多的消费者倾向于购买环保产品，特别是对于绿色生鲜品的消费意愿增强。基于此，配送中心倾向于对某类生鲜品在冷链系统从生产端到消费端的实际碳排放量进行标示，即粘贴碳足迹标签，碳足迹的多少会对消费需求产生影响，消费者依据碳足迹标签判断此类生鲜品的绿色环保程度。同时为进一步刺激消费需求,配送中心选择实现一系列碳减排策略,如创新冷藏节能技术、采用新型绿色材料包装、优化配送路径和减少配送时间等,使得生鲜品在此流通环节的碳排放量减少,但会影响配送中心和冷链系统的整体利润。

依据生鲜品冷链系统的生产、加工、运输、销售市场的实际调研结果和部分学者研究基础,重点参照姜樱梅(2018)的研究,模型假设条件如下:

假设 10.1 此冷链系统仅包括单个供应商、配送中心、零售商,涉及单一品类的生鲜品。

假设 10.2 根据生鲜商品的特征,其物理性变质率 $\gamma(t)$ 服从两参数 Weibull 分布,且由于生产时间、运输周期和储藏条件的不同,冷链系统各节点的变质率不尽相同,供应链上游变质速度较慢,下游变质速度较快。设变质率函数为 $\gamma(t) = \alpha\beta t^{\beta-1}(\alpha>0, \beta>1)$,其中,$\alpha$ 为变质率尺度影响因子;β 为变质率形状影响因子。

假设 10.3 消费者受生鲜品碳足迹标签的影响,市场消费需求 $L(p,b_2)$ 随生鲜品价格与碳足迹的增加而线性递减。需求函数为 $L(p,b_2)=\varepsilon-\tau p-\eta b_2$,其中,$\varepsilon$ 为潜在的生鲜品市场规模;η 为市场需求的碳足迹敏感系数;τ 为市场需求的价格敏感系数。

假设 10.4 供应商的生产环节和配送中心的加工、仓储、运输环节均会产生碳排放,生鲜品的初始碳足迹为 b_1,而配送中心实施一定程度上的碳减排措施后,生鲜品碳足迹减少为 $b_2(0<b_2<b_1)$。

假设 10.5 为简化模型仅考虑供应商、配送中心、零售商的单个计划周期,均设为 T,配送中心单个加工流通周期内分为加工时间和非加工时间,零售商由于自营仓库冷藏条件的约束,采取多批次定量采购策略。

假设 10.6 配送中心实施 JIT 配送,保证零售商发出采购订单后瞬时补货,不会出现缺货。

为区分不同节点企业的库存模型,分别用下标 S、D、R 表示生鲜品供应商、生鲜品配送中心、生鲜品零售商的相关参数,其他符号变量如表 10-1 所示。

表 10-1 模型符号及其定义说明

符号	定义说明	符号	定义说明
$[0,T]$	零售商销售周期	u_S	供应商单位生鲜品运输成本
λ	零售商销售周期内的采购次数	g	单位生鲜品库存成本

续表

符号	定义说明	符号	定义说明
ρ_S	供应商生产速率	m	单位生鲜品变质损失成本
ρ_D	配送中心加工速率	μ	配送中心碳减排成本影响因子
c_D	配送中心单位生鲜品加工成本	w_S	供应商单位生鲜品批发价格
c_S	供应商单位生鲜品生产成本	w_D	配送中心单位生鲜品批发价格
V_D	配送中心加工准备成本	p	零售商单位生鲜品销售价格
V_S	供应商生产准备成本	q	零售商生鲜品单次采购量
V_R	零售商单次订货成本	$I_S(t)$	供应商 t 时刻库存水平
K_D	配送中心的固定配送成本	$I_D(t)$	配送中心 t 时刻库存水平
u_D	配送中心单位生鲜品运输成本	$I_R(t)$	零售商 t 时刻库存水平
K_S	供应商的固定运输成本	π	冷链系统总利润

10.2 模型构建与解析

10.2.1 零售商库存模型

终端零售商囿于市场需求不确定性和库房容量,不会进行大批量一次性的采购,以免产生积压风险,在销售周期 T 内零售商分 λ 次($\lambda \in 1,\cdots,n$)向上游配送中心采购 q 数量带有碳足迹标签的生鲜品,此时零售商在上一补货周期与下一补货周期的间隔时间为 T/λ。在补货间隔期$[0,T/\lambda]$内,零售商的库存水平同时受到生鲜品变质率与市场消费需求的影响,其库存水平的变化曲线如图 10-1 所示。

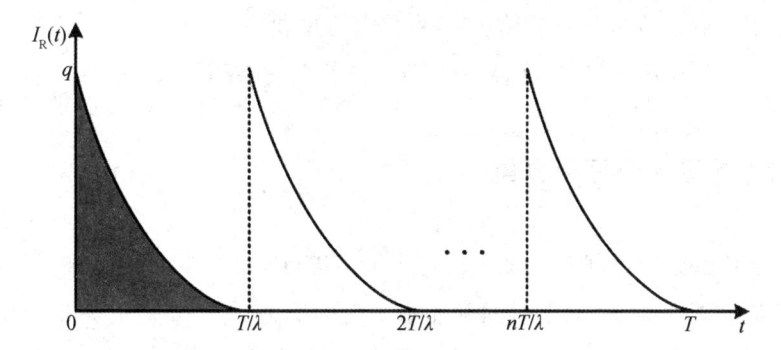

图 10-1 零售商的生鲜品库存水平变化曲线

即零售商 t 时刻生鲜品库存水平的变化满足如下的微分方程情形:

$$\frac{dI_R(t)}{dt} = -I_R(t) \cdot \gamma_R(t) - L(p, b_2) \quad 0 \leqslant t \leqslant T/\lambda \quad (10\text{-}1)$$

其中,$\gamma_R(t) = \alpha_R \cdot \beta_R \cdot t^{\beta_R - 1}$。从图 10-1 易知 $I_R(0) = q$,微分方程求解得到零售商 t 时刻的生鲜品库存水平为

$$I_R(t) = e^{-\alpha_R t^{\beta_R}} [L(p, b_2) \cdot A(t) + q] \quad A(t) = \int_0^t -e^{\alpha_R I^{\beta_R}} dI \quad (10\text{-}2)$$

其中,$A(t) = \int_0^t -e^{\alpha_R I^{\beta_R}} dI$ 无法得到准确的解析解。引入泰勒公式对其进行近似展开为

$$A(t) = \int_0^t -e^{\alpha_R I^{\beta_R}} dI = \int_t^o e^{\alpha_R I^{\beta_R}} dI \approx -t - \frac{\alpha_R}{\beta_R + 1} t^{\beta_R + 1} - \frac{\alpha_R^2}{2(2\beta_R + 1)} t^{2\beta_R + 1}。$$

同时由于零售商在补货间隔期末的生鲜品库存量为 0,即有 $I_R(T/\lambda) = 0$ 代入式(10-2),从而得到零售商在销售期内向上游配送中心发出的单次采购量 $q = -L(p, b_2) \cdot A(T/\lambda)$。则零售商在一个补货间隔区间 $[0, T/\lambda]$ 内总的生鲜品库存量表示为

$$I_{T_R} = \int_0^{\frac{T}{\lambda}} I_R(t) = [L(p, b_2) \cdot (A(t) - A(T/\lambda))] \int_0^{\frac{T}{\lambda}} e^{-\alpha_R t^{\beta_R}} dt \quad (10\text{-}3)$$

零售商在一个补货间隔期内的主要营收来自该类生鲜品的销售额,主要成本则包括:库存成本、采购成本、单次订货成本、变质损失成本、向配送中心支付的物流运输成本,各成本函数表达式如下。

库存成本:$TC_R = g_R \cdot I_{T_R}$。采购成本:$EC_R = w_R \cdot q$。变质损失成本:$GC_R = \left[q - \frac{T \cdot L(p, b_2)}{\lambda} \right] \cdot m_R$。向配送中心支付的物流运输成本:$UC_R = K_D + u_D \cdot \lambda \cdot q$。

则零售商在该类生鲜品销售周期 T 内的总利润为

$$\pi_R = p \cdot T \cdot L(p,b_2) - \lambda(TC_R + EC_R + GC_R + V_R) - UC_R \quad (10\text{-}4)$$

10.2.2 配送中心库存模型

配送中心通过减排技术和方法对生鲜品进行加工并粘贴碳足迹标签,假设其加工流通周期为 T,加工时间和非加工时间分别为 $[0,h]$ 和 $[h,T]$,在单位时间内配送中心面临的生鲜品需求主要来自下游零售商的订货以及为防止变质产生数量损耗的预留产品,配送中心处的生鲜品需求率函数为 $L(p,b_2) \cdot [1+\gamma_R(t)]$,其库存水平变化曲线如图 10-2 所示。

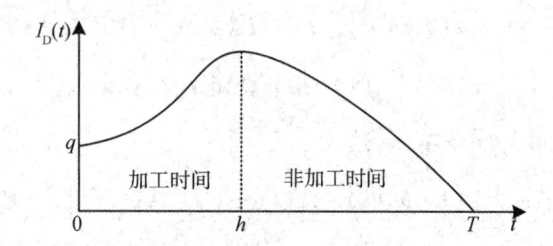

图 10-2 配送中心的生鲜品库存水平变化曲线

配送中心在加工时区 $[0,h]$ 内,t 时刻的库存水平同时受到生鲜品变质率、加工效率及零售商需求率的影响,满足如下的微分方程:

$$\frac{dI_D(t)}{dt} = \rho_D - L(p,b_2) \cdot [1+\gamma_R(t)] - I_D(t) \cdot \gamma_D(t) \quad 0 \leqslant t \leqslant h$$

(10-5)

配送中心处于供应链中游,生鲜品从供应商到达配送中心处的时间较短,加之较好的冷藏储存条件,配送中心生鲜品变质率小于零售商的变质率,即有 $\gamma_R(t) < \gamma_D(t) = \alpha_D \cdot \beta_D \cdot t^{\beta_D - 1}$。由图 10-2 可知,在 0 时刻配送中心在库生鲜品存量为 q,通过 JIT 配送方式为零售商瞬时补货,满足边界条件 $I_D(0) = q$。对式(10-5)微分方程进行求解得到配送中心 t 时刻的生鲜品库存水平:

$$I_D(t) = e^{-\alpha_D \cdot t^{\beta_D}}[(L(p,b_2) - \rho_D) \cdot B(t) + L(p,b_2) \cdot C(t) + q] \quad 0 \leqslant t \leqslant h$$

(10-6)

令 $B(t) = \int_0^t -e^{\alpha_D I^{\beta_D}} dI$,$C(t) = \int_0^t -e^{\alpha_D I^{\beta_D}} \gamma_R(t) dI$,同理,用泰勒公式近似

展开为

$$B(t)=\int_0^t -\mathrm{e}^{\alpha_{\mathrm{D}} I^{\beta_{\mathrm{D}}}}\mathrm{d}I \approx -t-\frac{\alpha_{\mathrm{D}}}{\beta_{\mathrm{D}}+1}t^{\beta_{\mathrm{D}}+1}-\frac{\alpha_{\mathrm{D}}^2}{2(2\beta_{\mathrm{D}}+1)}t^{2\beta_{\mathrm{D}}+1}$$

$$C(t)=\int_0^t -\mathrm{e}^{\alpha_{\mathrm{D}} I^{\beta_{\mathrm{D}}}}\gamma_{\mathrm{R}}(t)\mathrm{d}I \approx -\alpha_{\mathrm{R}} t^{\beta_{\mathrm{R}}}-\frac{\alpha_{\mathrm{R}}\beta_{\mathrm{R}}\alpha_{\mathrm{D}}}{\beta_{\mathrm{D}}+\beta_{\mathrm{R}}}t^{\beta_{\mathrm{D}}+\beta_{\mathrm{R}}}-\frac{\alpha_{\mathrm{R}}\beta_{\mathrm{R}}\alpha_{\mathrm{D}}^2}{2(2\beta_{\mathrm{D}}+\beta_{\mathrm{R}})}t^{2\beta_{\mathrm{D}}+\beta_{\mathrm{R}}}$$

配送中心在非加工时区$[h,T]$内的生鲜品库存水平仅受到变质率和零售商采购需求的影响，即此时配送中心在该时刻的生鲜品库存水平满足如下的微分方程：

$$\frac{\mathrm{d}I_{\mathrm{D}}(t)}{\mathrm{d}t}=-L(p,b_2)\cdot[1+\gamma_{\mathrm{R}}(t)]-I_{\mathrm{D}}(t)\cdot\gamma_{\mathrm{D}}(t) \quad h<t\leqslant T \tag{10-7}$$

由图10-2易知存在边界条件$I_{\mathrm{D}}(T)=0$，整理求解得到配送中心在非加工时区生鲜品的库存变化水平：

$$I_{\mathrm{D}}(t)=\mathrm{e}^{-\alpha_{\mathrm{D}}\cdot t^{\beta_{\mathrm{D}}}}\cdot L(p,b_2)\cdot[B(t)+C(t)-B(T)-C(T)] \quad h<t\leqslant T \tag{10-8}$$

综上所述，配送中心生鲜品在库周期T内的库存水平为

$$I_{\mathrm{D}}(t)=\begin{cases}\mathrm{e}^{-\alpha_{\mathrm{D}}\cdot t^{\beta_{\mathrm{D}}}}\cdot[(L(p,b_2)-\rho_{\mathrm{D}})\cdot B(t)\\ \quad +L(p,b_2)\cdot C(t)+q] & 0\leqslant t\leqslant h\\ \mathrm{e}^{-\alpha_{\mathrm{D}}\cdot t^{\beta_{\mathrm{D}}}}\cdot L(p,b_2)\cdot[B(t)+C(t)\\ \quad -B(T)-C(T)] & h<t\leqslant T\end{cases} \tag{10-9}$$

配送中心的库存曲线在处出现拐点，根据Misra(1975)的相关理论推导得到h时刻取值$h\approx -\dfrac{L(p,b_2)[B(T)+C(T)]}{\rho_{\mathrm{D}}}$，则配送中心在库周期$T$内总的生鲜品库存量为

$$I_{TD}=\int_0^h I_{\mathrm{D}}(t)\mathrm{d}t+\int_h^T I_{\mathrm{D}}(t)\mathrm{d}t \tag{10-10}$$

配送中心在单个加工流通周期内的主要成本包括库存成本、采购成本、加工准备成本、加工成本、变质损失成本、减排成本以及支付给供应商的运输成本，而主要收入来源为生鲜品加工分销额，以及为零售商提供配送业务的服务费用。

库存成本：$TC_{\mathrm{D}}=g_{\mathrm{D}}\cdot I_{TD}$。采购成本：$EC_{\mathrm{D}}=w_{\mathrm{D}}\cdot\lambda\cdot q$。加工成本：$PC_{\mathrm{D}}=c_{\mathrm{D}}\cdot\rho_{\mathrm{D}}\cdot h$。变质损失成本：$GC_{\mathrm{D}}=(\rho_{\mathrm{D}}\cdot h-\lambda\cdot q)\cdot m_{\mathrm{D}}$。减排成本：$FC_{\mathrm{D}}=\mu\cdot(b_2-b_1)^2$。向上游供应商支付的运输成本：$UC_{\mathrm{D}}=K_{\mathrm{S}}+u_{\mathrm{S}}\cdot\lambda\cdot q$。

则生鲜品配送中心在加工流通周期 T 内的总利润为

$$\pi_D = (EC_R + UC_R) \cdot \lambda - (TC_D + EC_D + PC_D + GC_D + FC_D + UC_D + V_D)$$

(10-11)

10.2.3 供应商库存模型

供应商在单个生产周期 T 内面临的生鲜品需求与配送中心所面临的需求类似,受到终端零售商消费需求的影响,同样为减少向配送中心运输的途中由于变质而产生的数量损耗,供应商会按订单配给量预留部分生鲜品进行弥补。则供应商处生鲜品的需求率函数为 $L(p,b_2) \cdot [1+\gamma_D(t)]$,其库存水平变化曲线如图 10-3 所示。

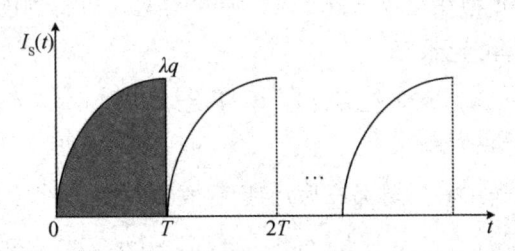

图 10-3 供应商的生鲜品库存水平变化曲线

供应商生产时间 $[0,T]$ 内,t 时刻供应商的生鲜品库存状况同时受到生产速率、变质率与需求率的约束并符合下列微分方程情形:

$$\frac{dI_S(t)}{dt} = \rho_S - L(p,b_2) \cdot [1+\gamma_D(t)] - I_S(t) \cdot \gamma_S(t) \quad 0 \leqslant t \leqslant T$$

(10-12)

由图 10-3 知,式(10-12)满足边界条件 $I_S(0)=0$,求解得到供应商生产时间内 t 时刻的生鲜品库存水平:

$$I_S(t) = e^{-\alpha_S \cdot t^{\beta_S}} [(L(p,b_2) - \rho_S) \cdot D(t) + L(p,b_2) \cdot E(t)] \quad 0 \leqslant t \leqslant T$$

(10-13)

令 $D(t) = \int_0^t -e^{\alpha_S I^{\beta_S}} dI, E(t) = \int_0^t -e^{\alpha_S I^{\beta_S}} \gamma_D(t) dI$,同理,用泰勒公式近似展开为

$$D(t) = \int_0^t -e^{\alpha_S I^{\beta_S}} dI \approx -t - \frac{\alpha_S}{\beta_S + 1} t^{\beta_S + 1} - \frac{\alpha_S^2}{2(2\beta_S + 1)} t^{2\beta_S + 1}$$

$$E(t) = \int_0^t -e^{\alpha_S I^{\beta_S}} \gamma_D(t) dI \approx -\alpha_D t^{\beta_D} - \frac{\alpha_D \beta_D \alpha_S}{\beta_S + \beta_D} t^{\beta_S + \beta_D} - \frac{\alpha_D \beta_D \alpha_S^2}{2(2\beta_S + \beta_D)} t^{2\beta_S + \beta_D}$$

即生鲜品供应商在单个生产周期 T 内的总库存量为

$$I_{TS} = \int_0^T I_S(t) \mathrm{d}t$$

$$= [L(p, b_2) - \rho_S] \cdot \int_0^T D(t) \cdot e^{-\alpha_S t \beta_S} \mathrm{d}t + L(p, b_2) \cdot \int_0^T E(t) \cdot e^{-\alpha_S t \beta_S} \mathrm{d}t$$

(10-14)

供应商在单个生产周期内的主要成本包括：库存成本、生产准备成本、生产成本、变质损失成本和向配送中心送货的运输成本，其主要收入来源为生鲜品批发业务的销售额和配送中心支付的运费。部分成本核算公式如下。

库存成本：$TC_S = g_S \cdot I_{TS}$。生产成本：$PC_S = c_S \cdot \rho_S \cdot T$。变质损失成本：$GC_S = (\rho_S \cdot T - \lambda \cdot q) \cdot m_S$。

则得到生鲜品供应商在生产周期 T 内的总利润为

$$\pi_S = (w_S \cdot \lambda \cdot q + UC_D) - (TC_S + PC_S + GC_S + V_S) \quad (10\text{-}15)$$

10.2.4 模型求解

上述库存模型考虑了生鲜品变质率与碳足迹对冷链系统库存量的影响，为进一步研究合作情形下三级生鲜品冷链成员库存、配送中心减排与零售商定价的联合决策问题，得到有限生产、流通加工、销售周期内的最优规划，以生鲜品冷链系统利润最大化为决策依据，利用启发式算法求解。目标函数与约束条件如下：

$$\max \pi(\lambda, b_2, p) = \pi_R + \pi_D + \pi_S$$

$$\text{s.t} \begin{cases} I_R(t) \geqslant 0 & \text{①} \\ I_D(t) \geqslant 0 & \text{②} \\ I_S(t) \geqslant 0 & \text{③} \\ p > w_D + g_R + u_D & \text{④} \\ \gamma_R(t) \leqslant \gamma_D(t) \leqslant \gamma_S(t) & \text{⑤} \\ b_1 \geqslant b_2 & \text{⑤} \\ q > 0 & \text{⑥} \end{cases} \quad (10\text{-}16)$$

其中，约束条件①②③确保生鲜供应商、配送中心及零售商的库存水平均为非负；约束条件④确保零售商的销售收入大于边际成本，即利润非负；约束条件⑤

确保生鲜产品在冷链系统各节点处的变质率呈递减趋势，表示生鲜品新鲜度不可逆；约束条件⑥和⑦分别保证配送中心处的碳足迹减少、零售商采购量为非负，更符合实践情形。考虑到目标利润函数求解过程的复杂性，为搜寻最优或较优的库存策略，采用遗传算法(GA)对模型相关参数进行二进制编码，以冷链系统总利润$\pi(\lambda, b_2, p)$作为种群适应度函数，设定初始种群，通过选择、交叉、变异等系列步骤产生新的子代种群，循环往复至迭代次数达到设置时限或收敛而停止。

10.3 算例仿真

10.3.1 算例数据与结果展示

为验证本章所构建库存模型的优化效果和有效性，本部分在实际调研由某生鲜食品加工厂、第三方冷链物流企业和农超构成的三级供应链基础上，提炼相关数据对模型各参数进行合理赋值，如表10-2~表10-4所示。同时为简化模型运算过程，设定供应商的生产周期、配送中心的加工流通周期和零售商的库存周期均为有限计划周期T，且$T=15$，配送中心仓储节点生鲜品的初始碳足迹b_1参数设置则参照程永宏(2016)的研究赋值为：11。

表10-2 零售商相关参数

参数	α_R	β_R	ε	τ	η	g_R	m_R	V_R
数值	0.02	1.2	500	2	2	0.08	3	50

表10-3 配送中心相关参数

参数	α_D	β_D	ρ_D	g_D	w_D	m_D	c_D	K_D	u_D	μ	V_D
数值	0.015	1.1	600	0.06	15	2	1	400	0.05	300	60

表 10-4　生产商相关参数

参数	α_S	β_S	ρ_S	g_S	w_S	c_S	m_S	K_S	u_S	V_S
数值	0.01	1	620	0.05	10	5	1	500	0.06	100

利用 MATLAB 遗传算法工具箱对决策变量进行二进制编码，初始种群数设为 50，采用轮盘赌和精英保留的方式进行种群选择，并使用交叉概率为 0.8 的两点交叉以及变异概率为 0.05 的单点变异方式进行染色体的交叉和变异处理，最终通过 78 次的种群迭代得到一组稳定数值解 $\lambda^* = 10, b_2^* = 8.99, p^* = 40$，生鲜品冷链总利润为 $\pi^* = 180\,858$。适应度函数最大值及均值与种群迭代次数的变化曲线如图 10-4 所示，从图中可以看出遗传算法能以较少的迭代次数搜寻到全局最优解，说明此类智能算法适合本章所构建模型的求解且性能较优。

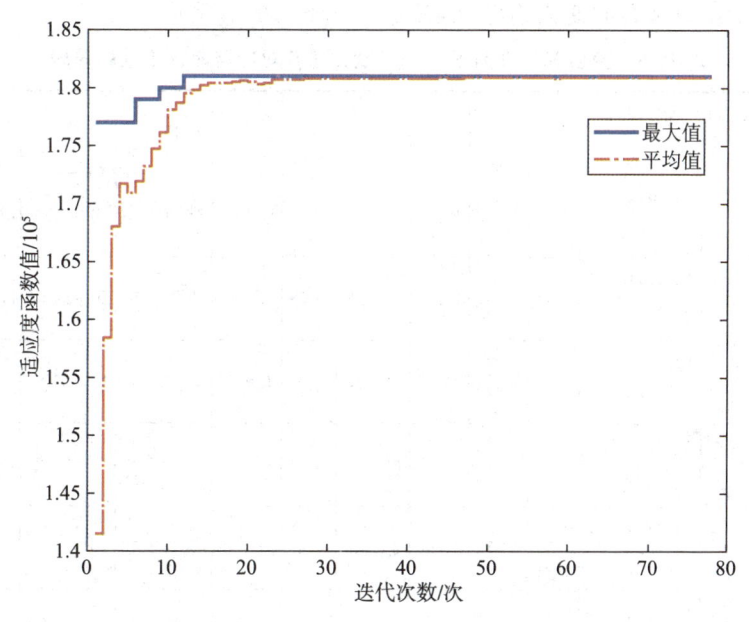

图 10-4　适应度函数寻优的迭代过程

10.3.2　灵敏度分析

生鲜品由于自身物理特性，其腐败程度会随储藏时间在不同冷链库存节点发生变化，不同类型的生鲜品变质率也存在明显差异。同时，由于不同消费者对生鲜品碳足迹的敏感程度不一,对于减排处理及粘贴碳标签后的生鲜品也会有不同的消费决策。因此,为进一步研究不同类型产品、不同消费者群体对生鲜品冷链采购、定价和减排策略的影响,实现库存优化目标,本部分对生产品变质率参数(尺度因子 α 和形状因子 β)和消费市场需求的碳足迹敏感系数 η 进行灵敏度分析,讨论二者的数值变化范围对冷链系统库存最优决策及利润产生的影响。

1)变质率参数对生鲜品冷链库存系统的影响

为模拟不同类型生鲜品的变质率,以上文赋值参数为基准,同时提高零售商、配送中心和供应商处生鲜品变质率的尺度因子 α 和形状因子 β,提高后的参数区间范围如下。$\alpha_R \in [0.02, 0.09]$,$\alpha_D \in [0.015, 0.085]$,$\alpha_S \in [0.01, 0.08]$,$\beta_R \in [1.2, 1.27]$,$\beta_D \in [1.10, 1.17]$,$\beta_S \in [1.00, 1.07]$,得到系统最优决策$(b_2, p, \lambda)$,得到系统最优决策$(b_2, p, \lambda)$、零售商单次采购量、配送中心加工时间、各节点库存量及总利润的变化趋势,如表 10-5 及图 10-5 所示。

表 10-5 变质率尺度因子 α 和形状因子 β 对冷链库存系统的影响

$(\alpha_R, \alpha_D, \alpha_S)$	$(\beta_R, \beta_D, \beta_S)$	b_2	p	λ	q	h	IT_R	IT_D	IT_S	π
(0.02, 0.015, 0.01)	(1.20, 1.10, 1.00)	8.99	40.00	10.00	612.01	12.00	456.05	21 263.99	22 534.70	180 858.50
(0.03, 0.025, 0.02)	(1.21, 1.11, 1.01)	7.87	40.57	16.96	616.58	13.55	457.92	22 175.55	20 922.50	178 095.58
(0.04, 0.035, 0.03)	(1.22, 1.12, 1.02)	6.73	41.27	26.07	621.20	15.39	459.76	24 330.50	19 400.67	174 736.01
(0.05, 0.045, 0.04)	(1.23, 1.13, 1.03)	5.55	42.11	37.47	625.85	17.56	461.58	28 567.37	17 959.22	17 0647.31
(0.06, 0.055, 0.05)	(1.24, 1.14, 1.04)	4.35	43.14	51.50	630.56	20.11	463.38	35 754.56	165 89.66	165 682.63
(0.07, 0.065, 0.06)	(1.25, 1.15, 1.04)	3.13	44.38	68.49	635.31	23.12	465.16	46 314.25	15 280.85	159 707.62
(0.08, 0.075, 0.07)	(1.26, 1.16, 1.06)	1.88	45.86	88.66	640.10	26.64	466.91	59 503.60	14 039.34	152 640.47
(0.09, 0.085, 0.08)	(1.27, 1.17, 1.07)	0.60	47.57	111.97	644.94	30.75	468.63	72 841.43	12 848.32	144 485.96

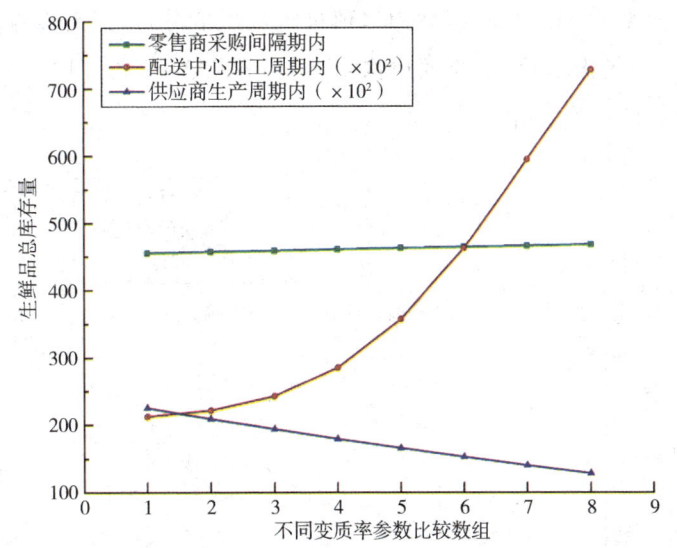

图 10-5　变质率尺度因子 α 和形状因子 β 对冷链各节点库存量的影响

从表 10-5 分析可知,随着生鲜品变质率的增大,减排后的碳足迹 b_2 趋向于减少且变化幅度较大,这是因为过高的变质率会使得运输、储藏的生鲜品数量损耗较大,此时配送中心会增加生鲜品储备量,投入更多的减排成本,碳足迹随之减少。当生鲜品变质率增加时,零售商处的生鲜品售价 p、单次采购量 q 和计划周期内的采购次数 λ 均会随之增加,且采购间隔期会越来越短,这是因为,为弥补增加的变质损失成本,零售商会采取涨价策略同时提高单次采购量及采购频次。值得注意的是,此时,配送中心的加工时间随之增加且远超于计划周期,说明生鲜品变质率能显著影响配送中心的加工效率,在规定期限内保持稳定的加工速率完成加工任务,需要控制变质率或转向加工低变质率生鲜品。结合表 10-5 和图 10-5 可以看出,随着生鲜品变质率提升,零售商采购间隔期内总库存量 IT_R 会缓慢增加,配送中心加工周期内总库存量 IT_D 会大幅增加,但供应商生产周期内总库存量 IT_S 呈现下降趋势;此时供应商也就是生产商或农户倾向于降低产量,零售商采取高频采购策略库存量也较稳定,不同的是下游配送中心为进一步降低变质损失,满足终端零售消费需求,会选择其他供应商以增加库存。总之,过高的变质损失成本和碳减排成本会导致冷链总利润减少,因而在实施碳标签制度的冷链系统中,为提升冷链整体收益,需要平衡好生鲜品变质率和碳减排投入。

2) **碳足迹敏感系数对生鲜品冷链库存系统的影响**

为模拟不同消费群体的低碳消费偏好,使得减排后的碳足迹 b_2 保持为 9,

在碳足迹敏感系数 $\eta \in [1,8]$ 区间内取值进行灵敏度分析,得到冷链系统最优决策(p,b_2)、市场需求量、零售商单次采购量和配送中心加工时间,各节点库存量及总利润的影响,如图 10-6 所示。

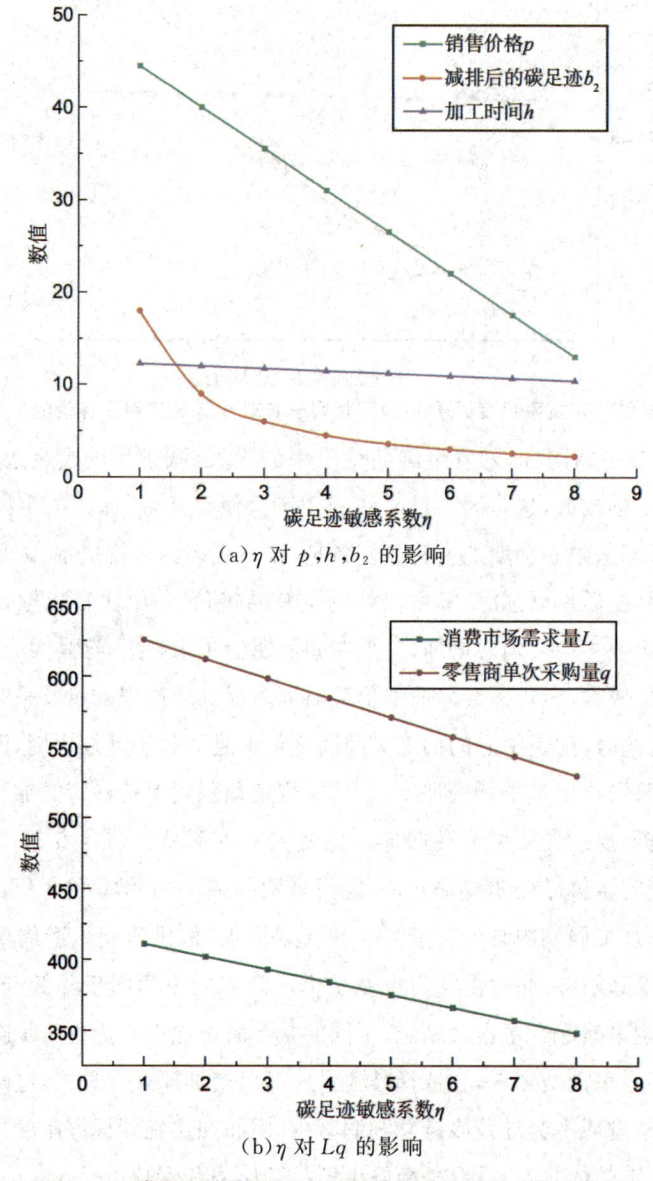

(a) η 对 p,h,b_2 的影响

(b) η 对 Lq 的影响

图 10-6 碳足迹敏感系数 η 对生鲜品冷链库存系统的影响

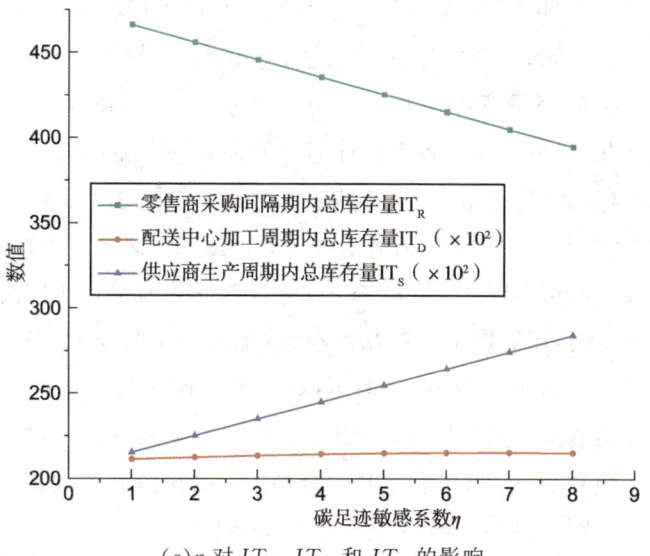

(c) η 对 IT_R, IT_D 和 IT_S 的影响

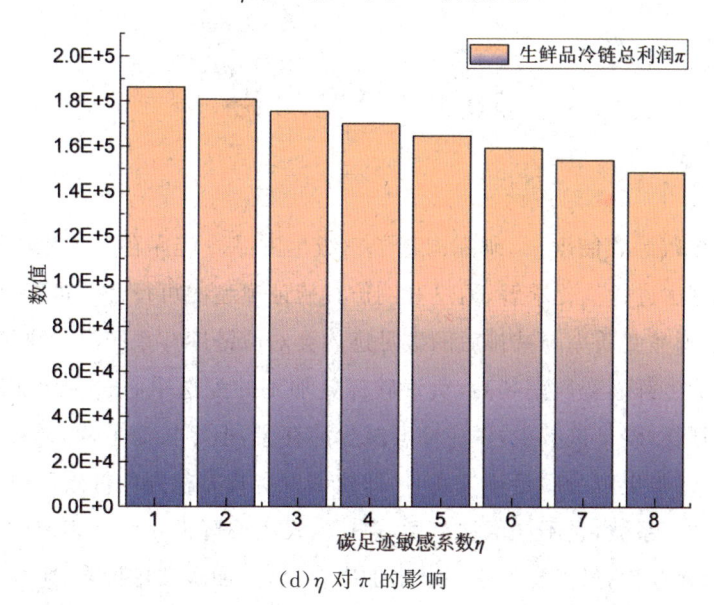

(d) η 对 π 的影响

图 10-6 碳足迹敏感系数 η 对生鲜品冷链库存系统的影响(续)

从图 10-6(a)可知,当生鲜品类型确定情形下,随着碳足迹敏感系数 η 的增加,即消费者愈加偏好低碳生鲜品时,生鲜品售价 p 和减排后的碳足迹 b_2 会降低,表明为刺激消费需求,零售商会对低碳生鲜品采取降价促销策略,配送中心则会加大碳减排投入,落实碳标签制度。且在区间[1,2]内减排后的碳足迹 b_2 下降幅度最大,表明超过一定阀域的碳足迹敏感系数对于降低碳足迹的驱动作

用趋缓。从图 10-6(b)可知,碳足迹敏感系数 η 与市场需求量 L、零售商单次采购量 q 呈负相关关系,即当生鲜品碳足迹处于较高水平时,具有低碳意识的消费者会减少购买量,进而影响零售商采购量。图 10-6(c)展示了随碳足迹敏感系数 η 取值变化,生鲜品冷链各节点计划周期内总库存量的变动情况,零售商单次采购间隔期内总库存量呈下降态势,供应商生产周期内总库存量呈缓慢上升态势,但配送中心加工周期内总库存量有较大涨幅,这是因为配送中心处于冷链中下游节点承担着流通加工任务,当消费者低碳消费意愿较高时,对配送中心的激励作用强,愿意增加生鲜品库存量(缩短加工时间 h),并采取碳减排策略粘贴碳标签。同时从图 10-6(d)可以看出,当碳足迹较高时,即使消费者对低碳生鲜品的消费积极性增强,但由于配送中心碳减排投入过大,会影响生鲜品冷链的系统利润 π,因此,制定科学合理的碳减排策略和碳标签制度,对于优化冷链各节点库存、提升冷链系统利润至关重要。

10.4　研究结论

本章在碳标签制度下,研究构建了三级生鲜品冷链库存一体化决策模型,采用遗传算法进行优化求解,通过算例仿真验证模型的可行性并进行灵敏度分析,发现生鲜品变质率与减排后的碳足迹均会对冷链库存系统最优决策产生重要影响。①生鲜品变质率越高,负责碳标签加工的配送中心越会增加库存量,加工时间延长,碳足迹减少,供应商会减少库存量,但零售商生鲜品售价和库存量会提升;②当生鲜品碳足迹较高时,即使消费者具有很强的低碳环保意识,提高碳足迹敏感系数,也不会增加市场需求量,反而会降低生鲜品售价,缩减零售商采购量、库存量,虽然配送中心会增加库存量,增加碳减排投入,减少碳足迹,但会使得生鲜品冷链整体利润下降;③对于极易腐败的生鲜品,进行适度的碳减排投入即可,对于碳足迹十分敏感的消费者,采取降价策略并一定会刺激需求,优化配送中心库存量,要避免过高的碳减排投入。

10.5　本章小节

建立碳标签制度有利于明确碳排放的过程,从而有针对性、有重点地消解高碳节点或环节,正逐渐被政府、企业和消费者所认可和推广。本章聚焦生鲜品冷链的库存优化问题,以配送中心实施碳减排策略并粘贴碳标签为前提,建立了消费者具有低碳偏好的三级生鲜品冷链库存一体化模型,结合调研数据通过遗传算法检验模型有效性并进行敏感性分析,得到生鲜品变质率与碳足迹对冷链库存系统最优决策的影响情况。

第 11 章　考虑成员风险偏好的生鲜品冷链合作减排激励模型

随着农村电子商务基础设施的建设与发展,众多生鲜电商平台通过平衡资源需求配比,有效解决了农户销售难的困境,特别是在新型冠状病毒感染等不确定因素的影响下,线上销售生鲜品已然成为冷链重要的销售渠道。同时,由于生鲜品具有保质期短、易腐、易损、不易保鲜的特征,很多消费者对于线上购买该类商品有较高的感知风险,倾向于购买低碳无公害、健康的生鲜品。基于此,生鲜电商平台能通过挖掘海量消费者行为数据、交易数据,明晰消费者购买行为的预期结果,逐步消除客体(消费者)的不确定性,创造出有利于开展碳减排合作的平台环境。但不可忽视的是,由于生鲜品冷链成员各自的分散决策,某一方进行碳减排的激励不足时,往往造成低效决策与利益分配不均衡的问题。因此,如何通过制定合理的碳减排激励策略,协调生鲜品冷链收益具有重要的理论价值和实际意义。本章在由生鲜品供应商、生鲜电商平台组成的二级供应链中,考虑生鲜电商平台的碳减排决策及风险偏好,分别构建集中决策、分散决策、风险中性的契约激励及风险规避的契约激励模型,对这四种情形下生鲜品冷链成员的最优决策进行比较和算例仿真,探讨不同风险偏好下激励机制发挥作用的机理和有效条件。

11.1　问题描述

本章聚焦由生鲜品供应商、生鲜电商平台组成的冷链系统的收益协调问题,分析生鲜电商平台的碳减排决策及不同风险偏好下生鲜品冷链系统的减排激励策略,其中生鲜品供应商为此非对称信息博弈过程的主导者,生鲜电商平台为追随者。供应商负责生鲜品的生产及供应,并决定生鲜品的批发价格 w,

电商平台从供应商处订购生鲜品,确定平台售价 p。此冷链系统中供应商会投资保鲜技术,保证供应生鲜品的新鲜度,确定其保鲜努力水平 e。由于消费者低碳意识提升,消费者倾向于购买碳排放量较少的生鲜品,此时生鲜电商平台面临的决策为:进行碳减排或不进行碳减排,确定其碳减排努力水平为 r,生鲜电商借助自身平台优势整合资源更易于碳减排,并通过对消费者过往消费记录进行数据挖掘、云计算,获得消费者画像,实现个性化推荐(Ma D.et al.,2020)。在此场景下,本章所讨论的生鲜品冷链运作分析框架如图11-1所示。

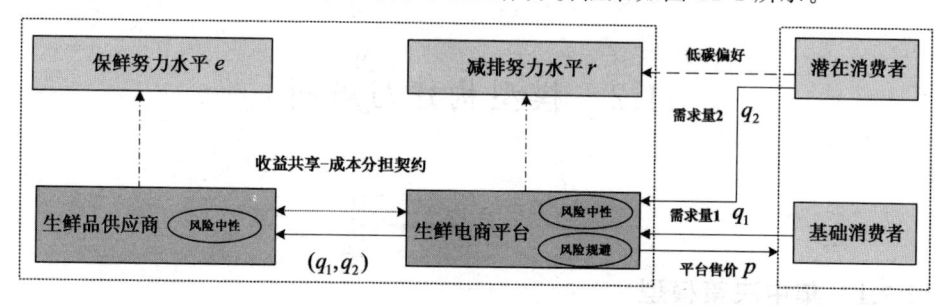

图 11-1 考虑协调契约和成员风险偏好的生鲜品冷链分析框架

(1)假设使用二次成本函数来描述保鲜成本和减排成本,该成本函数已被广泛应用于现有研究中(Xiang Z.et al.,2020;韩朝亮 等,2022;陈军 等,2022),供应商对生鲜的保鲜努力成本为 $\frac{1}{2}\eta e^2$,$\eta(\eta>0)$ 为保鲜成本系数。生鲜电商平台的碳减排成本为 $\frac{1}{2}\tau r^2$,$\tau(\tau>0)$ 为减排成本系数。

(2)假设生鲜电商平台向供应商采购的数量即是市场需求量,当平台不进行碳减排时,市场需求函数为 $q_1 = d - p\lambda + \alpha e$;当平台进行碳减排时,可以吸引潜在的生鲜品低碳消费者,但并不能将其全部转化为市场需求量,此时市场需求函数为 $q_2 = d - p\lambda + \alpha e + \beta r$,$p > w + c_r > w > c_s$。其中,$d = d_0 + \varepsilon$,$d_0$ 表示市场基准需求量、$\varepsilon \sim N(0,\sigma^2)$ 为不确定市场需求;$0 < \lambda < 1$,$0 \leqslant \alpha \leqslant 1$ 和 $0 \leqslant \beta \leqslant 1$ 分别表示为不受价格和其他因素影响的价格敏感系数、新鲜度敏感系数和碳减排敏感系数。且考虑碳减排努力后,冷链内部成员的碳排放成本会下降,存在成本优化系数为 $\mu(0 \leqslant \mu \leqslant 1)$。

(3)定义 α^2/η 为生鲜品的保鲜效率,定义 β^2/τ 为碳减排投入的性价比。结合运作实际,其他条件不变的情况下,对生鲜品进行碳减排所引起需求的增加与保鲜效率提升所引起的需求的增加之和,需要小于单位价格下降所引起的需求增加量,以保证生鲜品供应商和生鲜电商平台利润为正且存在最优值,因此假设 $0<\alpha^2/\eta+\beta^2/\tau<2\lambda$。

(4) Π_j^i 表示在模式 i 下 j 的利润,其中,当 $i=1,2$ 时,分别表示不进行碳投资与进行碳减排投资这两种情形,当 $i=C,D,N,Y$ 时,分别表示集中模式、分散模式、风险中性态度下的契约激励模式和风险规避态度下的契约激励模式;$j=S,R,T$ 分别指代生鲜品供应商、电商平台和整体的生鲜品冷链。

11.2 模型构建与解析

11.2.1 集中决策模型

集中决策下生鲜品供应商与生鲜电商统一决策,共同确定平台售价 p、保鲜努力水平 e、碳减排努力水平 r,重点比较生鲜电商不进行碳减排与进行碳减排后生鲜品冷链整体的收益变化情况。

不考虑碳减排努力水平时,生鲜品冷链整体的期望利润为

$$\Pi_T^1 = (p - c_s - c_r)(d - p\lambda + \alpha e) - \frac{1}{2}\eta e^2 \tag{11-1}$$

考虑碳减排努力水平时,生鲜品冷链整体的期望利润为

$$\Pi_T^2 = (p - \mu c_s - \mu c_r)(d - p\lambda + \alpha e + \beta r) - \frac{1}{2}\eta e^2 - \frac{1}{2}\tau r^2 \tag{11-2}$$

命题 11.1 不考虑生鲜电商平台的碳减排行为时,集中决策机制下的生鲜品冷链最优零售价格、最优保鲜努力水平满足:

$$p_C^{1*} = \frac{d\eta + (c_s + c_r)(\eta\lambda - \alpha^2)}{2\eta\lambda - \alpha^2} \quad e_C^{1*} = -\frac{\alpha(c_s\lambda - d + c_r\lambda)}{2\eta v - \alpha^2}$$

此时生鲜品冷链的整体利润为

$$\Pi_T^{1*} = \frac{\eta(c_s\lambda - d + c_r\lambda)^2}{2(2\eta\lambda - \alpha^2)}$$

证明 对式(11-1)分别求 p,e 二阶偏导可得到

$$\frac{\partial^2 \Pi_T^1}{\partial p^2} = -2\lambda \quad \frac{\partial^2 \Pi_T^1}{\partial e^2} = -\eta \quad \frac{\partial^2 \Pi_T^1}{\partial p \partial e} = 0$$

即有

$$\frac{\partial^2 \Pi_T^1}{\partial p^2} \frac{\partial^2 \Pi_T^1}{\partial e^2} - \frac{\partial^2 \Pi_T^1}{\partial p \partial e} = 2\lambda\eta > 0$$

因此得到方程组并求解

$$\frac{\partial \Pi_T^1}{\partial p} = d + \alpha e - p\lambda + \lambda(c_s + c_r - p) = 0$$

$$\frac{\partial \Pi_T^1}{\partial e} = -e\eta - \alpha(c_s + c_r - p) = 0$$

存在最优的 p^*、e^* 使冷链整体利润最大。

命题 11.2 考虑生鲜电商平台的碳减排行为时，集中决策机制下的生鲜品冷链最优零售价格、最优保鲜努力水平和最优碳减排努力水平满足：

$$p_C^{2*} = \frac{(c_s + c_r)[\beta^2 \eta\mu + (\alpha^2 - \eta\lambda)\tau\mu] - d\eta\tau}{\tau\alpha^2 + \eta\beta^2 - 2\eta\tau\lambda}$$

$$e_C^{2*} = \frac{\alpha\tau[(c_s + c_r)\mu\lambda - d]}{\tau\alpha^2 + \eta\beta^2 - 2\eta\tau\lambda} \quad r_C^{2*} = \frac{\beta\eta[(c_s + c_r)\mu\lambda - d]}{\tau\alpha^2 + \mu\beta^2 - 2\eta\tau\lambda}$$

此时生鲜品冷链的整体利润为

$$\Pi_T^{2*} = \frac{\eta\tau[(c_s + c_r)\mu\lambda - d]^2}{2(2\eta\tau\lambda - \tau\alpha^2 - \eta\beta^2)}。$$

推论 11.1 ① $\frac{\partial p_C^{1*}}{\partial \alpha} > 0, \frac{\partial p_C^{2*}}{\partial \alpha} > 0, \frac{\partial e_C^{1*}}{\partial \alpha} > 0, \frac{\partial e_C^{2*}}{\partial \alpha} > 0, \frac{\partial e_C^{2*}}{\partial \beta} > 0, \frac{\partial \Pi_T^{2*}}{\partial \beta} > 0$；② $e_C^{2*} > e_C^{1*}, \Pi_T^{2*} > \Pi_T^{1*}$；③ 当 $2\eta\tau\lambda > \tau\alpha^2 + \eta\beta^2$ 时，$p_C^{2*} > p_C^{1*}$，当 $2\eta\tau\lambda < \tau\alpha^2 + \eta\beta^2$ 时，$p_C^{2*} < p_C^{1*}$。

推论 11.1 表明集中决策下，无论生鲜电商平台是否会采取碳减排，随着消费者对产品的新鲜度敏感系数 α、电商平台碳减排敏感系数 β 的提高，均会提升生鲜品供应商的保鲜努力水平 e、电商平台的销售价格 p 和冷链整体利润 Π_T。且碳减排后的保鲜水平和冷链期望利润均大于不进行碳减排的同期水准，同时还可以看出碳减排的性价比 β^2/τ 和生鲜品的保鲜效率 α^2/η 会对平台售价 p 产生重要影响，在区间范围 $0 < \alpha^2/\eta + \beta^2/\tau < 2\lambda$ 内，碳减排性价比和保鲜效率越高，越会提高生鲜品的售价，冷链整体收益随之增加，电商平台也越倾向于进行碳减排。

11.2.2 分散决策模型

通过求解集中决策模型可知,当生鲜电商平台进行碳减排时会提升冷链整体收益,因此在下面的模型中,默认生鲜电商平台会进行碳减排。分散决策模式下,生鲜品供应商与生鲜电商平台分别以各自收益最大化为目标,故在Stackelberg博弈框架下有两位决策者,生鲜品供应商作为供应链的主导者,根据目标函数和市场需求反应函数确定批发价格和保鲜努力水平,生鲜电商平台根据目标函数和供应商的决策确定生鲜品平台售价和碳减排水平。

此时,生鲜品供应商的期望利润函数为

$$\Pi_S^D = (w - \mu c_s)(d - p\lambda + \alpha e + \beta r) - \frac{1}{2}\eta e^2 \tag{11-3}$$

生鲜电商平台的期望利润函数为

$$\Pi_R^D = (p - w - \mu c_r)(d - p\lambda + \alpha e + \beta r) - \frac{1}{2}\tau r^2 \tag{11-4}$$

采用逆向归纳法求解该博弈的均衡决策,并整理得到命题3。

命题 11.3 分散决策机制下,生鲜品供应商的最优批发价格、最优保鲜努力水平,生鲜电商平台的最优销售价格、最优碳减排水平满足如下条件:

$$w_D^* = \frac{\beta^2 d\eta - 2d\eta\tau\lambda + (c_s - c_r)\beta^2\eta\mu\lambda + \alpha^2 c_s\tau\mu\lambda - (c_s + c_r)2\eta\tau\mu\lambda^2}{\lambda(\tau\alpha^2 + 2\eta\beta^2 - 4\eta\tau\lambda)}$$

$$e_D^* = \frac{\alpha\tau[(c_s + c_r)\mu\lambda - d]}{\tau\alpha^2 + 2\eta\beta^2 - 4\eta\tau\lambda}$$

$$p_D^* = \frac{\beta^2 d\eta - 3d\eta\tau\lambda + (c_s + c_r)(\beta^2\eta\mu\lambda + \alpha^2\tau\mu\lambda - 2\eta\tau\mu\lambda^2)}{\lambda(\tau\alpha^2 + 2\eta\beta^2 - 4\eta\tau\lambda)}$$

$$r_D^* = \frac{\beta\eta[(c_s + c_r)\mu\lambda - d]}{\tau\alpha^2 + 2\eta\beta^2 - 4\eta\tau\lambda}$$

此时生鲜品供应商的期望利润为

$$\Pi_S^{D*} = \frac{\eta\tau[(c_s + c_r)\mu\lambda - d]^2}{2(4\eta\tau\lambda - \tau\alpha^2 - 2\eta\beta^2)}$$

生鲜电商平台的期望利润为

$$\Pi_R^{D*} = \frac{\eta^2\tau(2\tau\lambda - \beta^2)[(c_r + c_s)\mu\lambda - d]^2}{2(\tau\alpha^2 + 2\eta\beta^2 - 4\eta\tau\lambda)^2}$$

则生鲜品冷链整体的期望利润为

$$\Pi_{\mathrm{T}}^{\mathrm{D}*} = \Pi_{\mathrm{S}}^{\mathrm{D}*} + \Pi_{\mathrm{R}}^{\mathrm{D}*}$$

推论 11.2 ① $\frac{\partial w_{\mathrm{D}}^{*}}{\partial \beta} > 0, \frac{\partial e_{\mathrm{D}}^{*}}{\partial \beta} > 0, \frac{\partial p_{\mathrm{D}}^{*}}{\partial \beta} > 0, \frac{\partial r_{\mathrm{D}}^{*}}{\partial \beta} < 0$;② 当 $a^{2}/\eta + 2\beta^{2}/\tau > 4\lambda$ 时,$\frac{\partial \Pi_{\mathrm{T}}^{\mathrm{D}*}}{\partial \beta} > 0$,当 $a^{2}/\eta + 2\beta^{2}/\tau < 4\lambda$ 时,$\frac{\partial \Pi_{\mathrm{T}}^{\mathrm{D}*}}{\partial \beta} < 0$;③ 当 $\beta^{2}/\tau < 2\lambda$ 时,$p_{\mathrm{C}}^{2*} > p_{\mathrm{D}}^{*}, e_{\mathrm{C}}^{2*} > e_{\mathrm{D}}^{*}, r_{\mathrm{C}}^{2*} > r_{\mathrm{D}}^{*}, \Pi_{\mathrm{T}}^{\mathrm{C}*} > \Pi_{\mathrm{T}}^{\mathrm{D}*}$。

推论 11.2 表明,分散决策下,随着碳减排敏感系数的增加,均会提升农产品保鲜努力水平、批发价格和零售价格,但是会降低碳减排努力水平。同时发现当碳减排性价比 $2\beta^{2}/\tau$ 与保鲜效率 a^{2}/η 之和大于价格敏感系数 4λ 时,消费者对生鲜品的质量和低碳的偏好得以满足,增加了产品需求量和冷链利润。与集中决策相比,分散决策下的保鲜努力水平、碳减排努力水平以及冷链整体期望利润均有所下降,这是因为生鲜品供应商和生鲜电商平台均以自身利润最大化为目标,不考虑整体利润,即存在"双重边际效应"。生鲜电商采取碳减排后,供应商通过"搭便车"获取部分收益,挫伤了生鲜电商的减排积极性,在后续模型中应考虑加入激励契约实现冷链收益协调。

11.2.3 风险中性态度下的契约激励模型

分散决策下由于生鲜品的保鲜成本和碳减排成本被放大两次,增加了生鲜品冷链的总成本,使得保鲜努力水平、碳减排努力水平和平台售价发生扭曲,不能保障冷链系统的整体利润最优。因此,假设该生鲜品冷链成员均持有风险中性态度时,设计收益共享-成本分担的混合契约,激励生鲜电商进行碳减排,使其达到集中模式下的最优利润水平。生鲜品供应商以成本价格向生鲜电商平台批发($w = \mu c_{s}$),生鲜电商平台按照 $1-k$($0 < k < 1$)的比例将收益共享给生鲜农产品供应商,同时生鲜品供应商分担生鲜电商的碳减排成本比例为 φ($0 < \varphi < 1$)。即生鲜电商平台和生鲜品供应商的期望利润函数分别为

$$\Pi_{\mathrm{R}}^{\mathrm{N}} = k(p - \mu c_{s} - \mu c_{r})(d - p\lambda + ae + \beta r) - \frac{1}{2}(1-\varphi)\tau r^{2} \quad (11-5)$$

$$\Pi_{\mathrm{S}}^{\mathrm{N}} = (p - \mu c_{s})(1-k)(d - p\lambda + ae + \beta r) - \frac{1}{2}\eta e^{2} - \frac{1}{2}\varphi\tau r^{2} \quad (11-6)$$

命题11.4 存在契约组合参数(k_N^*, φ_N^*)，使得生鲜品冷链系统达到协调状态，并使电商平台和生鲜品供应商的利润得到帕累托改进。

证明 令$\frac{\partial \Pi_S^N}{\partial e}=0$，有$e_N=-e\eta-\alpha(p-c_s\mu)(k-1)$，若要使得收益共享-成本分担的混合契约能够实现生鲜品冷链的协调，应有$p_C^*=p_N, e_C^*=e_N$，$r_C^*=r_N$，则由此可得

$$k_N=\frac{c_r[\tau\mu\alpha^2+\eta\mu\beta^2-(1+\eta)2\tau\mu\lambda]+d\tau}{c_r\mu(\beta^2\eta+\alpha^2\tau)-d\eta\tau+(c_s-c_r)\eta\tau\mu\lambda}$$

混合契约有效的条件为

$$\Pi_R^{N*}>\Pi_R^{D*}, \Pi_S^{N*}>\Pi_S^{D*}$$

混合契约模式下生鲜电商平台的利润大于分散模式下生鲜电商平台的利润，即

$$\Pi_R^{N*}-\Pi_R^{D*}>0$$

可得

$$\varphi_N<\frac{2\eta^2\tau\lambda[(c_s+c_r)\mu\lambda-d]}{\beta^2[(\tau\alpha^2+\eta\beta^2)c_r\mu+\eta\tau(c_s-c_r)(\mu\lambda-d)]}$$

由混合契约模式下生鲜品供应商的利润应大于分散模式下生鲜品供应商的利润，即

$$\Pi_S^{N*}-\Pi_S^{D*}>0$$

可得

$$\varphi_N>\frac{2\tau\lambda}{b^2}$$

因此当$\frac{2\tau\lambda}{b^2}<\varphi_N<\frac{2\eta^2\tau\lambda[(c_s+c_r)\mu\lambda-d]}{\beta^2[(\tau\alpha^2+\eta\beta^2)c_r\mu+\eta\tau(c_s-c_r)(\mu\lambda-d)]}$时，此混合契约$(k_N^*, \varphi_N^*)$有效，证明完毕。

命题11.5 收益共享-成本分担混合契约下，生鲜品供应商的最优保鲜努力水平，生鲜电商平台的最优销售价格、最优碳减排水平满足如下等式。

$$e_N^*=[\alpha(\beta^2\tau((k+\varphi-1)c_r k\mu\lambda+(c_s\mu\lambda-d)k^2\varphi)$$
$$-2\tau^2\lambda(d-c_s\mu\lambda)(k-1)(\varphi-1)^2)]/$$
$$[\alpha^2\beta^2k^2\varphi\tau+2\lambda\alpha^2\tau^2(k-1)(\varphi-1)^2$$
$$+(k\beta^2+(\varphi-1)4\tau\lambda)\eta\beta^2k+4\eta^2\lambda^2(\varphi-1)^2]$$

$$p_N^*=[k(-c_r\mu\lambda\tau^2\alpha^2(\varphi-1)^2-\tau\beta^2(\varphi-1)((c_r+c_s)\eta\mu\lambda-d\eta))$$

$$+\tau(\varphi-1)^2(2d\eta\lambda+c_r\tau\mu\lambda\alpha^2)+(c_r\varphi-c_s-c_r)2\eta\tau\mu\lambda^2+2c_s)]/$$
$$[(\varphi\tau\alpha^2\beta^2k^2+2\lambda\tau^2(\alpha^2k-\alpha^2+2\eta\lambda)(\varphi-1)^2+$$
$$(\varphi-1)4\eta k\tau\lambda\beta^2+\eta\beta^4k^2)+u(c_r+c_s)]$$

$$r_N^* = [\beta^3((((c_s+c_r)\eta\lambda-d)k^2\eta)-\beta\tau(k(1-\varphi)((c_s+c_r)2\eta\mu\lambda^2$$
$$+(k-1)c_r\mu\lambda\alpha^2-2d\eta\lambda)))]/$$
$$[\varphi\tau\alpha^2\beta^2k+(((k-1)\alpha^2+2\eta)2\tau^2\lambda^2)(\varphi-1)^2$$
$$+\eta\beta^2k((\varphi-1)4\tau\lambda+\beta^2k)]$$

将各最优决策参数 k_N^*、φ_N^*、p_N^*、e_N^* 和 r_N^* 代入式(11-5)和式(11-6)可得到均衡时生鲜品供应商、生鲜电商平台和冷链整体的期望利润分别为 Π_S^{N*}、Π_R^{N*} 和 Π_T^{N*}。

从命题 11.4 和命题 11.5 可知,实施混合契约使得生鲜品供应商的保鲜努力水平、生鲜电商平台的碳减排努力水平以及冷链系统利润均达到了集中决策时的最优水平且各参与方的利润相较于分散模式下均有增加。可见实施该契约能激励生鲜电商平台投资碳减排,并转变生鲜品供应商的获利方式,即从赚取利润差价模式变为分享生鲜电商平台利润模式,并分担了部分生鲜电商平台的碳减排成本,基于此种协调方式有利于拉动需求,增加生鲜电商平台的流量,提高生鲜品供应链流通环节中产品的质量和知名度。

11.2.4 风险规避态度下的契约激励模型

面对错综复杂的市场环境,企业决策者有着风险中性和风险规避两种截然不同的风险偏好,对于风险规避型决策者来说,风险程度的增加会刺激决策者对不确定性的厌恶情绪,转而寻求更保险的经营策略。根据 Choi(2019)的研究可知,具有风险特性的零售商会综合考虑期望收益与预期收益方差的大小,本章采用均值-方差法度量此生鲜品冷链成员的效用:$U(\Pi) = E(\Pi) - \gamma\sqrt{\text{var}(\Pi)}$,$E(\Pi)$ 为决策者的期望利润,$\text{var}(\Pi)$ 为期望收益的方差,$\gamma(\gamma > 0)$ 为成员的风险规避系数,γ 的数值越大表明风险规避意愿越强烈,$\gamma = 0$ 时表示决策者为风险中性。同时,由于本章主要讨论生鲜电商平台碳减排的激励策略,因此假设只考虑生鲜电商平台在风险规避态度下进行碳减排,并与生鲜品供应商签订混合契约,不考虑生鲜品供应商的风险偏好。在此决策情景下,生鲜品供应商和生鲜电商平台的期望效用函数分别为

$$U(\Pi_S^Y) = (p - \mu c_s)(1-k)(d - p\lambda + \alpha e + \beta r) -$$

$$\frac{1}{2}\eta e^2 - \frac{1}{2}\varphi\tau r^2 \tag{11-7}$$

$$U(\Pi_R^Y) = k(p - \mu c_s - \mu c_r)(d - p\lambda + \alpha e + \beta r) - \\ \frac{1}{2}(1-\varphi)\tau r^2 - \gamma(p - \mu c_s - \mu c_r)^2\sigma^2 \tag{11-8}$$

命题 11.5 当生鲜电商平台持有风险规避态度时，同样存在一个混合契约参数(k_Y, φ_Y)，使得生鲜品冷链的整体期望效用达到协调：

$$k_Y = \frac{(1-\varphi)\beta + [1-\varphi(\beta^2(1-\varphi) + 8\sigma^2\gamma\tau)]^{1/2}}{2\beta}$$

$$\varphi_Y > A = tv[(2tv - b^2)(-b^6 - 4b^4f^2gt + 2vb^4t \\ + 8vb^2f^2gt^2 + 4(2v + 3b^2)f^4g^2t^2)]^{1/2} - \\ 2f^2gt(2t^2v^2 + b^4 - b^2tv) + b^2tv(b^2 - 2tv)$$

$$\varphi_Y < B = \lambda[c_r\mu(\tau\alpha^2 + \eta\beta^2) - d\eta\tau + (c_s - c_r)\eta\tau\mu\lambda][((c_s - c_r)((\Delta + \\ 2\beta^2c_r + 4\sigma^2\gamma\tau)\eta\tau\mu\lambda^2 - \beta^4\eta\mu\lambda) + (\alpha^2 + \beta^2)c_r\eta\mu\lambda\Delta + (\tau\alpha^2 + \\ \eta\beta^2)4c_r\gamma\tau\mu\lambda\sigma^2 + (2\alpha^2\beta^2 + \Delta)c_r\tau\mu\lambda + (\beta^2 - 2\tau\lambda)\beta^2d\eta - \\ 4d\sigma^2\gamma\eta\lambda\tau^2 - d\eta\tau\lambda\Delta)]/[\beta^4\eta((c_s + c_r)\mu\lambda - d)(\beta^2d\eta - \\ 2d\eta\tau\lambda + 2\alpha^2c_r\tau\mu\lambda + (c_s - c_r)(2\tau\lambda - \beta^2)\eta\mu\lambda]$$

即当$\varphi_Y \in (A, B)$时，此混合契约(k_Y^*, φ_Y^*)有效。

命题 11.6 生鲜电商平台持有风险规避态度的混合契约模式下，生鲜品供应商的最优保鲜努力水平、生鲜电商平台的最优销售价格、最优碳减排水平为

$$e_Y^* = [((\alpha k\tau(1-\varphi)(k-1)(d - \lambda\Delta_3/\Delta_1 + \beta^2k^2((c_s + c_r)\mu\lambda - d)/\Delta_1))/\Delta_1 \\ - (\Delta_3/\Delta_1 - c_s\mu)(k-1)\Delta_2 + (\alpha\varphi\tau\mu\lambda\beta^2k^4(c_s + c_r) - d)/\Delta_1^2]/ \\ [\eta - 2\alpha k\tau(1-\varphi)(k-1)\Delta_2/\Delta_1 + \varphi\tau\alpha^2\beta^2k^4/\Delta_1^2]$$

$$p_Y^* = [(\varphi - 1)dk\tau + (c_s + c_r)(\beta^2k^2\mu - k\tau\mu\lambda) - 2(c_s + c_r)\sigma^2\gamma\tau\mu \\ + (\varphi - 1)\Delta_6/\Delta_5 + 2(c_s + c_r)(f^2g + kv)m\tau\mu)/\Delta_1$$

$$r_Y^* = \beta k^2[(c_s + c_r)\mu\lambda - d - \alpha k(\Delta_7/\Delta_1 - \Delta_6)/\Delta_5]/\Delta_1$$

其中，有

$$\Delta_1 = \beta^2k^2 + 2\tau(\varphi - 1)(kv + \sigma^2\gamma)$$

$$\Delta_2 = \alpha + [\lambda\alpha k\tau(1-\varphi) - \alpha\beta^2k^2]/\Delta_1$$

$$\Delta_3 = (\varphi - 1)dk\tau + (c_s + c_r)[\beta^2k^2\mu + (\varphi - 1)(2\delta^2\gamma\tau\mu + k\tau\mu\lambda)]$$

$$\Delta_4 = \Delta_3/\Delta_1$$

$$\Delta_5 = (\eta - (2\alpha k\tau(1-\varphi)(k-1)(a+\lambda\alpha k\tau(1-\varphi))/\Delta_1 -$$
$$(\alpha\beta^2 k^2)/\Delta_1))/\Delta_1 + (\alpha^2\beta^2 k^4\varphi\tau)/\Delta_1^2$$
$$\Delta_6 = (\Delta_4 + c_s\mu)(k-1)[\alpha + \lambda((1-\varphi)\alpha k\tau - \alpha\beta^2 k^2)/\Delta_1]$$
$$+ \alpha\varphi\tau\beta^2 k^4[(c_s + c_r)\mu\lambda - d]/\Delta_1^2$$
$$\Delta_7 = \alpha k\tau(1-\varphi)(k-1)d - \lambda\Delta 4 + \beta^2 k^2((c_s + c_r)\mu\lambda - d)/\Delta_1$$

将各最优决策参数 k_Y^*、φ_Y^*、p_Y^*、e_Y^* 和 r_Y^* 代入式(11-7)式(11-8)即可得到风险规避均衡策略下生鲜品供应商、生鲜电商平台和冷链整体的期望效用分别为 $U(\Pi_S^{Y*})$、$U(\Pi_R^{Y*})$ 和 $U(\Pi_T^{Y*})$。

推论 11.3 ① $\frac{\partial e_Y^*}{\partial \gamma} < 0, \frac{\partial p_Y^*}{\partial \gamma} < 0, \frac{\partial r_Y^*}{\partial \gamma} < 0$；② $\frac{\partial U(\Pi_S^{Y*})}{\partial \gamma} < 0, \frac{\partial U(\Pi_R^{Y*})}{\partial \gamma} < 0, \frac{\partial U(\Pi_T^{Y*})}{\partial \gamma} < 0$；③ $U(\Pi_S^{Y*}) > \Pi_S^{D*}, U(\Pi_R^{Y*}) > \Pi_R^{D*}, U(\Pi_T^{Y*}) > \Pi_T^{D*}$。

在生鲜电商平台持有风险规避态度时，该混合契约同样发挥激励作用，能够提高碳减排努力水平，在一定阈域内，实现生鲜农产品供应商、电商平台以及冷链整体期望效用的改进。同时可以看出成员风险防范意识越高，越不利于冷链系统做出最优决策及协调。

11.3 算例仿真

为检验模型的有效性，结合生鲜品冷链运营实践及生鲜电商平台线上销售数据，采用数值算例进一步分析生鲜品冷链的最优碳减排决策及激励协调策略，并对碳减排敏感系数、收益共享-成本分担系数和风险规避系数等参数的稳健程度进行分析。对各参数的赋值如表11-1所示。

表 11-1 模型参数的基准取值

c_s	c_r	d	λ	η	τ	α	μ	σ
8	2	200	4	5	4	2	0.7	2

11.3.1 碳减排敏感系数对生鲜品冷链系统的影响

根据假设条件及推论11.2可知，碳减排性价比和保鲜效率的取值范围必须满足条件:$0<\alpha^2/\eta+\beta^2/\tau<2\lambda$,则碳减排敏感系数 β 的取值范围为(0,5)。因此当混合契约的参数 $k=0.3, \varphi=0.6$ 为固定组合时,假设 β 在[1,5]的区间范围内变化,进而得到集中决策、分散决策及混合契约协调决策下生鲜品冷链最优决策及期望利润的变化轨迹,如图 11-2 所示。

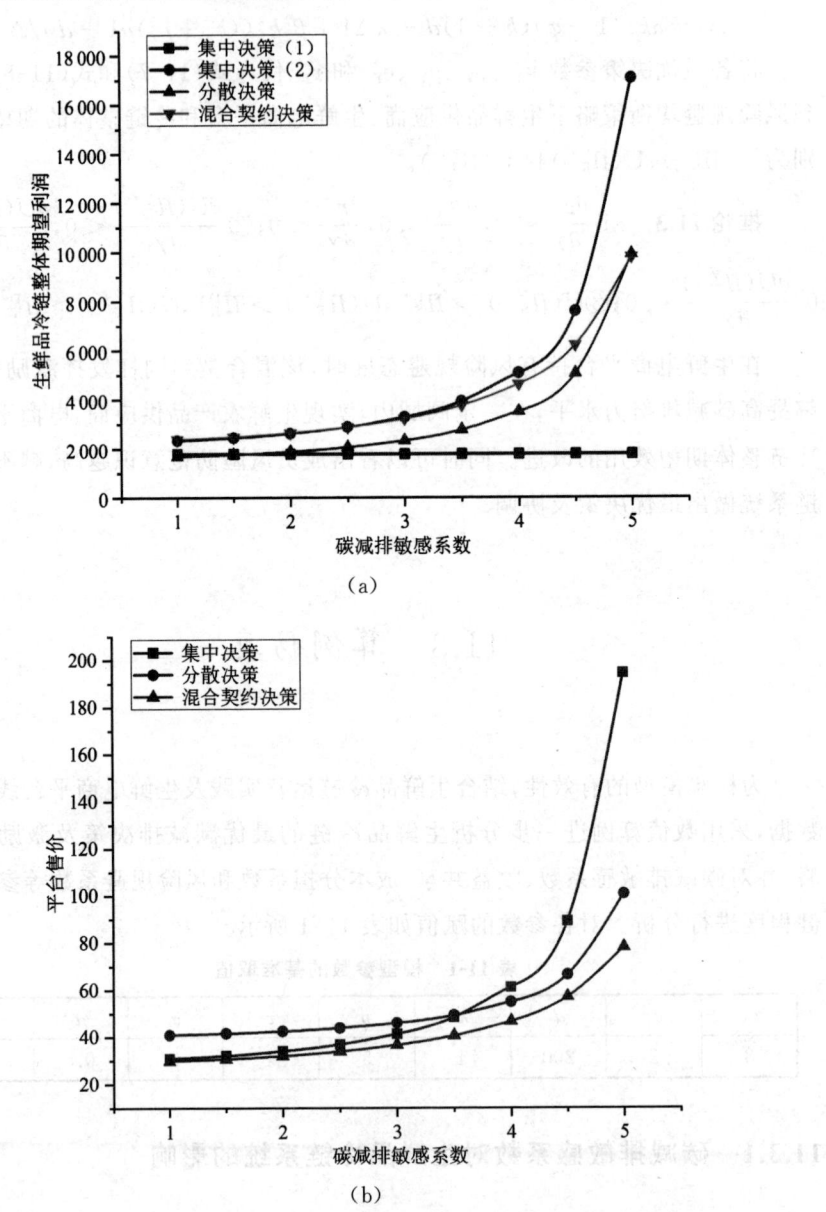

图 11-2 不同决策模式下碳减排敏感系数 β 对生鲜品冷链系统的影响

(c)

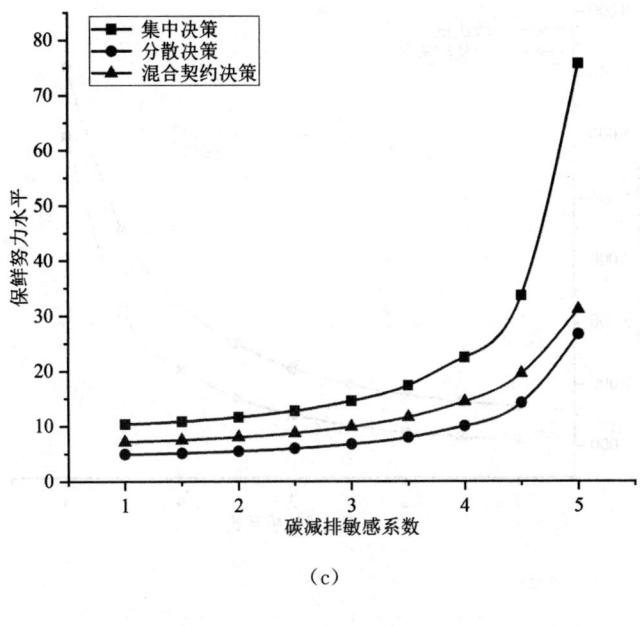

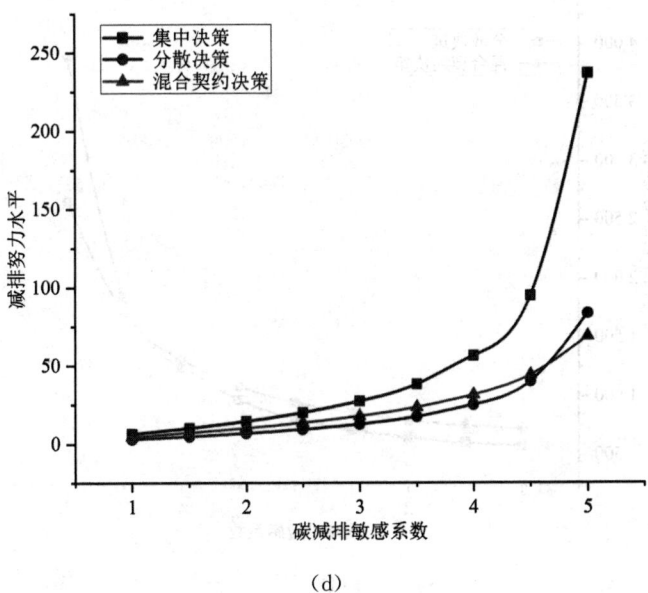

(d)

图 11-2　不同决策模式下碳减排敏感系数 β 对生鲜品冷链系统的影响(续)

(e)

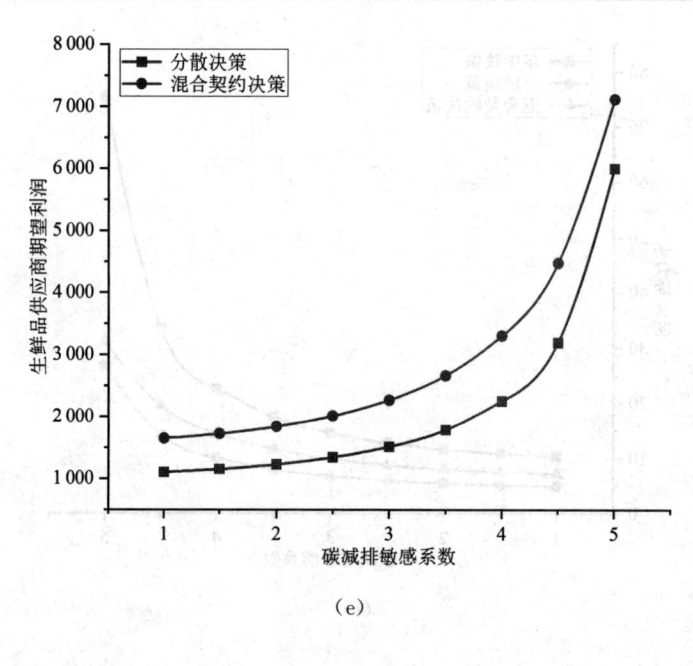

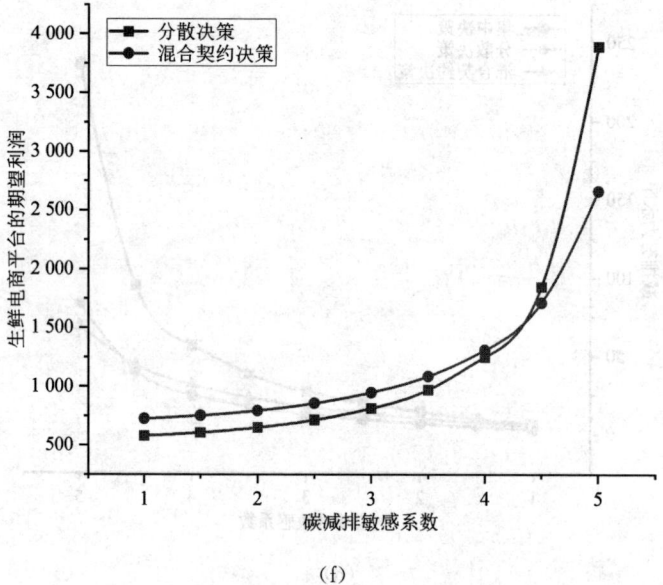

(f)

图 11-2　不同决策模式下碳减排敏感系数 β 对生鲜品冷链系统的影响（续）

从图 11-2(a)可以看出，当生鲜电商平台选择进行碳减排时，无论在何种决策模式下，生鲜品冷链整体期望利润均会大幅提升，且集中决策模式下的整体期望收益最大。这是因为集中决策模式下，生鲜电商平台省去了批发议价环节,同时通过碳减排增加了生鲜品的市场份额。从图 11-2(b)~图 11-2(d)可知,随着碳减排敏感系数 β 的增加,生鲜电商平台最优售价 p^*、碳减排努力水平 r^* 和生鲜品供应商保鲜努力水平 e^* 会随之提高,但混合契约模式下生鲜品的平台售价均会低于同等条件下集中决策和分散决策的售价,并且减排努力水平和保鲜努力水平会优于分散决策的情形、劣于集中决策的情形。这时生鲜电商平台为了回收碳减排投入成本和扩大盈利,会采取涨价策略,但为保持契约双方的合作稳定和维护品牌声誉,平台售价不会出现高额涨幅。最后,从图 11-2(e)~图 11-2(f)可以看出,引入混合契约后生鲜品供应商和生鲜电商平台的期望利润均优于分散决策模式,生鲜品冷链的整体收益得以协调优化,但碳减排敏感系数 β 越趋近于 5 时,混合契约越趋向于失效,说明此时进行碳减排投资的性价比不高。

11.3.2 混合契约参数对生鲜品冷链系统的影响

固定碳减排敏感系数 β 取值为 5,令混合契约参数 (k,φ) 在 $[0.1,0.9]$ 区间范围内变化,得到在风险中性态度下混合契约对生鲜品冷链最优决策及成员期望利润的变化轨迹,如图 11-3 所示。

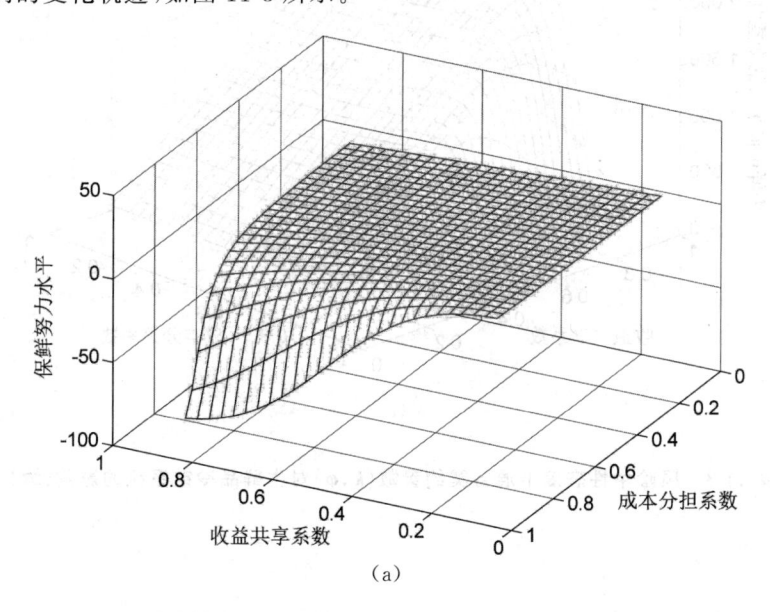

(a)

图 11-3 风险中性态度下混合契约参数 (k,φ) 对生鲜品冷链系统的影响

(b)

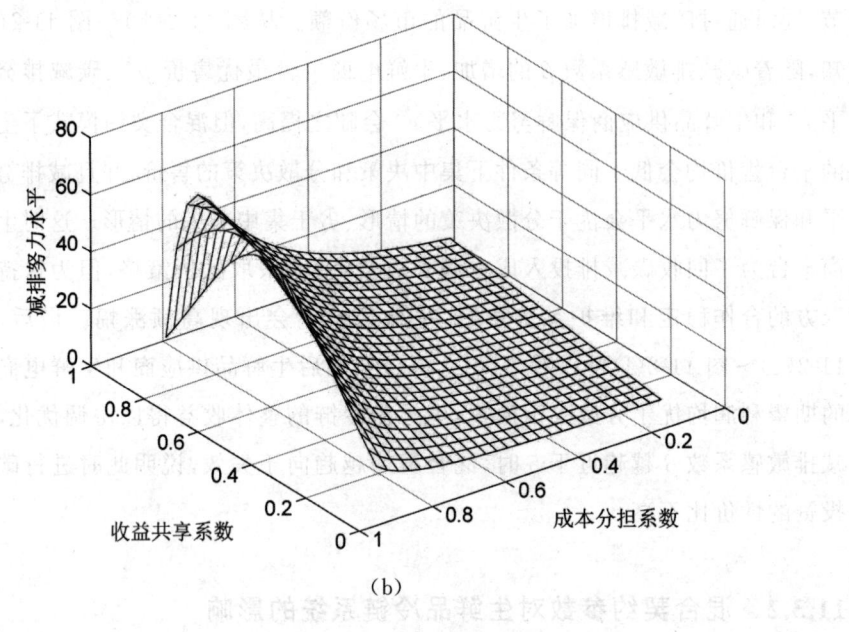

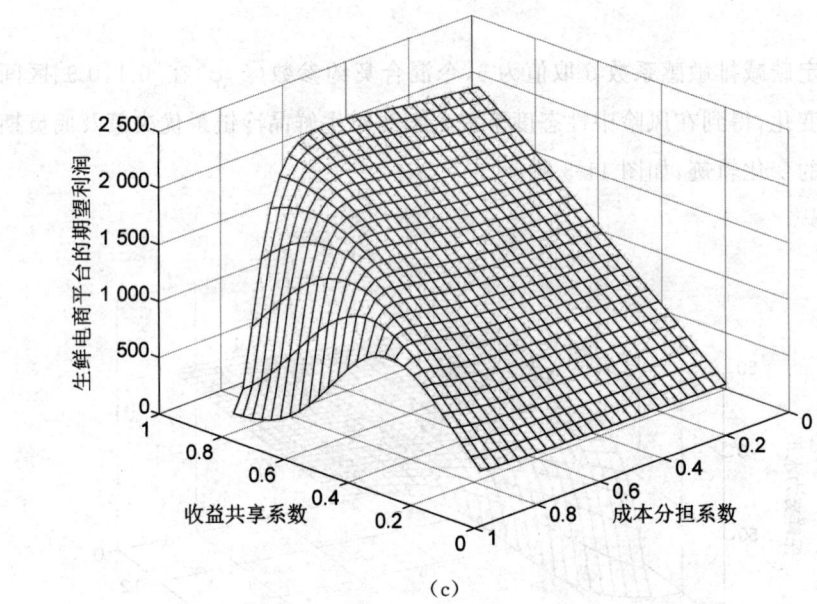

(c)

图 11-3 风险中性态度下混合契约参数 (k, φ) 对生鲜品冷链系统的影响（续）

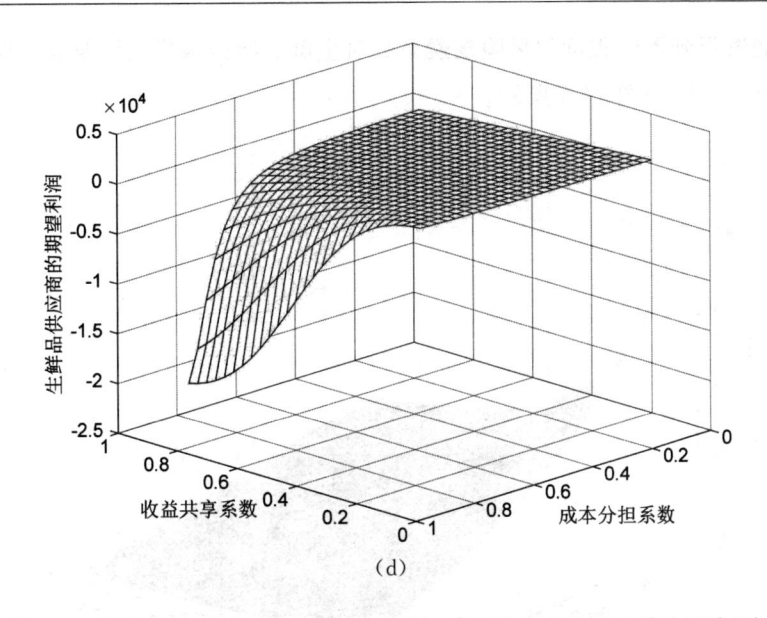

图 11-3 风险中性态度下混合契约参数(k,φ)对生鲜品冷链系统的影响(续)

从图 11-3(a)和图 11-3(b)可知,随着收益共享系数 k 的增加,生鲜品供应商的保鲜努力水平 e 会逐渐降低,生鲜电商平台的碳减排努力水平 r 会逐渐提升;而随着成本分担系数 φ 的增加,供应商的保鲜努力水平 e、电商平台的碳减排努力水平 r 均会增加;同时,当混合契约参数(k,φ)在一定阈值时,使得保鲜努力水平、数据营销努力水平达到最大值后,高于此阈值,e 和 r 会呈现快速下降趋势,出现小于零的情况。就收益共享与成本分担两种契约比较而言,生鲜品供应商会倾向于收益共享,得到由于电商平台采取碳减排的"搭便车"收益,对于这种情形,增加碳减排成本分担契约后能较好地解决此问题,保持较优的保鲜努力水平和碳减排努力水平。从图 11-3(c)和图 11-3(d)可知,随着收益共享系数 k 的增加,生鲜品供应商的期望利润逐渐降低,生鲜电商平台的期望利润逐渐增加;而随着成本分担系数 φ 的增加,生鲜品供应商、生鲜电商平台的期望利润均会增加;同时可知收益共享系数对冷链系统的影响比成本分担系数更加显著,因此双方签订混合契约时,应更加审慎地对待收益的分配比例。

11.3.3 风险规避系数对生鲜品冷链系统的影响

在其他参数条件不变情形下,使风险规避系数 γ 在$[0.1,0.9]$区间范围内变化，能够得到不同程度的风险规避系数对生鲜品冷链最优决策及成员期望效用的变化轨迹，如图 11-4 所示。

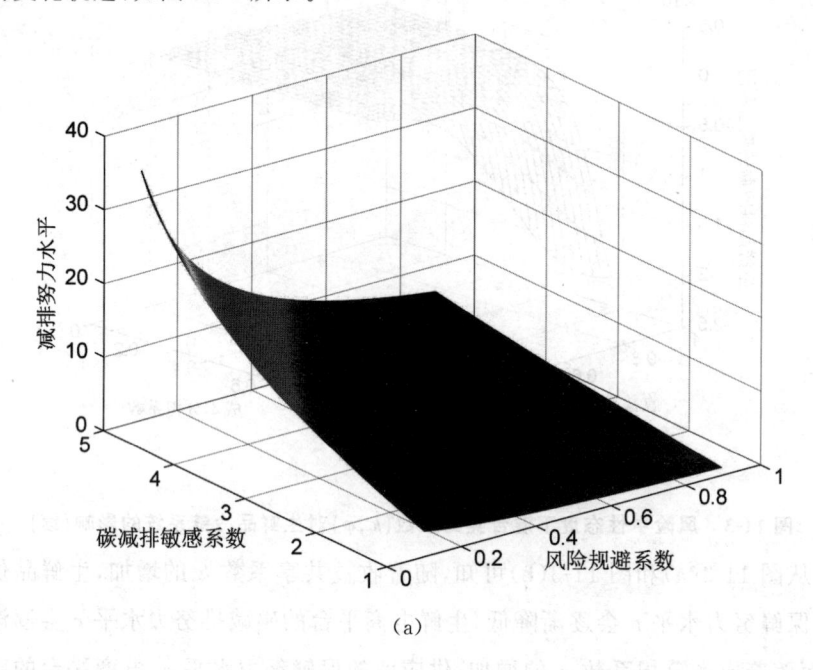

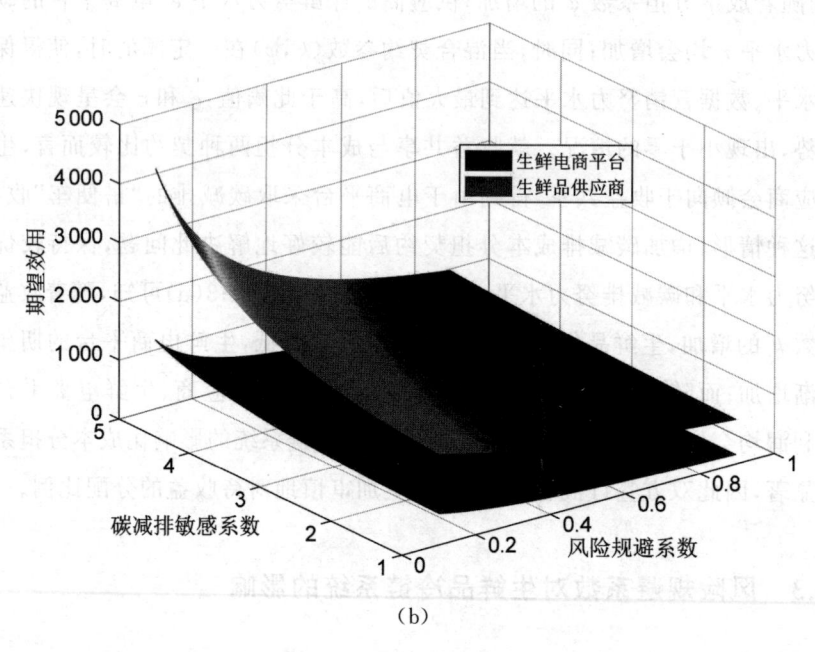

(a)

(b)

图 11-4　风险规避系数 γ 对供应链系统的影响

(c)

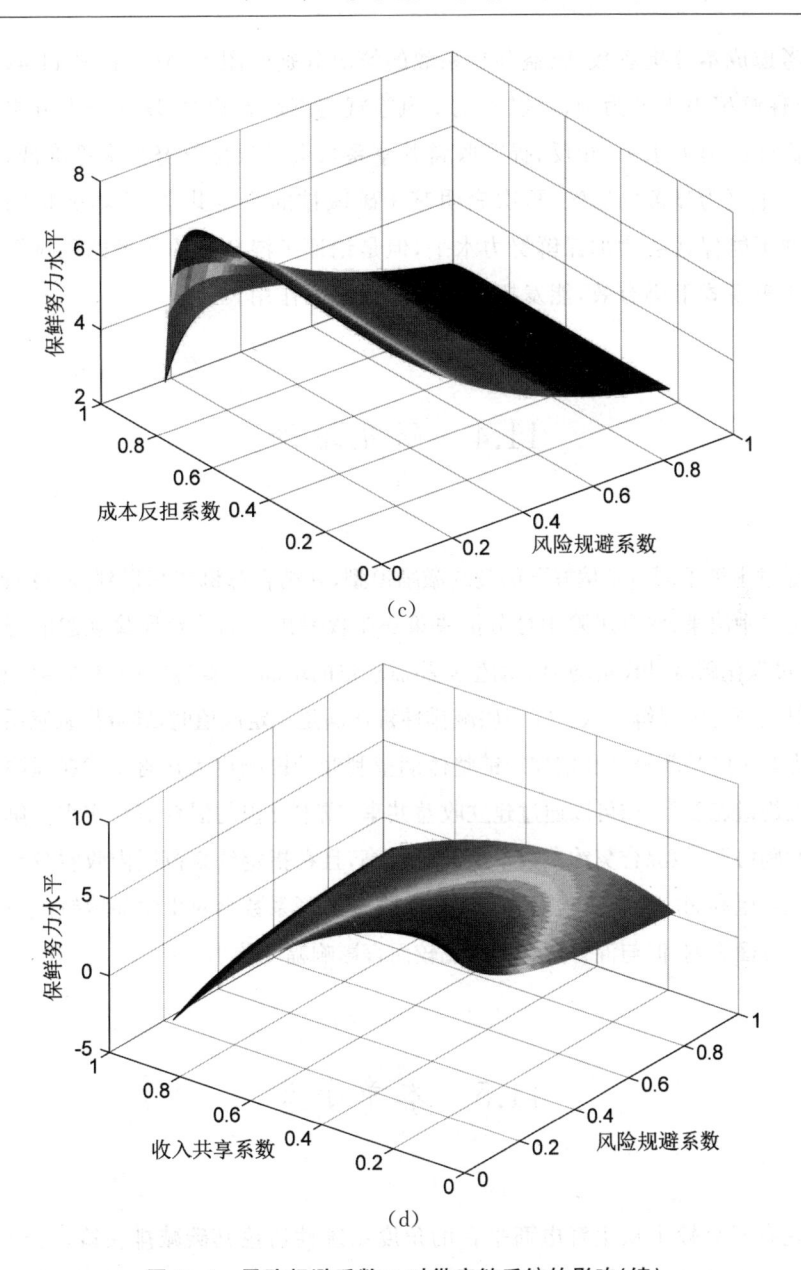

(d)

图 11-4　风险规避系数 γ 对供应链系统的影响（续）

从图 11-4(a) 和图 11-4(b) 易知，当风险规避态度系数升高，即生鲜电商平台的风险防范意识增强时，此时碳减排努力水平和生鲜品冷链成员的期望效用均会呈小幅下降趋势，但此时碳减排敏感系数的影响更为显著，说明只要碳减排带来的收益足够大，持有风险规避态度的生鲜电商平台仍愿意进行碳减排投资。考虑成本分担系数、收益共享系数的情况分别如图11-4(c)和图11-4(d)所示,以保鲜努力水平为例,可以发现受风险规避态度影响时,增加成本分担系数能提高保鲜努力水平,相反,提升收益共享系数会导致保鲜努力水平降低,且这二者产生更为显著的影响,再次表明基于碳减排的收益共享-成本分担的混合契约并不能保证会增加保鲜努力水平,但是论证了混合契约在考虑风险规避态度的决策模式下仍有效,能发挥较好的激励协调作用。

11.4 研究结论

通过求解不同风险偏好下的契约激励模型,并结合算例仿真得到如下结论:①无论是集中决策、双方风险中性分散决策还是仅考虑电商平台风险规避的分散决策,通过强化碳减排投资均会带动生鲜品需求量的增加,提高冷链的整体期望利润,倒逼供应商加强保鲜投入。②当碳减排性价比满足一定阈值时,碳减排敏感系数越高对提升生鲜品新鲜度和增加冷链整体期望利润的影响更为显著。③在风险中性和风险规避态度下,均可以通过建立收益共享-成本分担的混合契约实现生鲜品冷链的激励协调,但混合契约参数不能设定过高,且在指定约束范围内收益分享系数对系统期望利润的影响更为显著。④风险规避态度系数会对生鲜品冷链成员的决策产生负面影响,但与混合契约参数比较而言影响幅度较小。

11.5 本章小节

现有研究较少从生鲜电商平台的角度系统性讨论其碳减排决策,对于冷链协调的激励设计和成员的风险偏好关注不足。本章构建了由生鲜品供应商和生鲜电商平台组成的二级供应链,考虑生鲜电商平台的碳减排决策,分析集中、分散、风险中性和风险规避四种决策模式下,生鲜品冷链系统及其成员的最优决策和收益水平的变化,并引入收益共享-成本分担的混合契约,实现生鲜品冷链的激励协调,可为生鲜品冷链碳减排决策、成员合作激励机制设计提供思路。

第12章 考虑低碳技术研发方的生鲜品冷链多主体协同演化模型

我国每年在物流方面(以运输为主)产生的碳排放量仅次于电力工业,而生鲜品冷链物流作为物流服务的重要组成部分,由于运输难度大、冷藏设备要求高和低碳技术创新不足等特点,导致其单位服务的排放量远高于普通物流。针对如何促进冷链物流低碳技术协同创新行为这一亟待解决的难题,本章以低碳技术研发方、冷链物流企业为低碳技术协同创新研发主体,并考虑生鲜供应商对物流的选择以及政府规制对协同创新策略选择的影响,构建四方主体参与的演化博弈模型,对生鲜冷链物流低碳技术的协同创新行为进行分析,发掘不同主体的决策机制,并深入探讨不同因素对主体协同创新决策的影响作用。

一些学者对如何降低生鲜冷链物流过程中碳排放的问题进行了研究和探讨,Zhang 等(2021)以低碳为目标对冷链物流配送路径和节点选址进行了优化;Ma 等(2021)、张芳等(2021)运用博弈模型研究了生鲜冷链供应链成员的低碳行为。事实上实现低碳经济,进行低碳技术创新是全球的当务之急,Martiskainen(2012)认为低碳技术大规模扩散是减缓气候变化的一个重要策略。Teixido 等(2019)认为低碳技术创新能够推动低碳技术发展,是实现低碳经济的有效方法。董景荣等(2021)认为绿色技术创新能带来技术进步和节能减排双重收益,是实现经济发展与环境保护并行不悖的有效手段。史安娜等(2019)通过长江经济带的数据证实低碳技术创新能够抑制碳排放的增加。由此看来,低碳技术创新是减少碳排放的有效手段。关于如何驱动低碳技术创新,学者们进行了大量研究。王为东等(2020)研究发现中国碳排放权交易能促进低碳技术创新;罗敏等(2018)认为完善低碳政策是提高低碳技术创新内、外部动力因素动力效能的有效途径;熊广勤等(2020)验证了低碳试点城市政策能够显著提高试点城市内高碳排放企业的绿色技术创新水平;范德成(2021)研究发现碳减排联盟对企业低碳技术创新产生正向影响。但由于低碳技术创新投入大、市场风险高、失败风险高等原因，导致我国目前低碳技术创新动力不足(Chen，X.，Wang，X. and Xia，Y.，2021)。协同创新作为当今科技创新的新范式，是一种以企业、大学、研究机构为核心要素，以政府、金融机构、中介组织等为辅助要素的多元主体协同互动的创新模式，能够实现创新主体间信息与知识的分享和整合、资源的优化配置、行动最优同步、系统的要素匹配，从而能够有效降低风险和成本。朱莹等(2017)、孙振清等(2021)的研究均表明协同创新对减少碳排放的正向作用。除此以外，Park 等(2018)还研究了不同合作方式下 ICT 低碳技术产业链协同创新行为，发现政府补贴和固定支付方式能够激励企业协同创新投入；方放等(2016)研究发现有效的公共部门与私有部门投资者协同创新模式可以有效推进低碳技术创新进程；崔和瑞等(2019)通过构建演化博弈模型对产学研低碳技术协同创新的演化博弈策略进行研究发现，研发成本和知识溢出效应对协同创新有反向抑制作用，而成本分摊比例和收益分配比例的影响是非单向的。通过上述文献梳理可以发现，低碳技术协同创新是减少碳排放的有效途径，但是聚焦冷链物流低碳技术协同创新的研究还较少。因此，为推动生鲜冷链物流低碳技术协同创新，本章以低碳技术研发方、冷链物流企业、生鲜供应商以及政府为参与主体，构建演化博弈模型，探讨各主体策略选择的稳定性。

12.1 问题描述

本章研究涉及的主体主要有低碳技术研发方(包括大学、研究机构或者技术研发企业等提供低碳技术创新服务的主体)、冷链物流企业、生鲜供应商以及政府，其中低碳技术研发方可以通过进行信息系统研发、能源汽车研发、车辆调度系统开发、保鲜技术升级及优化包装材料等为冷链物流企业节省能源消耗。低碳技术研发方可以选择的策略集为(协同创新，不协同创新)，对应的概率分别为 $x,1-x$；冷链物流企业的策略集为(协同创新，不协同创新)，对应的概率分别为 $y,1-y$；生鲜供应商可以选择与低碳技术协同创新的冷链物流企业合作，也可以选择不与低碳技术协同创新的冷链物流企业合作，其策略集为(选择创新技术，不选择创新技术)，对应的概率分别为 $m,1-m$；政府的策略集为(规制，不规制)，对应的概率分别为 $z,1-z$。

根据研究需要,做出以下假设。

(1)假设冷链物流企业不具有独立低碳技术研发创新能力,低碳技术研发方可以独立进行低碳技术研发,基础创新成本为 C_Y,为方便分析研究,假设 $C_Y=0$,达到的单位碳减排效果为 e_2。当双方选择协同创新时,由于双方能够实现关键信息共享,能够准确捕捉冷链物流高碳排放的痛点,因此获得比低碳技术研发方独自创新更优的单位碳减排效果 e_1,为此,双方需要多付出协同成本 C,并以比例 β 和 $1-\beta$ 进行分摊,双方的收益分享比例分别为 α 和 $1-\alpha$;当双方均选择不协同创新时,由低碳技术研发独自研发新低碳技术,再由冷链物流企业购买技术,单位购买价格为 c_1;当一方协同创新,另一方不协同创新时,协同创新合约失效,低碳技术只能保持技术研发方独自创新的水平 e_2。

(2)假设碳排放量的减少并不以生鲜商品的新鲜度为代价,即在技术创新前后生鲜商品既定的新鲜度是一致的,冷链物流企业的初始单位碳排放量为 e_0。

(3)假设当冷链物流企业实现的碳减排为 e_2 时,生鲜供应商愿意付出的单位服务费为 w_2,此时生鲜产品定价为 p_1;当冷链物流企业实现的碳减排为 e_1 时,生鲜供应商愿意付出的单位服务费为 w_1,此时生鲜产品定价为 p。消费者的需求量始终为 Q,不考虑价格影响。

(4)假设政府规制的途径有两种,一是通过碳交易机制进行规制,即实行碳排放限额交易并对交易额征税,给予冷链物流企业的碳限额为 E,碳交易价格为 h,交易额税率为 T。二是激励手段,包括①对消费者进行低碳宣传教育,消费者因此产生低碳偏好 μ,则消费者对生鲜产品的需求变为 $Q_i = Q + \mu e_i$($i=1,2$),由此产生的宣传教育成本为 $\frac{1}{2}c_2\mu^2$;②进行低碳技术协同创新补贴,只有当低碳技术研发方和冷链物流企业均选择协同创新时,才进行成本补贴 G。

(5)假设选择低碳技术协同创新的一方能够获得声誉收益 B。

(6)假设当协同创新合约失效时,违约的一方由于获得了对方的信息和机密,获得知识溢出收益 U,同时要支付给未违约一方赔偿金 K。

(7)假设政府可以从减少的碳排放量中获取每单位 u_g 的环境收益。

12.2 模型构建与解析

12.2.1 模型构建

根据模型假设,得到不同决策情形下低碳技术研发方、冷链物流企业、生鲜供应商和政府的支付矩阵,见表12-1。同时假设所有主体参与低碳技术协同创新时所得到的收益大于不协同创新时所获得的收益,且非负。

表12-1 生鲜冷链物流低碳技术协同创新的演化博弈支付矩阵

策略选择	冷链物流企业	政府 规制 z 供应商选择创新技术 m	政府 规制 z 供应商不选择创新技术 $1-m$	政府 不规制 $1-z$ 供应商选择创新技术 m	政府 不规制 $1-z$ 供应商不选择创新技术 $1-m$
低碳技术研发方 协同 x	协同 y	$(1-\alpha)w_1Q_1-(1-\beta)(C-G)+B$, $\alpha w_1 Q_1-\beta(C-G)+B-(1+T)h[(e_0-e_1)Q_1-E]$, $(p_1-w_1)Q_2$, $Th[(e_0-e_1)Q_1-E]-\frac{1}{2}c_g\mu^2-G+u_ge_1Q_1$	$B-(1-\beta)(C-G)$, $B-(1-\beta)(C-G)$, 0, $-\frac{1}{2}c_g\mu^2-G$	$(1-\alpha)w_1Q_1-(1-\beta)C+B$, $\alpha w_1 Q_1-\beta C+B$, $(p_1-w_1)Q$, u_ge_1Q	$B-(1-\beta)C$, $B-\beta C$, 0, 0
低碳技术研发方 不协同 $1-y$	不协同 $1-y$	$B+K-(1-\beta)C$, $U-K$, 0, $-\frac{1}{2}c_g\mu^2$	$c_1Q_2-(1-\beta)C+B+K$, $(w_2-c_1)Q_2-(1+T)h[(e_0-e_2)Q_2-E]-K+U$, $(p-w_2)Q_2$, $Th[(e_0-e_2)Q_2-E]-\frac{1}{2}c_g\mu^2+u_ge_2Q_2$	$B+K-(1-\beta)C$, $U-K$, 0, 0	$c_1Q-(1-\beta)C+B+K$, $(w_2-c_1)Q-K+U$, $(p-w_2)Q$, u_ge_2Q

续表

策略选择		冷链物流企业	政府			
			规制 z		不规制 $1-z$	
			供应商选择创新技术 m	供应商不选择创新技术 $1-m$	供应商选择创新技术 m	供应商不选择创新技术 $1-m$
低碳技术研发方	不协同 $1-x$	协同 y	$U-K,$ $B+K-\beta C,$ $0,$ $-\dfrac{1}{2}c_{\mathrm{R}}\mu^2$	$c_1Q_2-K+U,$ $(w_2-c_1)Q_2-(1+T)h[(e_0-e_2)Q_2-E]$ $+K+B-\beta C,$ $(p-w_2)Q_2,$ $Th[(e_0-e_2)Q_2-E]$ $-\dfrac{1}{2}c_{\mathrm{R}}\mu^2+u_{\mathrm{g}}e_2Q_2$	$U-K,$ $B+K-\beta C,$ $0,$ 0	$c_1Q_2-K+U,$ $(w_2-c_1)Q+K$ $+B-\beta C,$ $(p-w_2)Q,$ $u_{\mathrm{g}}e_2Q$
		不协同 $1-y$	$0,$ $0,$ $0,$ $-\dfrac{1}{2}c_{\mathrm{R}}\mu^2$	$c_1Q_2,$ $(w_2-c_1)Q_2-(1+T)h[(e_0-e_2)Q-E],$ $(p-w_2)Q_2,$ $Th[(e_0-e_2)Q-E]$ $-\dfrac{1}{2}c_{\mathrm{R}}\mu^2+u_{\mathrm{g}}e_2Q_2$	$0,$ $0,$ $0,$ 0	$c_1Q,$ $(w_2-c_1)Q,$ $(p-w_2)Q,$ $u_{\mathrm{g}}e_2Q$

根据演化博弈相关理论和期望收益的算法,可以求得低碳技术研发方的期望收益和平均收益为

$$\begin{cases} E\pi_{\mathrm{J}}^{x} = ym(1-\alpha)w_1(Q+z\mu e_1)+yz(1-\beta)G-(1-\beta)C+ \\ \qquad B+K-yK(1-m)(1-y)c_1(Q+z\mu e_2) \\ E\pi_{\mathrm{J}}^{1-x} = yU-yK+(1-m)c_1(Q+z\mu e_2) \\ E\overline{\pi_{\mathrm{J}}} = xE\pi_{\mathrm{J}}^{x}+(1-x)E\pi_{\mathrm{J}}^{1-x} \end{cases}$$

则低碳技术研发方协同创新策略调整的复制动态方程为

$$\begin{aligned} F(x) &= \frac{\mathrm{d}x}{\mathrm{d}t} = x(E\pi_{\mathrm{J}}^{x}-E\overline{\pi_{\mathrm{J}}}) \\ &= x(1-x)[ym(1-\alpha)w_1(Q+z\mu e_1)+yz(1-\beta)G+ \\ &\quad (1-m)(-y)c_1(Q+z\mu e_2)+B+K-(1-\beta)C-yU] \end{aligned}$$

(12-1)

同理可得冷链物流企业的期望收益和策略调整复制动态方程:

$$\begin{cases} E\pi_W^y = xmaw_1(Q+z\mu e_1) + xz\beta G - xmz(1+T)h[(e_0-e_1)Q_1-E] \\ \quad -\beta c - xK + B + K - (1-m)(1-x)z(1+T)h[(e_0-e_2)Q_2e-E] \\ \quad +(1-m)(1-x)(w_2-c_1)(Q+z\mu e_2) \\ E\pi_W^{1-y} = xU - xK + (1-m)(w_2-c_1)(Q+z\mu e_2) - \\ \quad z(1-m)(1+T)h[(e_0-e_2)Q_2-E] \\ E\overline{\pi_W} = yE\pi_W^y + (1-y)E\pi_W^{1-y} \end{cases}$$

$$\begin{aligned} F(y) &= \frac{dy}{dt} \\ &= y(E\pi_W^y - E\overline{\pi_W}) \\ &= y(1-y)[xmaw_1(Q+z\mu e_1) - (1-m)(-x)z(1+T)h[(e_0- \\ &\quad e_2)Q_2-E] - xmz(1+T)h[(e_0-e_1)Q_1-E] + xz\beta G \\ &\quad + (1-m)(-x)(Q+z\mu e_2) + B + K - \beta C - xU] \end{aligned}$$

(12-2)

生鲜供应商的期望收益和策略调整复制动态方程：

$$\begin{cases} E\pi_S^m = xy(p_1-w_1)(Q+z\mu e_1) \\ E\pi_S^{1-m} = [x(1-y)+y(1-x)+(1-x)(1-y)](p-w_2)(Q+z\mu e_2) \\ E\overline{\pi_S} = mE\pi_S^m + (1-m)E\pi_S^{1-m} \end{cases}$$

$$\begin{aligned} F(m) &= \frac{dm}{dt} \\ &= m(1-m)[xy(p_1-w_1)(Q+z\mu e_1) \\ &\quad -(1-xy)(p-w_2)(Q+z\mu e_2)] \end{aligned}$$

(12-3)

政府的期望收益和策略调整复制动态方程：

$$\begin{cases} E\pi_g^z = xymTh[(e_0-e_1)Q_1-E] - xyG + (1-m)(1-xy)Th[(e_0 \\ \quad -e_2)Q_2-E] - \frac{1}{2}c_g\mu^2 + xymu_g e_1 Q_1 + \\ \quad (1-m)(1-xy)u_g e_2 Q_2) \\ E\pi_g^{1-z} = xymu_g e_1 Q + (1-m)(1-xy)u_g e_2 Q \\ E\overline{\pi_g} = zE\pi_g^z + (1-z)E\pi_g^{1-z} \end{cases}$$

$$F(z) = \frac{dz}{dt}$$

$$\begin{aligned}&= z(1-z)[xymTh((e_0-e_1)Q_1-E)-xyG+\\&\quad (1-m)(1-xy)Th((e_0-e_2)Q_2-E)-\\&\quad \frac{1}{2}c_g\mu^2+xymu_g\mu e_1^2+(1-m)(1-xy)u_g\mu e_2^2]\end{aligned} \quad (12\text{-}4)$$

12.2.2 参与主体策略稳定性分析

1) 低碳技术研发方协同创新策略稳定性分析

根据微分方程稳定性定理,低碳技术研发方选择进行低碳技术协同创新策略处于稳定状态必须满足 $F(x)=0$ 且,$F'(x)<0$。求式(12-1)的一阶导数可得

$$\begin{aligned}F'(x)=(1-2x)[&ym(1-\alpha)w_1(Q+z\mu e_1)+yz(1-\beta)G-\\&(1-m)yc_1(Q+z\mu e_2)-(1-\beta)C-yU+B+K]\end{aligned}$$

$$(12\text{-}5)$$

命题 12.1 当 $m>m_1^*$ 时,低碳技术研发方的稳定策略为协同创新;当 $m<m_1^*$ 时,低碳技术研发方的稳定策略为不协同创新;当 $m=m_1^*$ 时,不能确定其稳定策略。

证明 令 $N_x(m)=ym(1-\alpha)w_1(Q+z\mu e_1)+yz(1-\beta)G+(1-m)(2-y)c_1(Q+z\mu e_2)+B+K-(1-\beta)C+yU-2yK$。由于 $\frac{\partial N_x(m)}{\partial m}=y(1-\alpha)w_1(Q+z\mu e_1)+yc_1(Q+z\mu e_2)>0$,且明显存在 m_1^* 使得 $N_x(m)=0$。所以当 $m>m_1^*$ 时,有 $F(x)\big|_{x=1}=0$,$F'(x)\big|_{x=1}<0$,$x=1$ 具有稳定性,即此时低碳技术研发方倾向于选择协同创新策略;当 $m<m_1^*$ 时,有 $F(x)\big|_{x=0}=0$,$F'(x)\big|_{x=0}<0$,$x=0$ 具有稳定性,即低碳技术研发方倾向于选择不协同创新策略;当 $m=m_1^*$ 时,$F(x)=0$,$F'(x)=0$,无法确定稳定策略。

命题 12.1 表明,当生鲜供应商倾向于选择与低碳技术协同创新的冷链物流企业合作时,低碳技术研发方会倾向于选择协同创新策略。低碳技术研发方的协同创新策略选择相位图如图 12-1 所示,其中图 12-1(a)表示低碳技术研发方选择协同创新稳定策略的演化过程,图 12-1(b)表示低碳技术研发方不选择

协同创新稳定策略的演化过程。

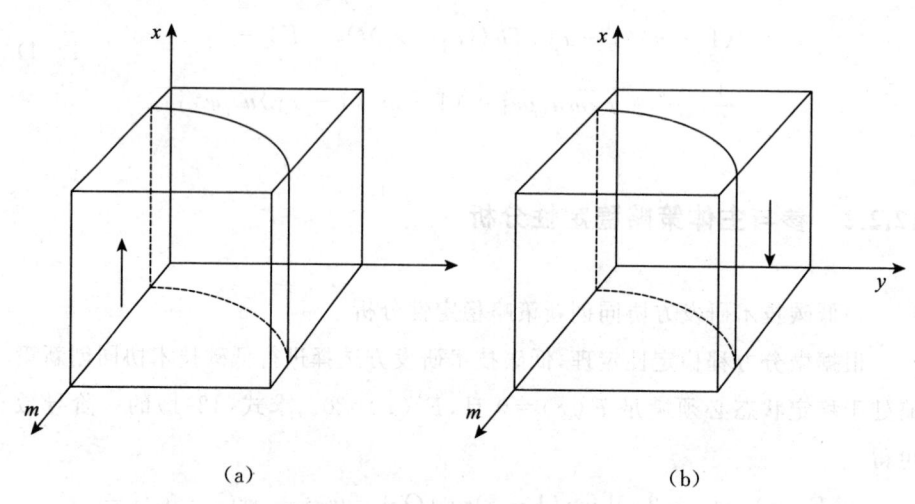

(a)　　　　　　　　　　　　(b)

图 12-1　低碳技术研发方的稳定策略演化过程

2)冷链物流企业协同创新策略稳定性分析

根据微分方程稳定性定理,冷链物流企业选择进行低碳技术协同创新策略处于稳定状态必须满足 $F(y)=0$ 且 $F'(y)<0$。求式(12-2)的一阶导数得

$$\begin{aligned}F'(y)=&(1-2y)[xm\alpha w_1(Q+z\mu e_1)-\\&(1-m)(2-x)z(1+T)h[(e_0-e_2)Q_2-E]-\\&xmz(1+T)h[(e_0-e_1)Q_1-E]+xz\beta G+\\&(1-m)(2-x)(w_2-c_1)(Q+z\mu e_2)+\\&B+K-\beta C-2xK-xU]\end{aligned} \quad (12-6)$$

命题 12.2　当 $m>m_2^*$ 时,冷链物流企业的稳定策略为协同创新;当 $m<m_2^*$ 时,冷链物流企业的稳定策略为不协同创新;当 $m=m_2^*$ 时,不能确定其稳定策略。

证明　对于

$$\begin{aligned}N_y(m)=&xm\alpha w_1(Q+z\mu e_1)-(1-m)xz(1+T)h[(e_0-e_2)Q_2-\\&E]-xmz(1+T)h[(e_0-e_1)Q_1-E]+xz\beta G+\\&(1-m)(-x)(w_2-c_1)(Q+z\mu e_2)+B+K-\beta C-xU\end{aligned}$$

$$\begin{aligned}\frac{\partial N_y(m)}{\partial m}=&x\alpha w_1(Q+z\mu e_1)-xz(1+T)h[(e_0-e_2)Q_2-E]-\\&xz(1+T)h[(e_0-e_1-E]+x(w_2-c_1)(Q+z\mu e_2)>0\end{aligned}$$

令 $N_y(m_2^*)=0$,$m>m_2^*$ 时,$N_y(m)>0$,$F(y)\big|_{y=1}=0$,$F'(y)\big|_{y=1}<0$,则此时 $y=1$ 具有稳定性,冷链物流企业倾向于选择协同创新策略;当 $m<m_2^*$ 时,$N_y(m)>0$,$F(y)\big|_{y=0}=0$,$F'(y)\big|_{y=0}<0$,则此时 $y=0$ 具有稳定性,冷链物流企业倾向于选择不协同创新策略;当 $m=m_2^*$ 时,$F(y)=0$,$F'(y)=0$,无法确定稳定策略。

命题 12.2 表明,当生鲜供应商倾向于选择与低碳技术协同创新的冷链物流企业合作时,冷链物流企业倾向于选择低碳技术协同创新策略。在该种情况下,冷链物流企业的低碳技术协同创新策略选择相位图如图 12-2 所示,其中图 12-2(a)表示时,冷链物流企业选择低碳技术协同创新稳定策略的演化过程,图 12-2(b)表示时,冷链物流企业不选择低碳技术协同创新稳定策略的演化过程。

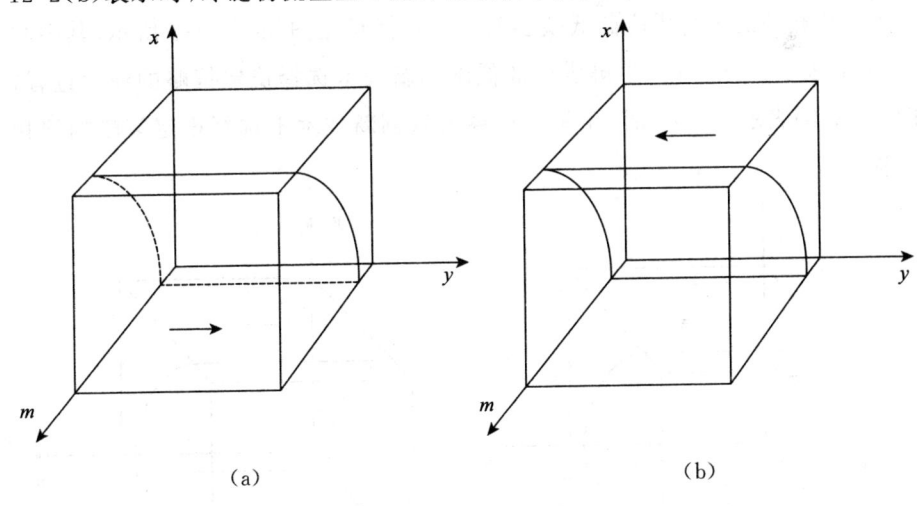

图 12-2 冷链物流企业的稳定策略演化过程

3)生鲜供应商低碳创新技术选择策略稳定性分析

根据微分方程稳定性定理,生鲜供应商选择低碳创新技术策略处于稳定状态必须满足 $F(m)=0$ 且,$F'(m)<0$。求式(12-3)的一阶导数可得

$$F'(m) = (1-2m)[-(1-xy)(p-w_2)(Q+z\mu e_2) \\ + xy(p_1-w_1)(Q+z\mu e_1)] \quad (12\text{-}7)$$

命题 12.3 当 $x>x^*$ 时,生鲜供应商的稳定策略为选择与低碳技术协同创新的冷链物流企业合作;当 $x<x^*$ 时,生鲜供应商的稳定策略为不选择与低碳技术协同创新的冷链物流企业合作;当 $x=x^*$ 时,不能确定其稳定策略。

证明 记 $N_m(x) = -(1-xy)(p-w_2)(Q+z\mu e_2) + xy(p_1-w_1)(Q+z\mu e_1)$,$\dfrac{\partial N_m(x)}{\partial x} = y(p-w_2)(Q+z\mu e_2) + y(p_1-w_1)(Q+z\mu e_1) > 0$。

令 $N_m(x^*) = 0$,当 $x > x^*$ 时,$N_m(x) > 0$,$F(m)\big|_{m=1} = 0$,$F'(m)\big|_{m=1} < 0$,则此时 $m = 1$ 具有稳定性,生鲜供应商倾向于与低碳技术协同创新的冷链物流企业合作;当 $x < x^*$ 时,$N_m(x) < 0$,$F(m)\big|_{m=0} = 0$,$F'(m)\big|_{m=0} < 0$,则此时 $m = 0$ 具有稳定性,生鲜供应商倾向于不与低碳技术协同创新的冷链物流企业合作;当 $x = x^*$ 时,$F(m) = 0$,$F'(m) = 0$,无法确定稳定策略。

命题 12.3 表明,当低碳技术研发方倾向于选择协同创新策略时,生鲜供应商倾向于选择与低碳技术协同创新的冷链物流企业合作。此时,与低碳技术研发方决策相关的生鲜供应商低碳创新技术选择相位图如图 12-3 所示,其中图 12-3(a) 表示 $x > x^*$ 时,生鲜供应商低碳创新技术选择稳定策略的演化过程,图 12-3(b) 表示 $x < x^*$ 时,生鲜供应商低碳创新技术不选择稳定策略的演化过程。

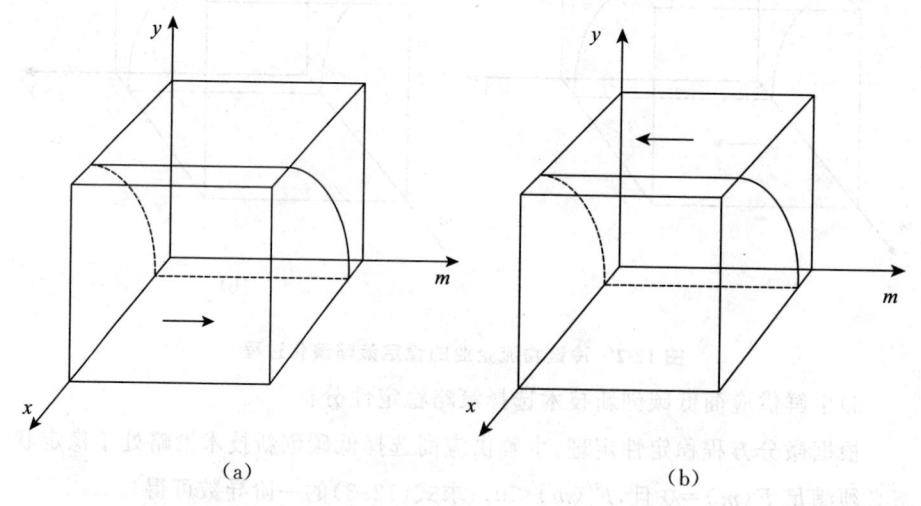

图 12-3 考虑低碳技术研发方策略选择的生鲜供应商稳定策略演化过程

命题 12.4 当 $y > y^*$ 时,生鲜供应商的稳定策略为选择与低碳技术协同创新的冷链物流企业合作;当 $y < y^*$ 时,生鲜供应商的稳定策略为不选择与低碳技术协同创新的冷链物流企业合作;当 $y = y^*$ 时,不能确定其稳定策略。

证明 记 $N_m(y) = -(1-xy)(p-w_2)(Q+z\mu e_2) + xy(p_1-w_1)(Q+$

$z\mu e_1)$, $\dfrac{\partial N_m(y)}{\partial y}=x(p-w_2)(Q+z\mu e_2)+x(p_1-w_1)(Q+z\mu e_1)>0$。

令 $N_m(y^*)=0$,当 $y>y^*$ 时,$N_m(y)>0$,$F(m)\big|_{m=1}=0$,$F'(m)\big|_{m=1}<0$,则此时 $m=1$ 具有稳定性,生鲜供应商倾向于与低碳技术协同创新的冷链物流企业合作;当 $y<y^*$ 时,$N_m(y)<0$,$F(m)\big|_{m=0}=0$,$F'(m)\big|_{m=0}<0$,则此时 $m=0$ 具有稳定性,生鲜供应商倾向于不与低碳技术协同创新的冷链物流企业合作;当 $y=y^*$ 时,$F(m)=0$,$F'(m)=0$,无法确定稳定策略。

命题 12.4 表明,当冷链物流企业倾向于选择协同创新策略时,生鲜供应商倾向于选择与之合作。此时,与冷链物流企业决策相关的生鲜供应商低碳创新技术选择相位图如图 12-4 所示,其中图 12-4(a)表示 $y>y^*$ 时,生鲜供应商低碳创新技术选择稳定策略的演化过程,图 12-4(b)表示 $y<y^*$ 时,生鲜供应商低碳创新技术不选择稳定策略的演化过程。

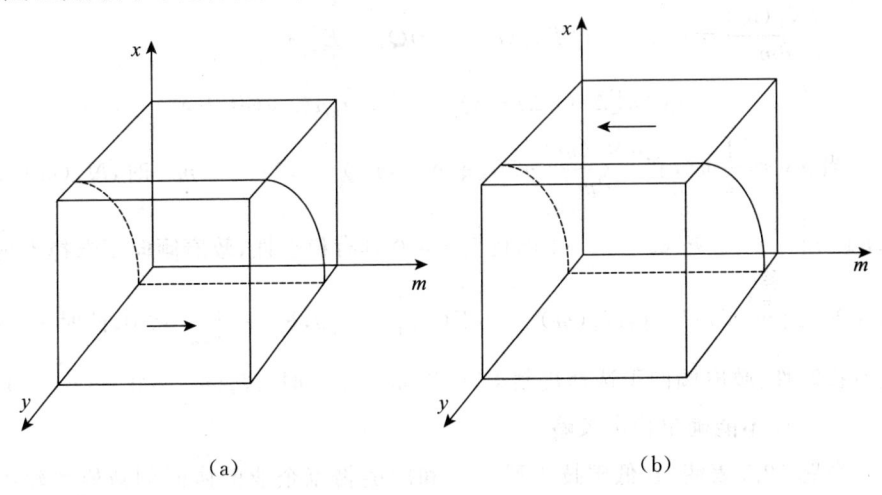

(a)

(b)

图 12-4 考虑冷链物流企业策略选择的生鲜供应商稳定策略演化过程

4)政府规制策略稳定性分析

根据微分方程稳定性定理,政府规制策略处于稳定状态必须满足 $F(z)=0$ 且 $F'(z)<0$。求式(12-4)的一阶导数可得

$$F'(z)=(1-2z)[xymTh((e_0-e_1)Q_1-E)- \\ xyG+(1-m)(1-xy)Th((e_0-e_2)Q_2-E)- \\ \dfrac{1}{2}c_g\mu^2+xymu_g\mu e_1^2+(1-m)(1-xy)u_g\mu e_2^2] \quad (12\text{-}8)$$

命题 12.5 在 $xy<\dfrac{1}{2}$ 的情况下，当 $m>m^*$ 时，政府的稳定策略为不进行规制；当 $m<m^*$ 时，政府的稳定策略为进行规制；当 $m=m^*$ 时，不能确定稳定策略。

证明 记：

$$N_z(m)=xymTh[(e_0-e_1)Q_1-E]-xyG$$
$$+(1-m)(1-xy)Th[(e_0-e_2)Q_2-E]$$
$$-\dfrac{1}{2}c_g\mu^2+xymu_g\mu e_1^2+(1-m)(1-xy)u_g\mu e_2^2]$$

$$\dfrac{\partial N_z(m)}{\partial m}=xyTh[(e_0-e_1)Q_1-E]-(1-xy)Th[(e_0-e_2)Q_2$$
$$-E+xyu_g\mu e_1^2-(1-xy)u_g\mu e_2^2]$$

化简可得

$$\dfrac{\partial N_z(m)}{\partial m}=(2xy-1)Th[(e_0-e_1)Q_1-E]+$$
$$xyTh[\Delta e(\mu\Delta e-Q)-E+u_g\mu(xy(e_1^2+e_2^2)-e_2^2)]$$

当 $xy<\dfrac{1}{2}$ 时，有 $\dfrac{\partial N_z(m)}{\partial m}<0$，令 $N_z(m^*)=0$，当 $m>m^*$ 时，$N_z(m)<0$，$F(z)\big|_{z=0}=0$，$F'(z)\big|_{z=0}<0$，此时 $z=0$ 具有稳定性，政府倾向于选择不规制策略；当 $m<m^*$ 时，$N_z(m)>0$，$F(z)\big|_{z=1}=0$，$F'(z)\big|_{z=1}<0$，此时 $z=1$ 具有稳定性，政府倾向于选择规制策略；当 $m=m^*$ 时，$N_z(m)=0$，$F(z)=0$，$F'(z)=0$，不能确定稳定策略。

命题 12.5 表明，在低碳技术研发方和冷链物流企业的协同创新概率较小的情况下，当生鲜供应商倾向于不选择低碳创新技术策略时，政府倾向于采取规制措施促进协同；当生鲜供应商倾向于选择低碳创新技术时，政府倾向于依靠市场调节而不采取规制措施。该种情况下，政府规制策略选择的相位图如图 12-5，其中图 12-5(a) 表示 $m>m^*$ 时，政府不采取规制稳定策略的演化过程，图 12-5(b) 表示 $m<m^*$ 时，政府采取规制稳定策略的演化过程。

(a) (b)

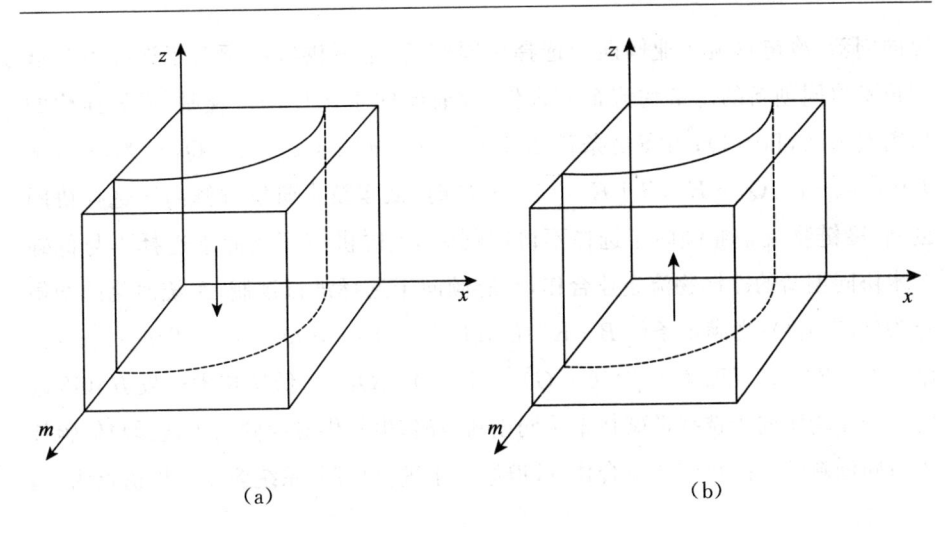

图 12-5 政府的稳定策略演化过程

12.2.3 系统策略的稳定性分析

在低碳技术研发方、冷链物流企业、生鲜供应商和政府的四方博弈中,有 16 种纯策略均衡点,本节进行四方演化博弈系统组合策略的稳定性分析。根据各博弈主体的复制动态方程,可以得到动态系统的雅可比矩阵:

$$J = \begin{bmatrix} \dfrac{\partial F(x)}{\partial x} & \dfrac{\partial F(x)}{\partial y} & \dfrac{\partial F(x)}{\partial m} & \dfrac{\partial F(x)}{\partial z} \\ \dfrac{\partial F(y)}{\partial x} & \dfrac{\partial F(y)}{\partial y} & \dfrac{\partial F(y)}{\partial m} & \dfrac{\partial F(y)}{\partial z} \\ \dfrac{\partial F(m)}{\partial x} & \dfrac{\partial F(m)}{\partial y} & \dfrac{\partial F(m)}{\partial m} & \dfrac{\partial F(m)}{\partial z} \\ \dfrac{\partial F(z)}{\partial x} & \dfrac{\partial F(z)}{\partial y} & \dfrac{\partial F(z)}{\partial m} & \dfrac{\partial F(z)}{\partial z} \end{bmatrix} \quad (12\text{-}9)$$

通过分析 16 种均衡点雅克比矩阵的特征值、迹条件和行列式条件,可以发现四方演化博弈系统的稳定性受到一些参数的影响。当满足条件 $B+K<(1-\beta)C$ 和 $B+K<\beta C$,低碳技术研发方和冷链物流企业均倾向于选择不协同创新,生鲜供应商倾向于选择不与低碳技术协同创新的冷链物流企业合作,政府倾向于选择进行规制,系统演化的均衡点为 $(0,0,0,1)$;当满足条件 $B+K>\beta C$,$B+K<U+(1-\beta)C+c_1Q_2-(1-\beta)G$ 时,低碳技术研发方倾向于选择不

协同创新,冷链物流企业倾向于选择协同创新,生鲜供应商倾向于选择不与低碳技术协同创新的冷链物流企业合作,政府倾向于选择进行规制,系统演化的均衡点为$(0,1,0,1)$;当满足条件$B+K<U+\beta C+(w_2-c_1)Q_2-\beta G-(1+T)h[(e_0-e_2)Q_2-E]$,$B+K>(1-\beta)C$时,低碳技术研发方倾向于选择协同创新,冷链物流企业倾向于选择不协同创新,生鲜供应商倾向于选择不与低碳技术协同创新的冷链物流企业合作,政府倾向于选择进行规制,系统演化的均衡点为$(1,0,0,1)$;当满足条件$B+K>U+\beta(C-G)+\alpha w_1Q_1+(1+T)h[(e_0-e_1)Q_1-E]$,$B+K>U+(1-\beta)(C-G)-(1-\alpha)w_1Q_1$时,低碳技术研发方和冷链物流企业均倾向于选择低碳技术协同创新策略,生鲜供应商倾向于选择与低碳技术协同创新的冷链物流企业合作,政府倾向于进行规制,系统演化的均衡点为$(1,1,1,1)$。

对比分析以上满足条件,可以得出结论如下。

在$U<(1-\beta)G+(1-\alpha)w_1Q_1$,$U<\beta G+\alpha w_1Q_1-(1+T)h[(e_0-e_1)Q_1-E]$的情况下:

①当满足$B+K<U+\beta(C-G)+\alpha w_1Q_1+(1+T)h[(e_0-e_1)Q_1-E]$,$B+K<U+(1-\beta)(C-G)-(1-\alpha)w_1Q_1$时,博弈系统只有一个稳定点$(0,0,0,1)$。

②当满足$\beta C>B+K>U+\beta(C-G)+\alpha w_1Q_1+(1+T)h[(e_0-e_1)Q_1-E]$,$(1-\beta)C>B+K>U+(1-\beta)(C-G)-(1-\alpha)w_1Q_1$时,该博弈系统有两个稳定点,分别为$(0,0,0,1)$和$(1,1,1,1)$,最终的稳定状态取决于博弈系统的初始状态。

③当有$U+\beta C+(w_2-c_1)Q_2-\beta G-(1+T)h[(e_0-e_2)Q_2-E]>B+K>(1-\beta)C$和$U+(1-\beta)C+c_1Q_2-(1-\beta)G>B+K>\beta C$时,博弈系统的稳定点为$(0,1,0,1)$,$(1,0,0,1)$和$(1,1,1,1)$,博弈的结果取决于低碳技术研发方和冷链物流企业的初始博弈状态。

④当$U+(1-\beta)(C-G)+c_1Q_2>B+K>U+\beta C+(w_2-c_1)Q_2\beta G-(1+T)h[(e_0-e_2)Q_2-E]$且满足$\beta C>(1-\beta)C$时,博弈系统的稳定点为$(0,1,0,1)$和$(1,1,1,1)$,反之,博弈系统的稳定点为$(1,0,1,0)$和$(1,1,1,1)$。

⑤当满足$B+K>U+\beta C+(w_2-c_1)Q_2-\beta G-(1+T)h[(e_0-e_2)Q_2-E]$和$B+K>U+(1-\beta)C+c_1Q_2-(1-\beta)G$时,博弈系统的唯一稳定点为$(1,1,1,1)$。

在$U>\beta G+\alpha w_1Q_1-(1+T)h[(e_0-e_1)Q_1-E]$,$U>(1-\beta)C+(1-\alpha)$

第12章 考虑低碳技术研发方的生鲜品冷链多主体协同演化模型

w_1Q_1 的情况下：

⑥当满足 $B+K<(1-\beta)C$ 和 $B+K<\beta C$，博弈系统的唯一稳定点为$(0,0,0,1)$。

⑦当同时满足 $U+(1-\beta)C+c_1Q_2-(1-\beta)G>B+K>\beta C$ 和 $U+\beta C+(w_2-c_1)Q_2-\beta G-(1+T)h[(e_0-e_2)Q_2-E]>B+K>(1-\beta)C$ 时，博弈系统的稳定点为$(0,1,0,1)$,$(1,0,0,1)$和$(1,1,1,1)$，博弈的结果取决于低碳技术研发方和冷链物流企业的初始博弈状态。

⑧当 $U+(1-\beta)(C-G)+c_1Q_2>B+K>U+\beta C+(w_2-c_1)Q_2\beta G-(1+T)h[(e_0-e_2)Q_2-E]$，且满足 $\beta C>(1-\beta)C$ 时，博弈系统的稳定点为$(0,1,0,1)$和$(1,1,1,1)$，反之，博弈系统的稳定点为$(1,0,0,1)$和$(1,1,1,1)$。

⑨当满足 $B+K>U+\beta C+(w_2-c_1)Q_2-\beta G-(1+T)h[(e_0-e_2)Q_2-E]$和$B+K>U+(1-\beta)C+c_1Q_2-(1-\beta)G$ 时，博弈系统的唯一稳定点为$(1,1,1,1)$。

推论12.1 当低碳技术研发方和冷链物流企业协同创新所获得的声誉收益和约定的赔偿金数额过小时，两者的稳定策略为不协同创新；当低碳技术研发方和冷链物流企业协同创新所获得的声誉收益和约定的赔偿金数额较大，能够弥补知识溢出给自身带来的损失时，两者的稳定策略为协同创新；当声誉收益和约定的赔偿金数额处于中间值时，两者之间的稳定策略与初始状态有关。

推论12.2 协同创新知识溢出收益不利于低碳技术协同创新系统的稳定，当协同创新知识溢出收益较大时，需要更多的声誉收益和违约惩罚来制约参与主体的决策行为。

推论12.3 当低碳技术研发方和冷链物流企业协同创新所获得的声誉收益和约定的赔偿金较小时，政府进行规制并不能起到作用，也就是说当市场机制失灵时，政府的规制策略并不能起到很好的促进作用，除非加大补贴和鼓励措施，但是这会带来过于高昂的财政负担。

推论12.4 生鲜供应商的策略选择受低碳技术研发方和冷链物流企业的策略选择限制，当两者之间能够达成协同创新时，生鲜供应商的策略一定为选择低碳创新技术，反之，只能不选择低碳创新技术。

12.3　算例仿真

分析关键参数对演化博弈主体稳定策略的影响,运用 MATLAB 软件对动态博弈系统的演化轨迹进行数值仿真。根据基本假设和现实基础,对有关参数进行初始赋值:$\alpha=0.4, \beta=0.5, p_1=12, p=8, w_1=6, w_2=4, c_1=2.5, \mu=2, e_0=5, e_1=3, e_2=1, h=1, u_g=3, c_g=2.5, Q=110, E=180, G=18, C=90, B=8, K=16, U=25, T=0.4$。

12.3.1　系统均衡点的稳定性验证

本节对知识溢出较小时 4 种情形下多主体参与的低碳技术协同创新演化博弈系统的均衡点进行验证。图 12-6 表示在低碳技术协同创新知识溢出较小的情况下,博弈系统的稳定策略。其中图 12-6(a)表示情形②下系统稳定策略的演化过程,当声誉收益和违约惩罚较小时,随着博弈主体初始状态从 0.4 变为 0.5,整个博弈系统向(不协同创新,不协同创新,不选择创新技术,规制)方向演化;图 12-6(b)表示情形③下的系统稳定策略的演化过程,当声誉收益和违约惩罚逐渐增大时,博弈主体出现了新的策略选择;图 12-6(c)表示情形④下的系统稳定策略的演化过程,当声誉收益和违约惩罚持续增大,对于冷链物流企业而言,违约带来的惩罚和损失的声誉收益过大,所以不论初始状态如何,都会选择协同创新策略,而对于低碳技术研发方而言却可以接受,其最终的策略取决于初始的意愿大小,进而低碳技术研发方的策略选择会影响系统最终的稳定策略;图 12-6(d)表示情形⑤下的系统稳定策略的演化过程,当声誉收益和违约惩罚增大到一定程度时,低碳技术研发方和冷链物流企业都不能承受不协同带来的声誉收益损失和违约惩罚,最终选择协同创新,生鲜供应商选择创新技术,政府选择规制。

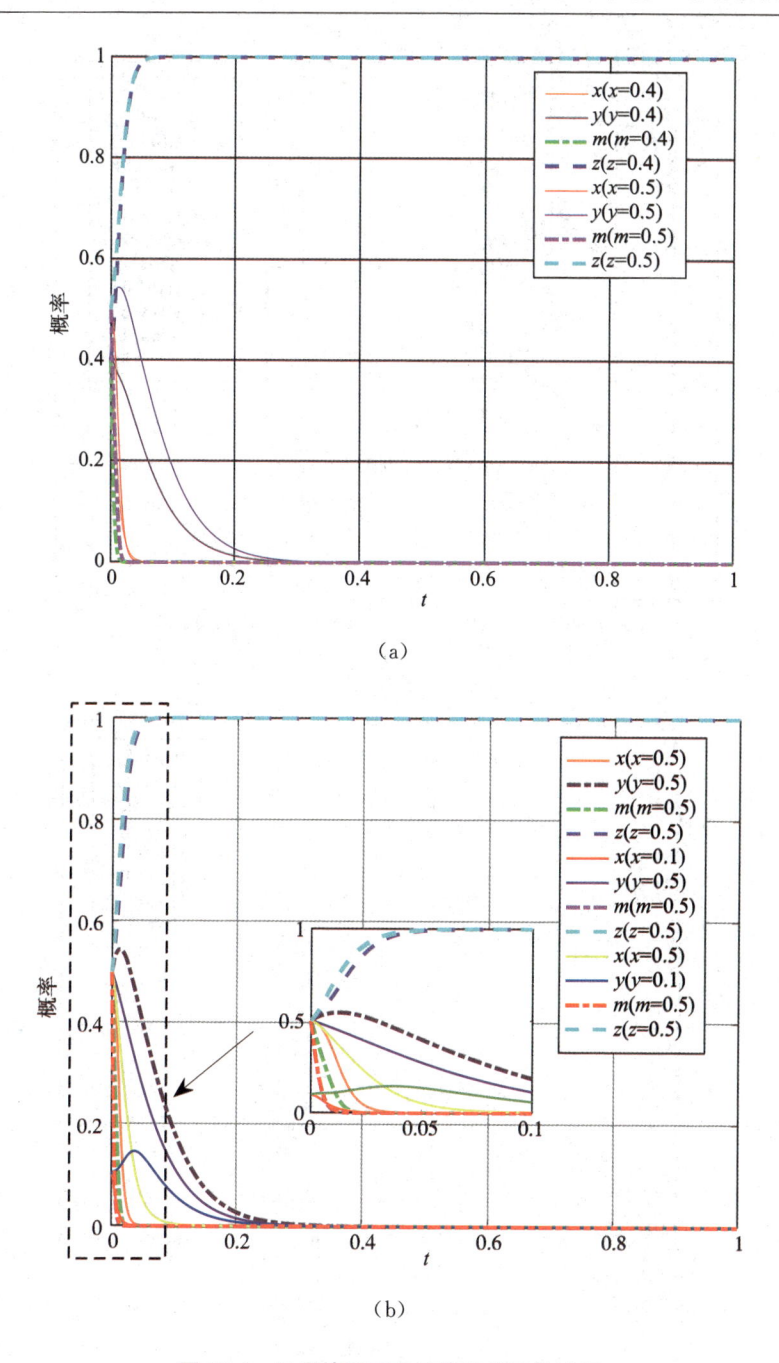

第 12 章　考虑低碳技术研发方的生鲜品冷链多主体协同演化模型

(a)

(b)

图 12-6　不同情形下系统策略的演化过程

(c)

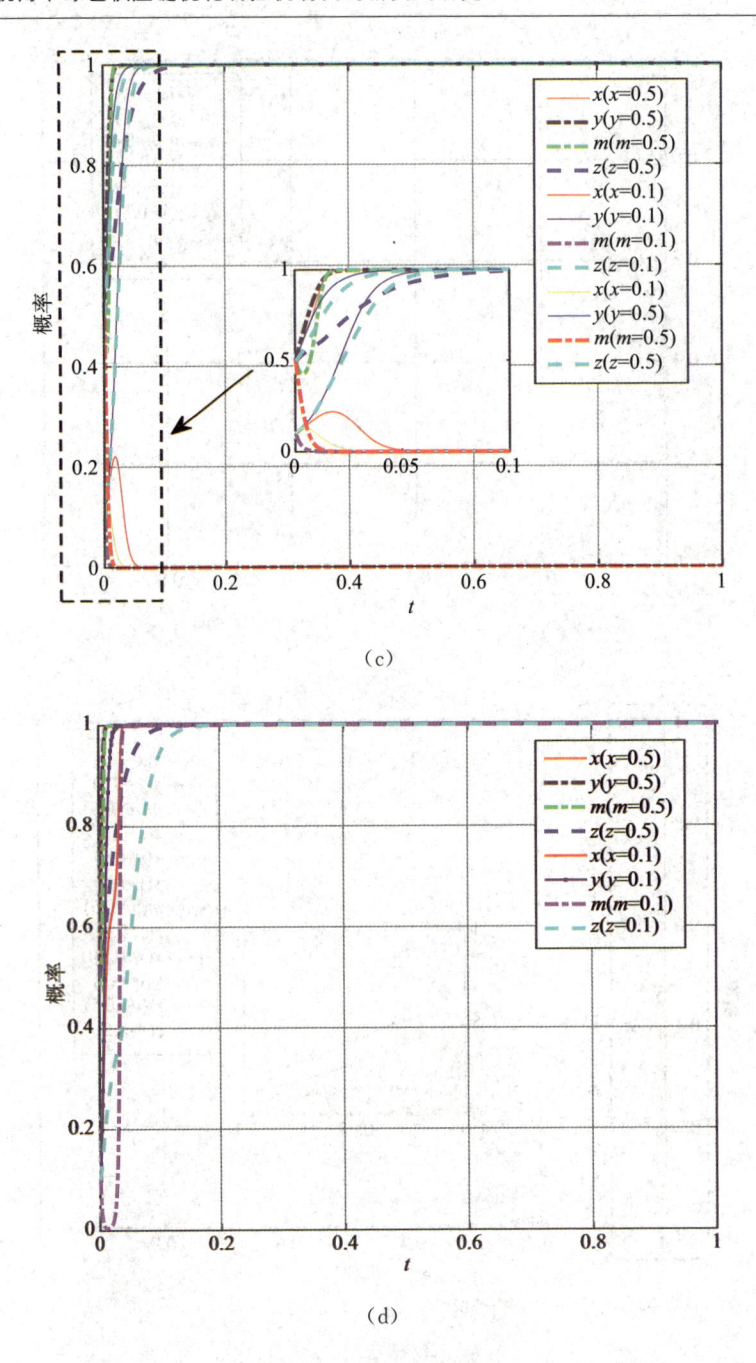

(d)

图 12-6 不同情形下系统策略的演化过程(续)

12.3.2 不同参数对演化博弈系统稳定状态的影响

1) 声誉收益 B 的影响

设定初始状态为 $(0.5,0.5,0.5,0.5)$，保持其他参数不变，取 $B=(8,108,208)$，低碳技术协同创新系统的演化过程如图12-7所示。从图中可以看出，当低碳技术研发方和冷链物流企业协同创新带来的声誉收益从 8 增加到 108 时，系统的稳定策略发生了改变，低碳技术研发方和物流企业从不协同转变到协同创新，生鲜供应商从不选择创新技术转变为选择创新技术。当低碳技术研发方和冷链物流企业协同创新带来的声誉收益持续增大，由 108 增加到 208 时，低碳技术研发方、冷链物流企业、生鲜供应商和政府趋向于 1 的速度明显增大。该结果表明，声誉收益可以促进低碳技术研发方和冷链物流企碳技术协同创新策略的达成。

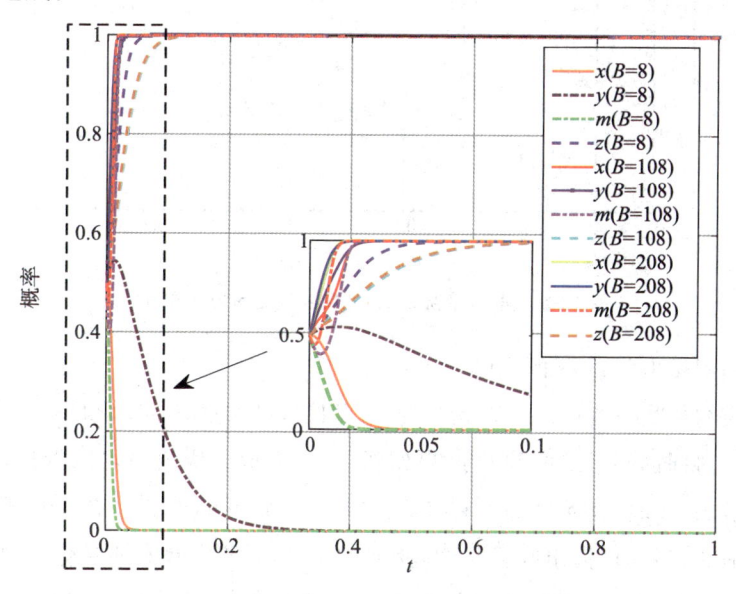

图 12-7 声誉收益 B 对系统稳定策略的影响

2) 违约赔偿金 K 的影响

设定初始状态为 $(0.5,0.5,0.5,0.5)$，保持其他参数不变，取 $K=(16,116,216)$，低碳技术协同创新系统的演化过程如图12-8所示。从图中可以看出，当低碳技术研发方和冷链物流企业之间的违约赔偿金从 16 增加到 116 时，系统的稳定策略发生了改变,低碳技术研发方和物流企业从不协同转变到协同创新,生鲜供应商从不选择创新技术转变为选择创新技术。当违约赔偿金数额持续增大,由116增加到216时,低碳技术研发方、冷链物流企业、生鲜供应商和政府趋向于1的速度明显增大。该结果表明,较高的违约赔偿金一方面可以对低碳技术研发方和冷链物流企业的协同创新策略选择起促进作用,增强双方协同的信心,另一方面可以对协同过程中的违约行为起到较好的约束效果。

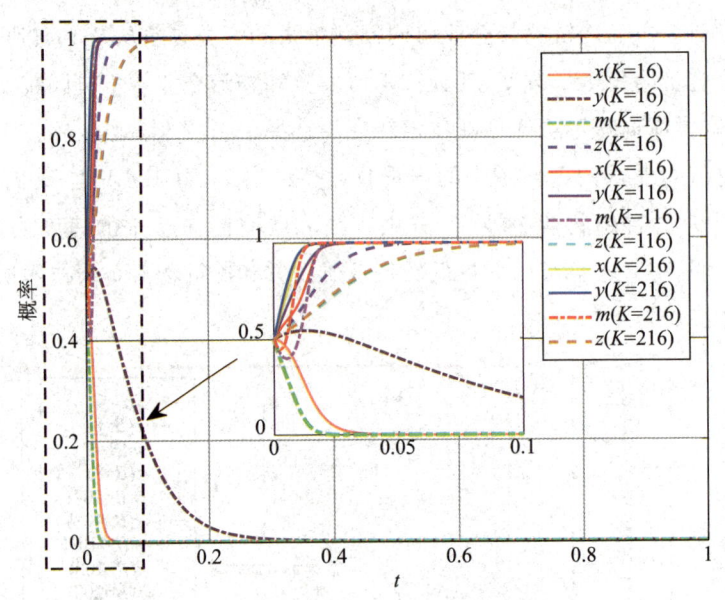

图 12-8　违约赔偿金 K 对系统稳定策略的影响

3) 知识溢出收益 U 的影响

设定初始状态为 $(0.5, 0.5, 0.5, 0.5)$,保持其他参数不变,取 $U=(25, 105)$,低碳技术协同创新系统的演化过程如图12-9所示。从图中可以看出,当知识溢出收益为25时,初始状态为 $(0.5, 0.5, 0.5, 0.5)$ 下的博弈系统会向概率为0的方向演化,当知识溢出收益从25变为105时,系统中政府的演化方向发生改变。由此看来,过高的知识溢出收益不利于生鲜冷链低碳技术的协同创新发展。

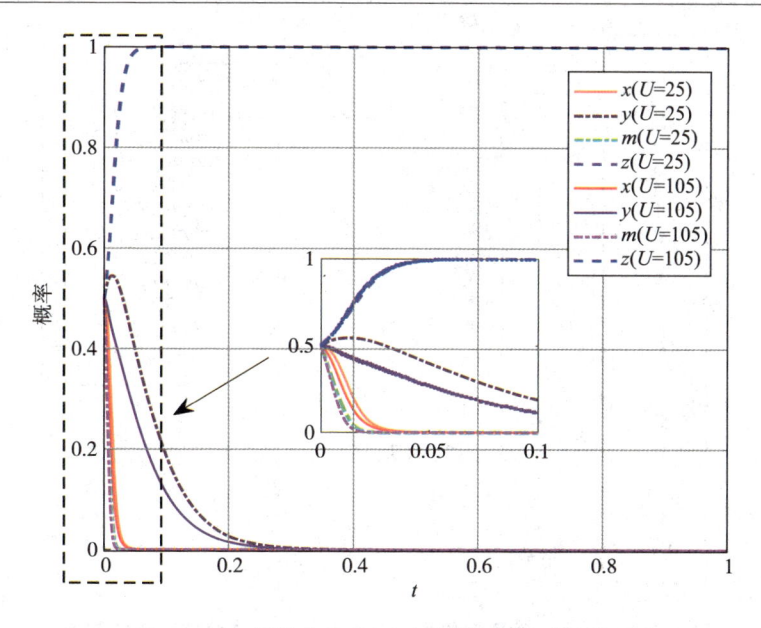

图 12-9　知识溢出收益 U 对系统稳定策略的影响

4) 收益分享系数 α 和成本分摊系数 β 的影响

设定初始状态为 $(0.5,0.5,0.5,0.5)$，保持其他参数不变，取不同的系数组合，低碳技术协同创新系统的演化过程如图 12-10、图 12-11 和图 12-12 所示。从图 12-10 中可以看出，当收益分享系数 α 取值较小时，成本分摊系数 β 的增大会导致其协同演化速度的增加，即当冷链物流企业获得的协同创新收益较小时，相应较少的分摊协同成本会增加其选择协同创新的可能。从图 12-11 中可以看出，当收益分享系数 α 适中时，即当冷链物流企业和低碳技术研发方获得的协同创新收益相同时，承担更多协同创新成本的一方演化速度变缓慢，即当收益分配相同时，承担更多协同成本的一方选择协同创新策略的概率会小于另一方。从图 12-12 中可以看出，当收益分享系数 α 较大，即当冷链物流企业获得的协同收益更多时，随着其分摊成本的增加，低碳技术研发方从不协同创新策略转变为协同创新策略。由此可以得出结论：合适的收益分享系数和成本分摊系数能够提升协同系统的演化速度，即促进低碳技术研发方和冷链物流企业的协同创新合作。除此之外，纵向对比三张图可以看出，当 α 一定时，β 的取值给系统稳定策略带来的改变较少，而当 β 一定时，α 的取值为系统稳定策略带来的改变更多。因此，相比成本分担机制，收益分享机制对低碳技术协同创新系统的调节效果更佳。

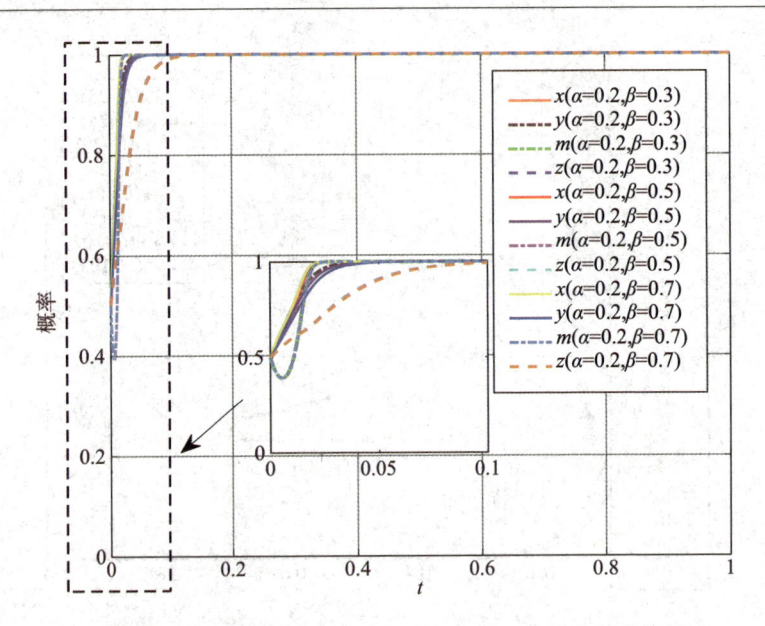

图 12-10　$\alpha=0.2$ 时不同成本分摊系数 β 对系统稳定策略的影响

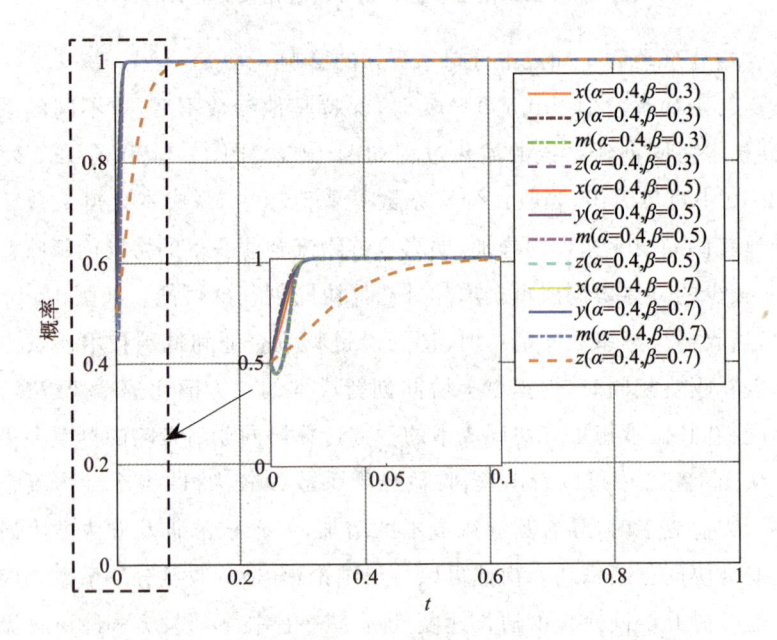

图 12-11　$\alpha=0.4$ 时不同成本分摊系数 β 对系统稳定策略的影响

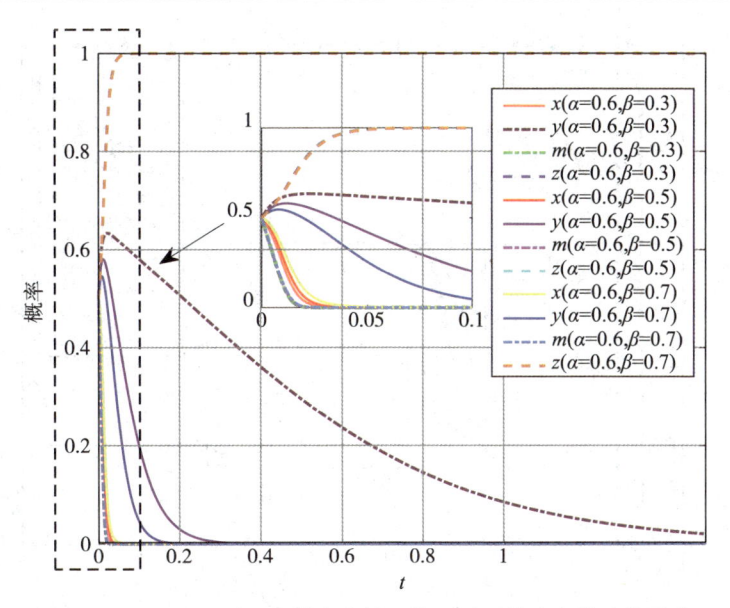

图 12-12　α＝0.6 时不同成本分摊系数 β 对系统稳定策略的影响

5)政府规制有关参数的影响

成本补贴 G 的影响。设定初始状态为(0.5,0.5,0.5,0.5),保持其他参数不变,取 G＝(18,38,58),低碳技术协同创新系统的演化过程如图 12-13 所示。从图中可以看出:成本补贴的提高可以明显促进低碳技术研发方和冷链物流企业的策略选择向协同创新方向演化,也可以促进生鲜供应商对低碳创新技术的选择,同时由于成本增加,会减缓政府规制的速度。

消费者低碳偏好 μ 的影响。设定初始状态为(0.5,0.5,0.5,0.5),保持其他参数不变,取 μ＝(2,4,6),低碳技术协同创新系统的演化过程如图 12-14 所示。从图中可以看出消费者低碳偏好的增加能够加速博弈系统向(协同创新,协同创新,选择创新技术,规制)稳定策略演化,当消费者低碳偏好增加时,所有参与主体的演化速度都加快。

碳交易价格 h 的影响。设定初始状态为(0.5,0.5,0.5,0.5),保持其他参数不变,取 h＝(0.8,1,1.2),低碳技术协同创新系统的演化过程如图 12-15 所示。从图中可以看出,当碳交易价格 h 减小时,系统向(协同创新,协同创新,选择创新技术,规制)状态的演化速度变慢,当碳交易价格 h 增大时,整个系统的演化速度加快。由此看来,较为严格的碳交易制度有利于推动低碳技术协同创新。

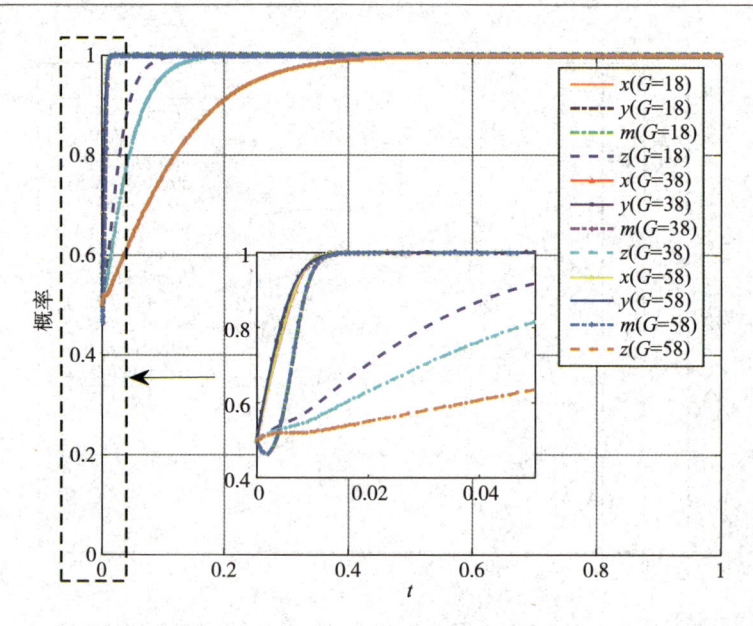

图 12-13　成本补贴 G 对系统稳定策略的影响

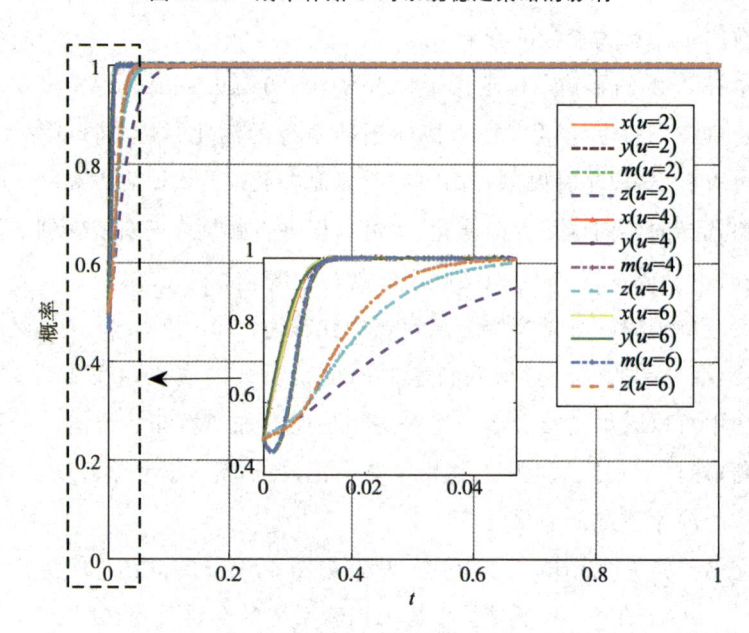

图 12-14　消费者低碳偏好 μ 对系统稳定策略的影响

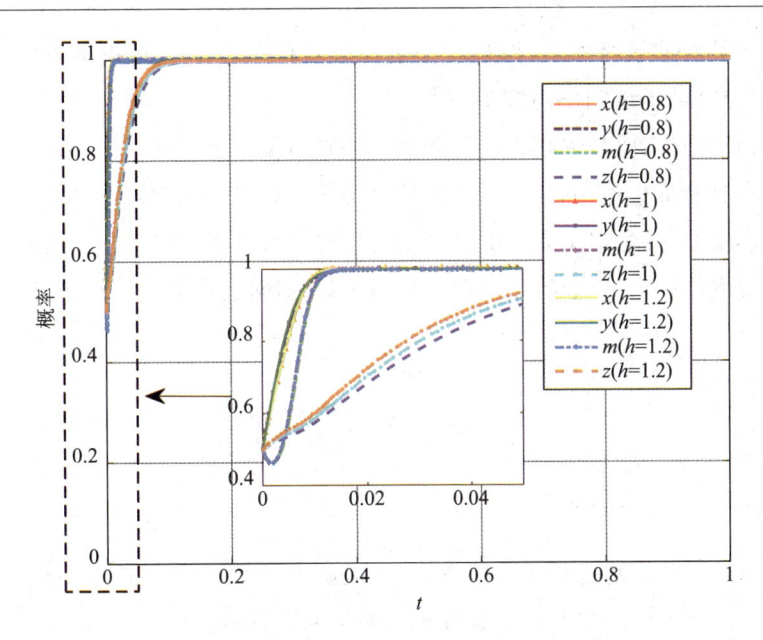

图 12-15 碳交易价格 h 对系统稳定策略的影响

12.4 研究结论

(1) 生鲜供应商的策略选择受到低碳技术研发方和冷链物流企业之间协同策略选择的影响,当双方选择协同创新策略时,生鲜供应商必须选择接受创新技术。即供给侧低碳技术创新对低碳冷链物流需求具有倒逼效应;声誉收益的增加能够促进低碳技术研发方和冷链物流企业选择协同创新合作,应该引导市场建立并完善声誉机制;过高的知识溢出收益不利于低碳技术协同创新发展,因此应该建立完善有效的知识产权保护机制,维护协同创新主体的利益;违约赔偿金对低碳技术研发方和冷链物流企业的协同策略选择有促进作用,较高的违约赔偿金能够增加主体参与低碳技术协同创新的意愿和信心,增加初始意愿并且在协同过程中起到约束毁约行为的作用。

(2) 相比于成本分摊机制,收益分享机制对演化博弈系统稳定策略的影响更大,因此低碳技术研发方和冷链物流企业在进行协同创新时,应该更多地关注于收益共享系数的确定,而且享受更多收益的一方应该承担更多的协同成本,否则会降低系统的协同概率。

(3)政府对低碳技术协同创新的成本补贴对低碳技术研发方和冷链物流企业的协同具有促进作用,但是当成本补贴过大时,政府会有较大的财政压力,最终导致不参与规制;对消费者低碳消费的引导和较为严格的碳交易机制能够推动低碳技术协同创新,能够增加所有参与主体的协同意愿。

12.5　本章小结

本章在低碳经济发展的大背景下,构建低碳技术研发方、冷链物流企业、生鲜供应商和政府四方参与的低碳技术协同创新演化博弈模型,分析了各参与主体的策略选择和演化博弈系统均衡策略的稳定性,并通过算例仿真进一步研究了影响低碳技术协同创新演化博弈系统均衡策略稳定的各类因素,发现低碳技术研发方和冷链物流企业之间协同创新合作的达成与生鲜供应商的策略选择无关,更多地受协同创新带来的声誉收益、违约赔偿金、收益分享系数和政府规制策略的影响,而生鲜供应商的策略选择会受到低碳技术研发方和冷链物流企业策略选择的限制和影响。启示生鲜供应商应加强与冷链物流、低碳技术研发企业的创新合作,同时应健全政府低碳规制政策,拓宽碳交易主体市场,纳入更多的冷链物流企业,推动建立低碳物流技术创新联合体,更好地发挥政府政策的引导扶持作用。

第五部分　生鲜品冷链下游阶段运营优化

第13章　考虑政府补贴的生鲜品低碳消费市场引导机制研究

近年来，环境问题日益凸显，二氧化碳等温室气体的排放给全球气候带来极大的挑战，给人们的生产生活造成了严重的影响。气候变暖的原因除了自然因素影响以外，主要归因于人类活动，特别是与人类活动中排放二氧化碳的程度密切相关，其中低碳消费方式受到了世界各国的关注与重视。在冷链领域建设低碳消费市场、减少消费端碳排放、培育生鲜品低碳消费意识已成为共识。

13.1　问题描述

假设政府、生鲜品企业和消费者三方在不完全信息情况下只能做出有限理性决策，需要通过分析决策环境和其他主体的策略不断做出调整，经过一段时间后，系统可达到某种稳定状态。

假设政府可以选择"监管"或者"不监管"两种策略，选择两种策略的比率分别为 x 和 $1-x$。当政府选择"监管"策略时需要投入一定的成本 C_1，包括人力、物力和财力支出等，政府获得的环境效益为 R_1；政府对引入低碳技术进行低碳化生产的生鲜品企业补贴 S_1，对购买低碳产品的消费者补贴 S_2，对没有进行低碳化生产的企业征收一次性碳税，税额为 T。当政府选择"不监管"策略时，由于企业不生产低碳生鲜品，因而政府的公信力会受到损害，此时政府的损失记为 M。

生鲜品企业可以选择"低碳生鲜品"或者"非低碳生鲜品"两种生产策略，选择两种策略的比率分别为 y 和 $1-y$。当生鲜品企业选择"非低碳生鲜品"生产策略时，企业的生产成本为 C_2，此时企业出售产品的收益为 R_2，由于企业不进行碳减排从而对环境造成污染,此时政府需要付出治理成本 C_3;当生鲜品企业选择"低碳生鲜品"生产策略时,企业需要付出的额外成本为 C_4,此时企业由于销售低碳产品,会获得更多的额外收益 R_3,同时,由于政府不监管时,企业主动采取低碳化生产,树立了良好的品牌形象,提升了企业的声誉,由此获得的收益为 R_4。

消费者可以选择"购买低碳产品"或者"购买非低碳产品"两种消费策略,选择两种策略的比率分别为 z 和 $1-z$。消费者"购买非低碳产品"的价格为 P_1,获得的效用为 U_1;消费者"购买低碳产品"的价格为 P_2,获得的效用为 U_2。

x、y、z 的取值均在 $0\sim1$,且随时间变化。

13.2 模型构建与解析

13.2.1 演化博弈模型建立

根据上述模型假设及参数设定得到政府、生鲜品企业与消费的支付收益矩阵,如表 13-1 所示。

表 13-1 政府、生鲜品企业与消费者的混合策略博弈矩阵

策略选择		消费者	
		购买低碳产品	购买非低碳产品
政府监管	低碳生鲜品	$R_1-C_1-S_1-S_2$	$R_1-C_1-S_1$
		$R_2+R_3-C_2-C_4+S_1$	$R_2-C_2-C_4+S_1$
		$U_2-P_2+S_2$	0
	非低碳生鲜品	$R_1+T-C_1-C_3$	$R_1+T-C_1-C_3$
		R_2-C_2-T	R_2-C_2-T
		0	U_1-P_1

续表

策略选择		消费者	
		购买低碳产品	购买非低碳产品
政府不监管	低碳生鲜品	R_1	R_1
		$R_2+R_4-C_2-C_4$	$R_2-C_2-C_4$
		U_2-P_2	0
	非低碳生鲜品	$-M$	$-M$
		R_2-C_2	R_2-C_2
		0	U_1-P_1

13.2.2 三方演化博弈均衡分析

1) 政府决策的复制动态分析

根据表 13-1 可得政府监管、不监管的期望收益 E_{x1}、E_{x2} 和平均收益 $\overline{E}_x$ 分别为

$$E_{x1}=yz(R_1-C_1-S_1-S_2)+y(1-z)(R_1-C_1-S_1)+z(1-y)(R_1+T-C_1-C_3)+(1-y)(1-z)(R_1+T-C_1-C_3) \tag{13-1}$$

$$E_{x2}=yzR_1+y(1-z)R_1+z(1-y)(-M)+(1-y)(1-z)(-M) \tag{13-2}$$

$$\overline{E}_x=xE_{x1}+(1-x)E_{x2} \tag{13-3}$$

可得政府决策的复制动态方程为

$$\begin{aligned}F(x)&=\frac{\mathrm{d}x}{\mathrm{d}t}\\&=x(E_{x1}-\overline{E}_x)\\&=x(1-x)[M+R_1+T-C_1-C_3+\\&\quad y(C_3-S_1-T-M-R_1)-yzS_2]\end{aligned} \tag{13-4}$$

当 $y=\dfrac{M+R_1+T-C_1-C_3}{M+R_1+S_1+T+zS_2-C_3}$ 时,$F(x)=0$,即无论 x 取何值时,政府选择任何策略都是稳定策略;当 $0<y<\dfrac{M+R_1+T-C_1-C_3}{M+R_1+S_1+T+zS_2-C_3}$ 时,

$F'(x)|_{x=0}>0, F'(x)|_{x=1}<0$,此时 $x=1$ 是均衡点;当 $\dfrac{M+R_1+T-C_1-C_3}{M+R_1+S_1+T+zS_2-C_3} < y < 1$ 时,$F'(x)|_{x=0}<0, F'(x)|_{x=1}>0$,此时 $x=0$ 是均衡点。

2)生鲜品企业决策的复制动态分析

根据表 13-1 可得生鲜品企业生产低碳生鲜品、非低碳生鲜品的期望收益 E_{y1}、E_{y2} 和平均收益 $\overline{E}_y$ 分别为

$$E_{y1} = xz(R_2+R_3-C_2-C_4+S_1) + x(1-z)(R_2-C_2-C_4+S_1) + \\ z(1-x)(R_2+R_4-C_2-C_4) + (1-x)(1-z)(R_2-C_2-C_4) \tag{13-5}$$

$$E_{y2} = xz(R_2-C_2-T) + x(1-z)(R_2-C_2-T) + \\ z(1-x)(R_2-C_2) + (1-x)(1-z)(R_2-C_2) \tag{13-6}$$

$$\overline{E}_y = yE_{y1} + (1-y)E_{y2} \tag{13-7}$$

可得生鲜品企业决策的复制动态方程为

$$\begin{aligned} F(y) &= \frac{dy}{dt} \\ &= y(E_{y1}-\overline{E}_y) \\ &= y(1-y)[xz(R_3-R_4)+x(S_1+T)+zR_4-C_4] \end{aligned} \tag{13-8}$$

当 $z = \dfrac{C_4-x(S_1+T)}{x(R_3-R_4)+R_4}$ 时,$F(y)=0$,即无论 y 取何值时,生鲜品企业选择任何策略都是稳定策略;当 $0 < z < \dfrac{C_4-x(S_1+T)}{x(R_3-R_4)+R_4}$ 时,$F'(y)|_{y=0}<0$,$F'(y)|_{y=1}>0$,此时 $y=0$ 是均衡点;当 $\dfrac{C_4-x(S_1+T)}{x(R_3-R_4)+R_4} < z < 1$ 时,$F'(y)|_{y=1}<0, F'(y)|_{y=0}>0$,此时 $y=1$ 是均衡点。

3)消费者决策的复制动态分析

根据表 13-1 可得购买低碳产品、非低碳产品的期望收益 E_{z1}、E_{z2} 和平均收益 $\overline{E}_z$ 分别为

$$E_{z1} = xy(U_2-P_2+S_2) + y(1-x)(U_2-P_2) \tag{13-9}$$

$$E_{z2} = x(1-y)(U_1-P_1) + (1-x)(1-y)(U_1-P_1) \tag{13-10}$$

$$\overline{E}_z = zE_{z1} + (1-z)E_{z2} \tag{13-11}$$

可得消费者决策的复制动态方程为

第 13 章 考虑政府补贴的生鲜品低碳消费市场引导机制研究

$$
\begin{aligned}
F(z) &= \frac{\mathrm{d}z}{\mathrm{d}t} \\
&= z(E_{z1} - \overline{E}_z) \\
&= z(1-z)[P_1 - U_1 + y(U_1 + U_2 - P_1 - P_2) + xyS_2]
\end{aligned}
$$
(13-12)

当 $y = \dfrac{U_1 - P_1}{U_1 + U_2 - P_1 - P_2 + xS_2}$ 时,$F(z) = 0$,即无论 z 取何值时,消费者选择任何策略都是稳定策略;当 $0 < y < \dfrac{U_1 - P_1}{U_1 + U_2 - P_1 - P_2 + xS_2}$ 时,$F'(z)|_{z=0} < 0$,$F'(z)|_{z=1} > 0$,此时 $z = 0$ 是均衡点;当 $\dfrac{U_1 - P_1}{U_1 + U_2 - P_1 - P_2 + xS_2} < y < 1$ 时,$F'(z)|_{z=1} < 0$,$F'(z)|_{z=0} > 0$,此时 $z = 1$ 是均衡点。

13.2.3 演化博弈稳定策略分析

令 $F(x)=0$,$F(y)=0$,$F(z)=0$,可得到政府、企业、消费者均达到稳定状态的 9 个均衡点:$A_1(0,0,0)$,$A_2(0,1,0)$,$A_3(0,0,1)$,$A_4(1,0,0)$,$A_5(1,1,0)$,$A_6(1,0,1)$,$A_7(0,1,1)$,$A_8(1,1,1)$,$A_9(x^*,y^*,z^*)$,其中,$A_9(x^*,y^*,z^*)$ 为内部均衡点,处于非稳定状态。利用政府、企业、消费者复制动态方程求出的均衡点并不一定是系统的稳定策略,因此,根据李亚普诺夫稳定性理论,可以利用雅可比矩阵的特征值来判断系统是否达到稳定状态。当雅可比矩阵的特征值均小于 0 时,系统达到稳定状态;当雅可比矩阵的特征值均大于 0 时,系统处于不稳定状态;当雅可比矩阵的特征值均有 1 个或两个大于 0 时,则此点为鞍点。

演化模型对应的雅可比矩阵 $\boldsymbol{J}$ 如下:

$$
\boldsymbol{J} = \begin{bmatrix}
\dfrac{\partial F(x)}{\partial x} & \dfrac{\partial F(x)}{\partial y} & \dfrac{\partial F(x)}{\partial z} \\
\dfrac{\partial F(y)}{\partial x} & \dfrac{\partial F(y)}{\partial y} & \dfrac{\partial F(y)}{\partial z} \\
\dfrac{\partial F(z)}{\partial x} & \dfrac{\partial F(z)}{\partial y} & \dfrac{\partial F(z)}{\partial z}
\end{bmatrix}
$$

其中,有

$$\frac{\partial F(x)}{\partial x} = (1-2x)[M + R_1 + T - C_1 - C_3$$
$$+ y(C_3 - S_1 - T - M - R_1) - yzS_2]$$

$$\frac{\partial F(x)}{\partial y} = x(1-x)(C_3 - S_1 - T - M - R_1 - zS_2)$$

$$\frac{\partial F(x)}{\partial z} = xyS_2(x-1)$$

$$\frac{\partial F(y)}{\partial x} = y(1-y)[z(R_3 - R_4) + S_1 + T]$$

$$\frac{\partial F(y)}{\partial y} = (1-2y)[xz(R_3 - R_4) + x(S_1 + T) + zR_4 - C_4]$$

$$\frac{\partial F(y)}{\partial z} = y(1-y)[x(R_3 - R_4) + R_4 - C_4]$$

$$\frac{\partial F(z)}{\partial x} = yzS_2(1-z)$$

$$\frac{\partial F(z)}{\partial y} = z(1-z)(U_1 + U_2 - P_1 - P_2 + xS_2)$$

$$\frac{\partial F(z)}{\partial z} = (1-2z)[P_1 - U_1 + y(U_1 + U_2 - P_1 - P_2) + xyS_2]$$

各均衡点的稳定性如表 13-2 所示。

表 13-2 均衡点稳定性分析

均衡点	矩阵特征值 特征值	实部符号	状态	条件
$A_1(0,0,0)$	$P_1 - U_1, -C_4,$ $M - C_3 - C_1 + R_1 + T$	$(-,-,\times)$	不确定	$M - C_3 - C_1 + R_1 + T < 0$
$A_2(0,1,0)$	$C_4, U_2 - P_2,$ $-C_1 - S_1$	$(+,+,-)$	不稳定点	—
$A_3(0,0,1)$	$R_4 - C_4, U_1 - P_1,$ $M - C_3 - C_1 + R_1 + T$	$(+,+,\times)$	不稳定点	—
$A_4(1,0,0)$	$P_1 - U_1, S_1 - C_4 + T,$ $C_1 + C_3 - M - R_1 - T$	$(-,\times,\times)$	不确定	$S_1 - C_4 + T < 0,$ $C_1 + C_3 - M - R_1 - T < 0$
$A_5(1,1,0)$	$C_1 + S_1, S_2 - P_2 + U_2,$ $C_4 - S_1 - T$	$(+,+,\times)$	不稳定点	—

续表

均衡点	矩阵特征值 特征值	矩阵特征值 实部符号	状态	条件
$A_6(1,0,1)$	$U_1-P_1, R_3-C_4+S_1+T,$ $C_1+C_3-M-R_1-T$	$(+,\times,\times)$	不稳定点	—
$A_7(0,1,1)$	$C_4-R_4, P_2-U_2,$ $-C_1-S_1-S_2$	$(\times,-,-)$	不确定	$C_4-R_4<0$
$A_8(1,1,1)$	$P_2-S_2-U_2, C_1+S_1+S_2,$ $C_4-R_3-S_1-T$	$(-,+,-)$	不稳定点	—

若 $A_1(0,0,0)$ 成为稳定点,需要满足条件 $M-C_3-C_1+R_1+T<0$,即对于政府而言,需要降低政府选择"不监管"策略时造成的公信力损失、政府获得的环境效益,提高由于企业采取非低碳生产方式而产生的治理成本,对于企业而言,要提高非低碳生产的成本,这是不合理的;若 $A_4(1,0,0)$ 成为稳定点,需要同时满足 $S_1-C_4+T<0, C_1+C_3-M-R_1-T<0$,即对于生鲜品企业而言,要提高由于引进低碳技术等进行低碳生产而付出的额外成本是不合理的;若 $A_7(0,1,1)$ 成为稳定点,需要满足条件 $C_4-R_4<0$,即对于生鲜品企业而言,增加在政府采取"不监管"策略时,由于企业主动采取低碳化生产,为企业树立了良好的品牌形象,提升了企业的声誉而获得的收益,同时,降低由于引进低碳技术等进行低碳生产而付出的额外成本更为合理。

13.3 算例仿真

为验证演化稳定性分析的有效性,考虑生鲜品行业的实际运行情况,将模型赋以数值,利用 MATLAB R2020a 分析三方策略的演化情况。设置仿真初始参数时,使参数满足条件 $C_4-R_4<0$,则模型有可能演化到 $A_7(0,1,1)$ 策略。初始值设定为 $x=0.5, y=0.5, z=0.5, C_1=4, R_1=3, S_1=2, S_2=1.5, T=4, M=3, C_3=2, C_4=0.5, R_3=12, R_4=15, U_1=25, P_1=20, U_2=35, P_2=28$。

13.3.1 初始值对策略演化的影响分析

(1)设定 x 的初使值为 0.5,随机选取 y 和 z 的初始值,分析 y 和 z 的初始值对 x 的影响。由图 13-1 可知,在初始条件下,x 随时间的变化不单调,还出现了增加的情况,最终会演化到 0,说明政府最终都演化为选择"不监管"策略。

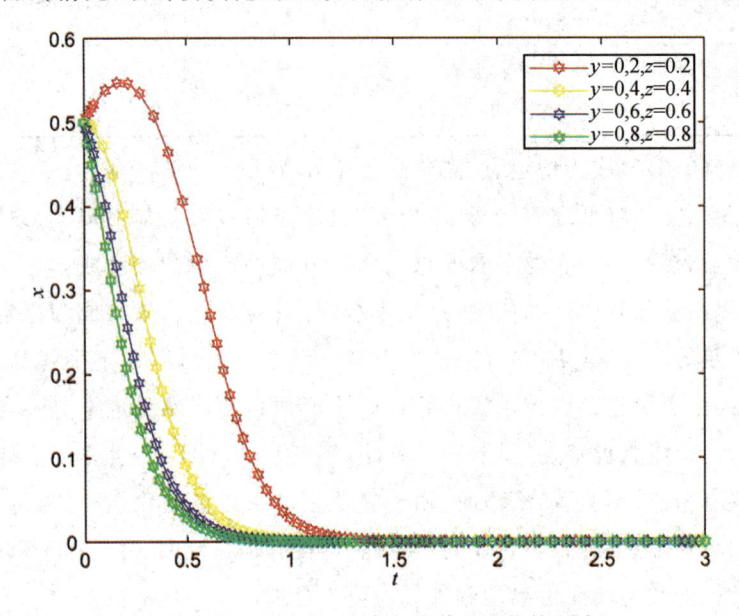

图 13-1　y 和 z 初始值变化对 x 演化的影响

同理,设定 y 的初始值为 0.5,并选择 x 与 z 的初始值,验证对 y 随时间变化的影响。由图 13-2 可得,y 随时间的变化中单调递增,最终趋向于 1。说明生鲜品企业最终都演化为选择生产"低碳生鲜品"的策略。

同理,设定 z 的初始值为 0.5,并选择 x 与 y 的初始值,验证对 z 随时间变化的影响。由图 13-3 可知,z 随时间的变化中并非单调递增,出现了递减的情况,最终结果趋向于 1,说明消费者最终都演化为选择"购买低碳产品"的策略。

从不同初始策略组合出发,随时间演化,结果如图 13-4 所示。由图可知,满足条件 $C_4-R_4<0$ 时,(0,1,1)为系统的演化稳定点,即政府、生鲜品企业与消费者的演化稳定策略组合为(不监管,低碳生鲜品,购买低碳产品),可见,仿真分析与各方策略稳定性分析结论一致且具有有效性,进一步验证了模型对生鲜品低碳消费市场的建设具有现实指导意义。

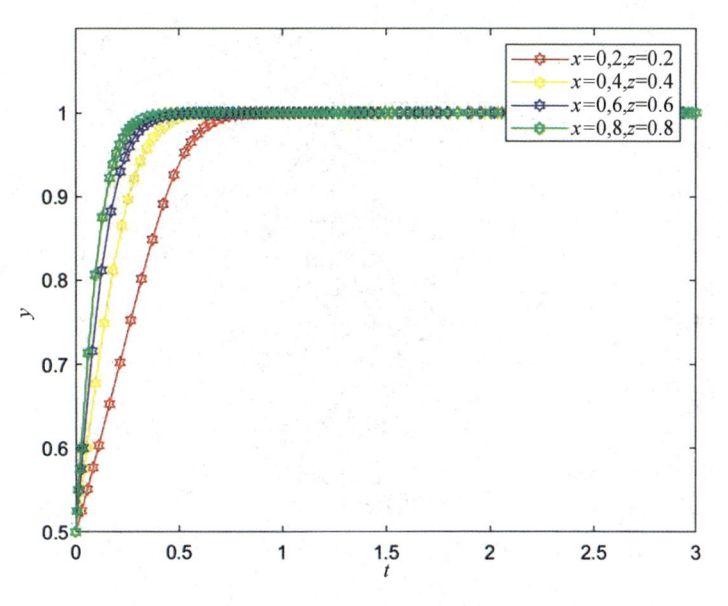

图 13-2　x 和 z 初始值变化对 y 演化的影响

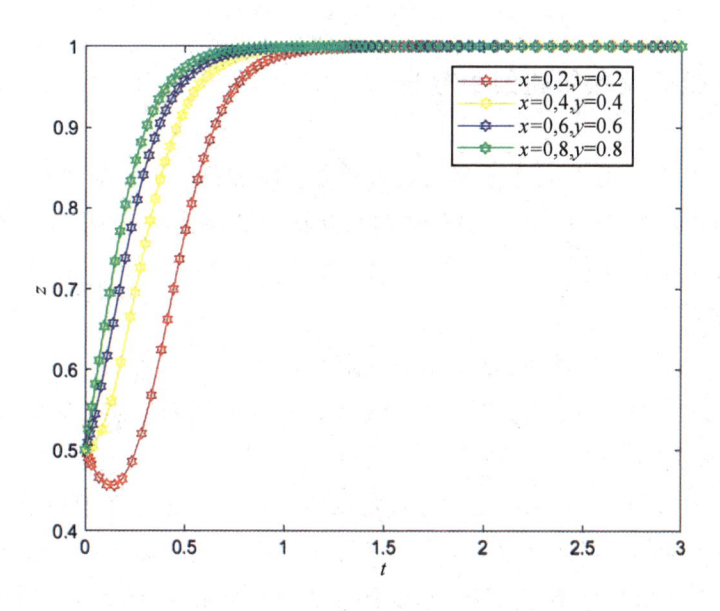

图 13-3　x 和 y 初始值变化对 z 演化的影响

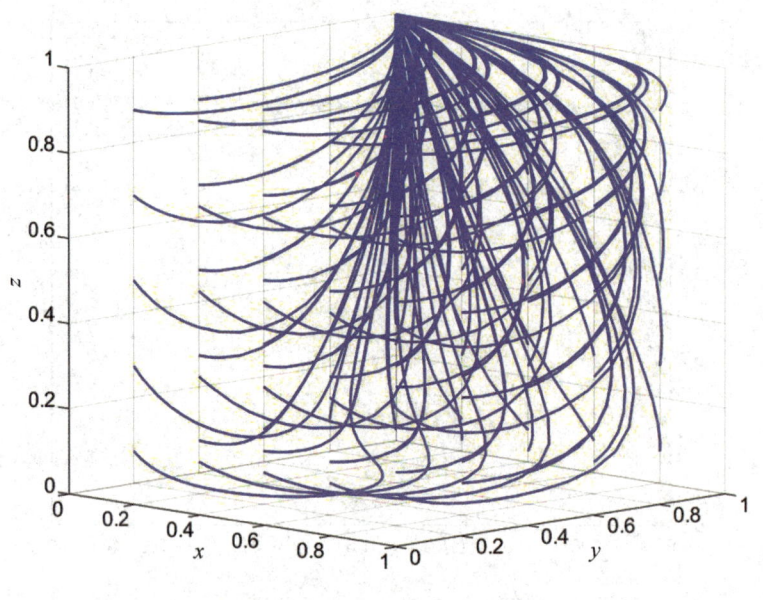

图 13-4 策略组合演化结果

13.3.2 低碳消费影响因素分析

在上述政府、生鲜品企业和消费者三方策略演化分析的基础上,进一步分析影响消费者购买低碳产品的影响因素,从而为政府、企业引导消费者形成低碳消费行为提供参考。

1)政府补贴

设定 x、y、z 的初始值均为 0.5,分别设置政府对购买低碳产品的消费者补贴 S_2 为 1.5、8、15,分析政府给予消费者低碳补贴对消费者购买策略选择的影响,结果如图 13-5 所示。

由图 13-5 可知,在系统演化至稳定点的过程中,政府给予消费者低碳补贴加快了消费者购买低碳产品策略的演化速度,随着 S_2 的增加,消费者选择购买低碳产品策略的概率增加,因此,为促进消费者形成低碳购买行为,政府作为引导者,通过增加对消费者低碳补贴的形式,增加消费者购买低碳产品的收益,从而形成低碳购买意愿,最终产生低碳购买行为。

设定 x、y、z 的初始值均为 0.5,分别设置政府对生鲜品企业实施低碳行为的补贴 S_1 为 2、4、6,分析政府给予企业低碳补贴对消费者购买策略选择的影响,结果如图 13-6 所示。

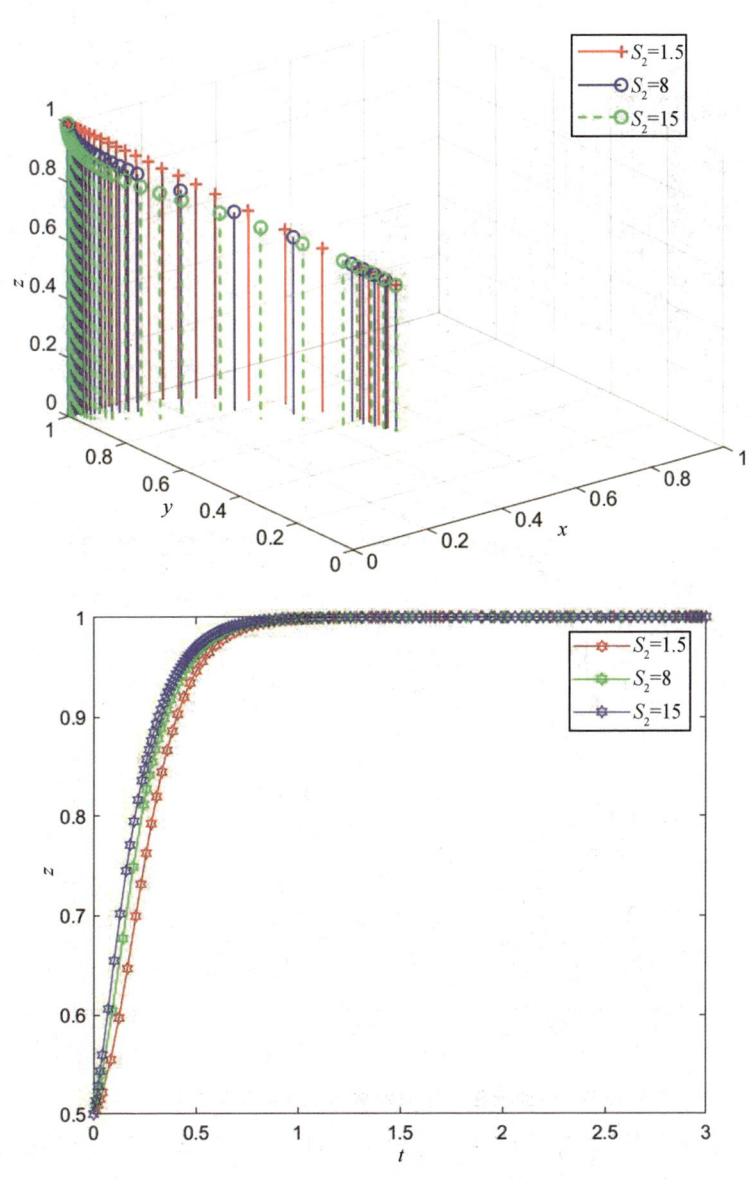

图 13-5 消费者低碳补贴对消费者低碳策略选择的影响

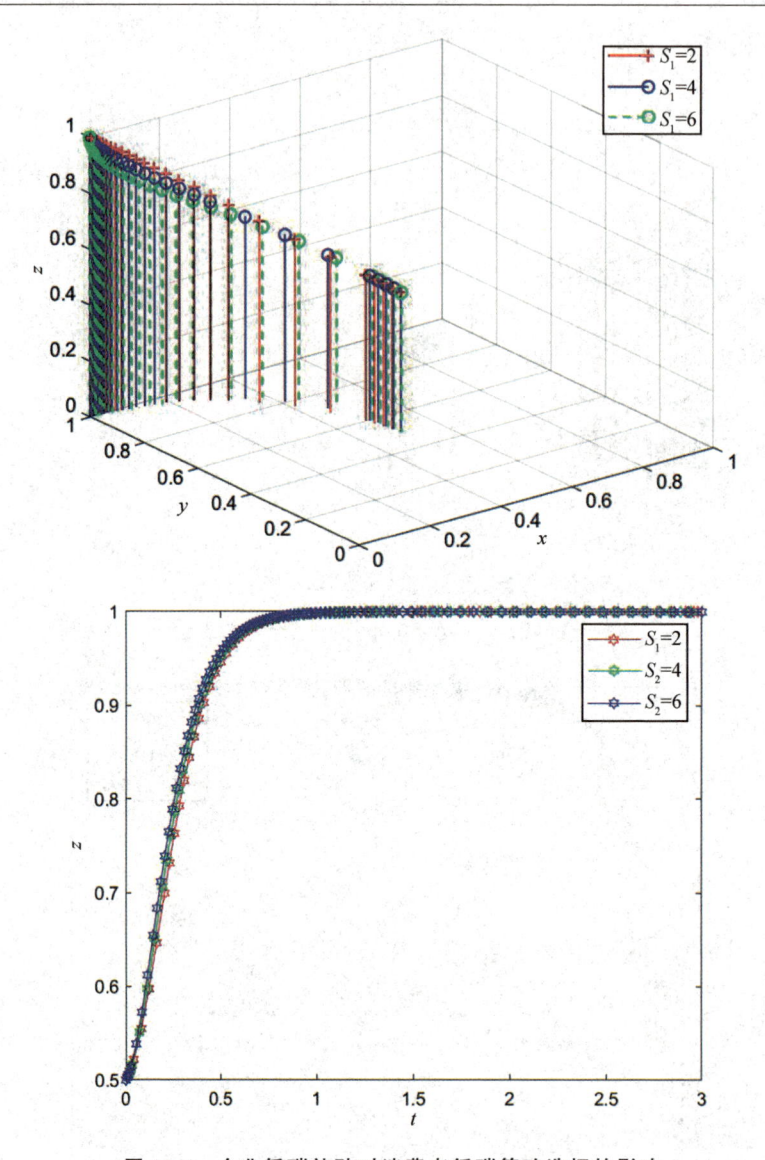

图 13-6　企业低碳补贴对消费者低碳策略选择的影响

由图 13-6 可知,在系统演化至稳定点的过程中,政府给予生鲜品企业低碳补贴加快了消费者购买低碳产品策略的演化速度,随着 S_1 的增加,消费者选择购买低碳产品策略的概率增加,但是与政府直接给予消费者低碳补贴相比,政府给予企业低碳补贴对消费者选择购买低碳产品策略的影响较小。

2)征收碳税

设定 x、y、z 的初始值均为 0.5,分别设置政府对生鲜品企业非低碳行为征

收的碳税 T 为 4、8、12,分析政府生鲜品企业征收碳税对消费者购买策略选择的影响,结果如图 13-7 所示。

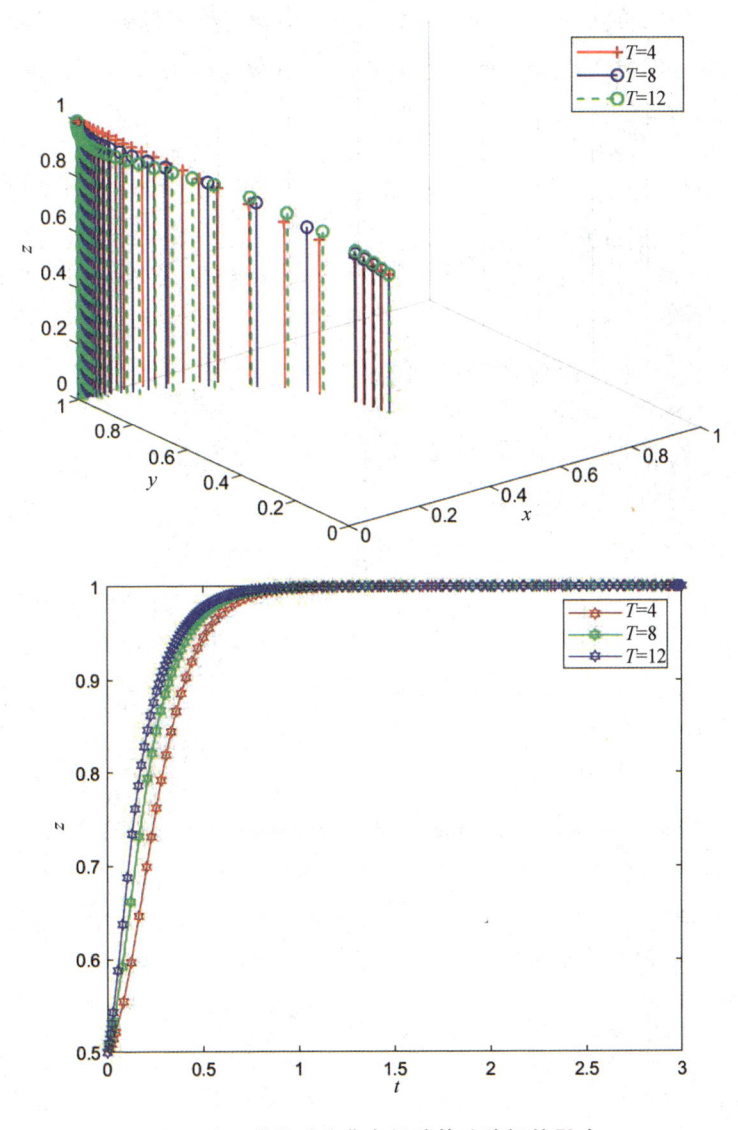

图 13-7 碳税对消费者低碳策略选择的影响

由图 13-7 可知,在系统演化至稳定点的过程中,政府对不采取低碳生产策略的生鲜品企业通过征收碳税的形式进行惩罚,加快了消费者购买低碳产品策略的演化速度,随着 T 的增加,消费者选择购买低碳产品策略的概率增加,因此,为促进消费者形成低碳购买行为,政府可以通过对企业征收碳税的形式使得企业生产低碳产品,进而间接促使消费者购买低碳生鲜品。

3)低碳产品效用

设定 x、y、z 的初始值均为 0.5,分别设置消费者购买低碳产品获得的效用 U_2 为 35、50、65,分析消费者低碳产品效用对消费者购买策略选择的影响,结果如图 13-8 所示。

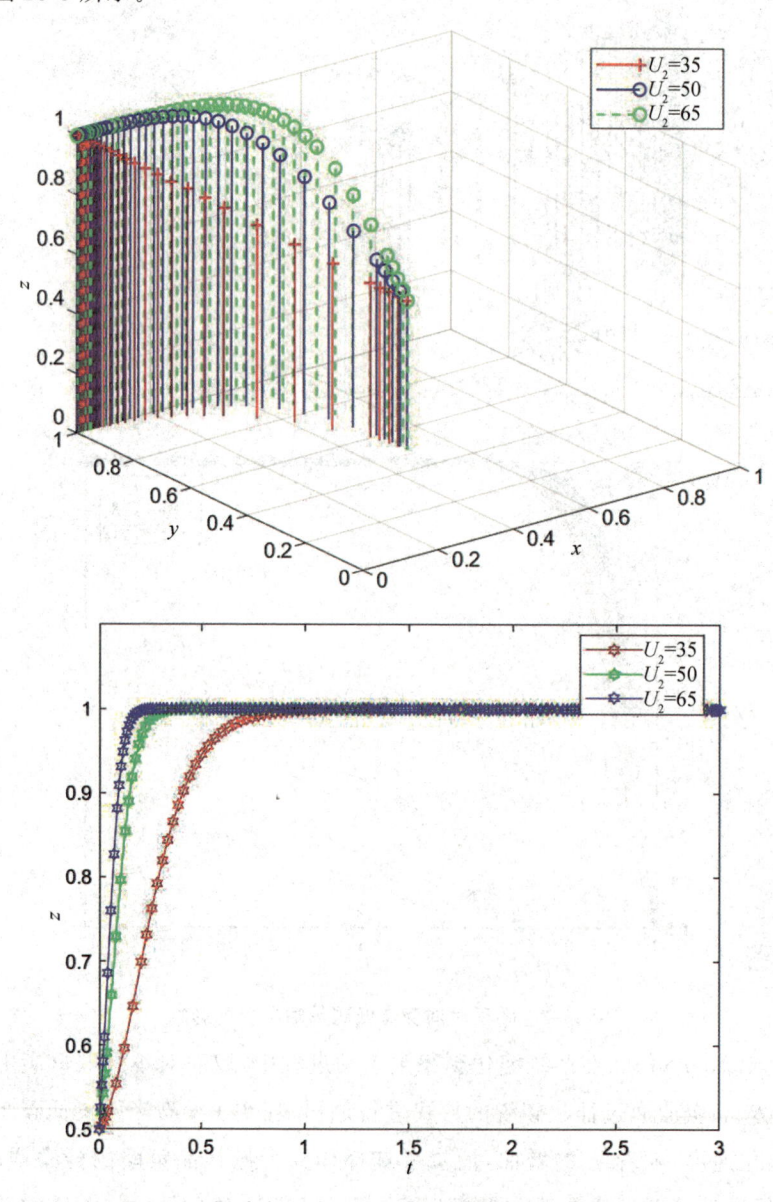

图 13-8　低碳产品效用对消费者低碳策略选择的影响

由图 13-8 可知,在系统演化至稳定点的过程中,随着消费者感知到的低碳产品效用的增加,消费者选择购买低碳产品策略的概率增加,加快了消费者购买低碳产品策略的演化速度,因此,政府与企业可以通过加强低碳宣传等措施促使消费者形成低碳消费偏好,低碳消费偏好越高,消费者越有可能购买低碳产品。

13.4 研究结论

本章通过构建政府、生鲜品企业和消费者之间的三方演化博弈模型,分析了各方策略选择的稳定性、演化结果以及影响消费者低碳消费的影响因素,并通过 MATLAB 数值仿真分析对结论进行了验证,最终得出的结论有以下几点。

(1)政府、生鲜品企业和消费者三方的策略选择之间互相影响,当演化条件满足 $C_4 - R_4 < 0$,即企业由于主动采取低碳生产策略使得企业口碑与声誉提高,进而使企业获得的收益高于企业由于进行低碳生产而额外付出的成本时,系统的均衡点为(0,1,1),模型演化成理想状态,即政府采取"不监管"策略,生鲜品企业采取生产"低碳生鲜品"策略,消费者选择"购买低碳产品"策略。

(2)政府对生鲜品企业以及消费者进行低碳补贴均有利于消费者最终形成购买低碳产品策略,一方面,政府通过补贴的形式缓解了生鲜品企业低碳的成本投入压力,另一方面,政府给予消费者补贴,降低了低碳产品与非低碳产品的价格差,从而引导消费者形成低碳行为。但是,给予企业补贴对消费者策略选择的影响不如直接给予消费者补贴的影响明显,政府可以加大对消费者的补贴力度来影响消费者的购买行为。

(3)政府对未进行低碳生产的生鲜品企业征收碳税也加快了消费者购买低碳产品策略的演化速度,政府对企业征收碳税可以视作对企业的一种惩罚,企业为规避这种惩罚,会主动采取低碳生产策略,生产出更多的低碳产品,间接促进了消费者的绿色购买行为。

(4)消费者对低碳产品的感知效用会增加消费者选择购买低碳产品策略的概率,通过宣传低碳知识、组织低碳活动,在全社会形成低碳热潮,有利于促使企业生产低碳产品,增强消费者的低碳意识。

13.5　本章小结

　　从消费端降低碳排放是实现我国"双碳"目标的重要途径之一。本章考虑到生鲜品行业的低碳消费问题,构建了政府、生鲜品企业以及消费者组成的三方演化博弈模型,对其稳定性策略进行分析,利用数值仿真对结论进行验证,并分析了影响低碳消费的因素。研究结果表明,当企业主动采取低碳生产策略时由于品牌声誉提高获得的额外收益高于企业低碳投入的额外成本时,系统有唯一的演化稳定策略,即政府不监管,生鲜品企业生产低碳产品,消费者购买低碳产品。政府补贴、征收碳税和消费者感知的低碳产品效用均会影响消费者购买策略选择。

第14章　考虑意愿行为的生鲜品低碳消费促进策略研究

消费是激励生产的起点和经济活动的终端,也是碳排放的主要来源,而低碳消费模式是资源节约型、环境友好型的消费模式,是符合绿色发展理念的消费模式,逐渐受到人们的关注。本章将低碳消费融入生鲜品冷链,从人口统计因素、心理因素和低碳相关知识等六个维度探究了影响居民低碳消费的因素,对于提升居民生鲜品的低碳消费意愿、促进居民生鲜品的低碳消费具有重要作用,从而有助于促进产业结构升级,转变经济发展方式。同时,低碳产业的发展对资金、技术和劳动素质提出了更高的要求,将有利于促进经济增长方式由粗放型向集约型转变。

14.1　引言

人类在生产生活中所产生的碳排放逐年增加,全球碳排放量如图14-1所示,虽然相比前几年碳排放的数量有所下降,但节能减排任务任重而道远。

2020年9月22日,国家主席习近平在第七十五届联合国大会上宣布,中国力争2030年前二氧化碳排放达到峰值,努力争取2060年前实现"碳中和"目标。落实"双碳"目标是一项系统性的工程,涉及整个社会的生产生活的各个方面,而消费作为生产的最终目的,其整个生命周期都会产生碳排放,可见,低碳消费以消费环节的碳减排为主要内容,将会成为"双碳"目标的一个重要部分。在消费领域,居民作为消费的主体,生鲜品作为其日常生活的必需品,总体需求量较大,但因生鲜品具有易腐易坏、不易保存等特性,以及消费者的需求呈现出多样化、个性化、高品质等特点,整个消费过程中导致了碳排放量的增加。因此,探究居民消费生鲜品意愿及行为的影响因素,对于降低碳排放具有重要意义。

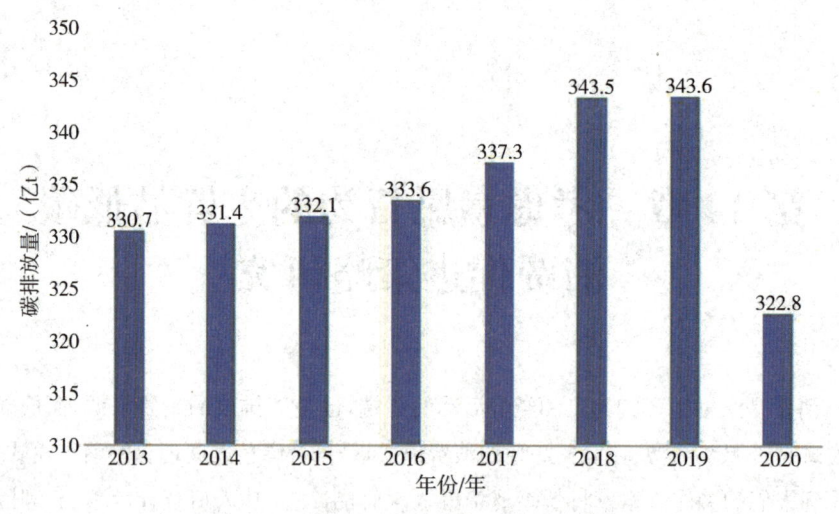

图 14-1　2013—2020 年全球碳排放总量变化

当前，城市居民是低碳消费的主体，居民消费企业所生产的产品，同时也受到政府相关政策的影响，但城市居民消费领域分布比较广泛，消费需求呈现出多样化、个性化的特征，因此，要有效控制碳排放量，需要有效识别居民的消费方式并加以影响和引导，而充分把握居民低碳消费各过程中所受到的影响因素是关键。

目前，学术界关于低碳消费的研究成果较为丰富，纵观已有文献，可以发现主要集中在"低碳消费认知""低碳消费因素"和"低碳消费对策"三个方面。

1）低碳消费认知相关研究

张晶飞等（2020）构建了"空间-行为/认知"分析框架，从居家用能、日常出行与生活消费三个方面测算用户家庭的低碳行为、认知水平。芈凌云等（2019）将低碳知识分为系统知识、行动知识和效力知识，基于"知识-态度-行为"理论，引入了低碳能力，建立了不同低碳知识对低碳行为作用机理的双中介模型，并运用结构方程进行检验，发现宣传教育工作需要根据不同知识的作用机制减少居民低碳行为的认知失调。程占红等（2019）运用聚类分析法研究了五台山景区酒店从业者的低碳认知水平，发现绝大多数从业者的低碳认知水平较低，并呈现出由低碳的认知欠缺者向低碳的认知片面者、低碳的消极实践者、低碳的拥护与践行者逐步过渡的规律。唐承财等（2018）通过实地考察张家界国家森林公园和游客抽样问卷调查，发现张家界游客对低碳旅游的认知水平和意愿程度相对较高。程占红等（2018）运用主成分分析法和结构方程模型，探究了游客低碳旅游认知及非人口学影响因素，发现五台山旅游交通和住宿的碳减排行动最便于开展，但游客低碳旅游认知仍处于初级阶段，实施低碳旅游有一定困难。聂伟(2016)通过建立定序逻辑斯蒂回归模型,分析了城乡居民减排行为的影响因素,发现目前我国城市居民减排行为总体水平较低,环境认知和环境责任感可以显著提升公众的减排行为。Nuwan 等(2020)采用结构方程模型对斯里兰卡消费者的数据进行分析,发现基于计划行为理论(the theory of planned behavior,TPB)的前因变量(态度、主观规范和感知行为控制)和额外变量(低碳自我认同和实施意愿)可以充分解释发展中国家情境下的碳意识决策现象。Zhang 等(2021)通过实证研究讨论了数字消费创新、社会经济因素与低碳消费的相互关系,提出数字消费创新数字消费创新(digital consumption innovation,DCI)为日常消费活动的低碳化转型提供了契机,为解决低碳消费中的社会不平等提供新的理论视角。Xu 等(2021)同样通过实证数据分析了上海市民的环境态度和当地政府推动的生活节能策略,发现日常生活中节能行为的实现取决于人们的生态平衡意识和能源危机程度。

2) 低碳消费因素相关研究

李向前等(2019)考虑了节水、节电和废物有效处置三类低碳消费行为,运用结构方程模拟低碳消费行为影响因素,发现宣传教育对低碳消费行为的影响效果最大,实施便利程度次之,低碳行为知识的影响微弱,低碳心理意识和社会参照规范对低碳消费行为的影响不明显。刘文龙等(2019)提出低碳认知、节约能源行为和处理废弃行为对低碳消费意愿有显著的正向影响,碳危机意识边缘有显著影响。谭晓丽(2019)、李研(2022)等经研究发现人口特征、个人认知和环境情景等因素对居民低碳消费意愿和行为有影响,并据此提出了相应的政策建议。仲云云等(2018)发现技术制约、市场风险和政策风险会制约工业企业低碳生产,而低碳生活态度、政府政策、社会规范,以及低碳产品的质量和价格会影响居民低碳消费。石洪景等(2018)提出从众心理和生态价值感知对低碳消费意愿有正向的影响,年龄和月收入对低碳消费行为有反向的影响。方颖(2017)以政府、企业和消费者为主体,考虑了政府绩效考核体系、企业高管态度和消费者消费意愿等指标体系,计算了三个主体对低碳消费的综合影响程度、原因度和中心度,并提出低碳消费相应的对策建议,有助于推动低碳消费的发展。魏佳等(2017)研究发现生态人格与低碳消费行为呈现显著的正相关关系,其中生态宜人性和生态责任心为主要影响因素,并提出城市居民生态人格塑造政策和低碳消费行为引导政策,以期促进低碳消费行为。Chen W 等(2019)通过调查发现低碳意识、低碳知识、个人规范、社会规范和情境因素对居民的低碳行为有影响,同时情境因素对私人和公共低碳行为都有抑制作用。Ding Z 等

(2018)从心理因素、人口因素、家庭因素和情境因素等方面探讨了影响居民低碳消费行为的因素。Xin Jiang等(2019)发现态度、主观规范和感知行为控制对低碳消费行为意向有显著的正向影响,集体主义价值观对低碳消费行为意向有显著的直接正向影响。Liu Y等(2018)运用环境行为模型探讨了影响大学生低碳消费的因素,发现态度、情境、习惯、政策法规、经济成本以及社会规范会影响其低碳消费行为,并从政府和学校层面提出了引导大学生低碳消费的建议。

3)低碳消费对策相关研究

薄凡(2022)、林伯强(2022)等基于需求效用理论、外部性理论和消费行为论,梳理了自"十一五"时期以来的低碳消费政策历程,并针对公众参与度低和低碳消费市场不完善等问题,从参与主体、产品规范、市场培育、宣传教育和消费场景等方面进一步提出了推进政策。庄贵阳(2019,2021)提出应通过提升消费者认知、优化消费政策设计、挖掘城市作为减排重点区域的潜力、重视非正式制度因素,以及鼓励交通和建筑等减排重点领域低碳消费等途径,引导消费模式绿色转型,从消费端推动"碳达峰""碳中和"的实现。刘敏(2020)、李璐璐(2022)等提出可以借鉴制度-情境-行为理论模型,健全社会规范体系,从树立低碳消费价值观、确立低碳消费伦理、摒弃高碳消费习惯及营造低碳消费氛围等方面促进居民低碳消费行为发展。邓慧慧等(2020)指出引入能源标签、重构信息呈现方式、提供规范性信息反馈以及提升个人教育和能源素养等"助推"式政策,能有效缩减能效差距,培养低碳消费行为习惯。薛生健等(2018)提出要通过低碳消费理念引导消费者从满足欲望转变为满足需求,抑制其过度消费行为,同时可依次对消费者进行行动前引导、行动中引导和行动后引导来实现低碳生活。李珂(2018)、魏琦(2022)等尝试从博弈角度分析了消费者、企业和政府之间的平衡点,以企业为撬动杆,并结合消费者行为理论构建了低碳消费引导机制。

综上所述,可以发现大部分消费者对于低碳的认知还有待进一步的提升,而生鲜品低碳消费的影响因素主要有年龄、收入水平、从众心理和消费观念等,上述研究学者提出的对策建议主要有提升低碳消费认知、加强宣传教育及出台相关政策等,有助于低碳消费的发展。但经济社会不断发展,随着全民受教育水平的提高等,居民的认知和消费观念等也会发生变化,因此本研究结合实际,在梳理已有文献的基础上,综合考量多种因素,分析影响居民生鲜品的低碳消费行为和低碳消费意愿的影响因素,并有针对性地提出相应的对策建议。

14.2 研究方法与变量设计

14.2.1 研究方法

由于被解释变量是居民生鲜品的"低碳消费意愿",分为"愿意"和"不愿意"两种情况;居民生鲜品的"低碳消费行为",分为"是"和"否"两种情况,"低碳消费意愿"和"低碳消费行为"两者皆为二分类变量,无法满足一般回归分析的前提假设条件,同时也不满足一般线性回归分析对被解释变量的取值要求,因此不能够用一般的线性回归模型进行分析。结合实际情况,综合考量多种因素所设计的解释变量中既有数值型变量,又有分类型变量,因此选用二元 Logistic 模型对居民的低碳消费意愿和低碳消费行为分别进行回归分析。设 P 为居民生鲜品低碳消费意愿(行为)发生的概率,取值范围为$[0,1]$,则 $\left(\dfrac{P}{1-P}\right)$ 表示居民生鲜品的低碳消费意愿(行为)发生概率与居民生鲜品的低碳消费意愿(行为)未发生的概率,通过取对数可以得到 $\ln\left(\dfrac{P}{1-P}\right)$,称作对 P 做 Logit 的转换,将其记为 $\text{Logit}P$,取值范围为$(-\infty,+\infty)$,以 $\text{Logit}P$ 为被解释变量,建立回归方程:$\text{Logit}P = w_0 + w_1 x_1 + w_2 x_2 + \cdots + w_n x_n$,对回归方程进行变形可以得到 $P = \dfrac{1}{1+\mathrm{e}^{-(w_0+w_1 x_1+w_2 x_2+\cdots+w_n x_n)}}$,即 Logistic 回归模型,其中,$w_0$ 为常量;$x_1, x_2, \cdots, x_n$ 为解释变量,有 n 个解释变量,分别为低碳消费意愿(行为)的 n 个影响因素;$w_1, w_2, \cdots, w_n$ 为回归系数。结合本书实际,将被解释变量设置为 $y_i(i=1,2)$,y_1 表示低碳消费意愿,y_2 表示低碳消费行为,$y_i = \begin{cases} 0, & 否 \\ 1, & 是 \end{cases}$。将解释变量设置为 $x_{ij}(i=1,2,\cdots,5;j=1,2,\cdots,8)$,表示第 i 个维度的第 j 个变量。

14.2.2 变量设计

根据研究主题,结合已有相关文献,采用问卷调查法展开研究,设置了"低碳消费意愿"和"低碳消费行为"两个被解释变量,将解释变量设置为人口统计因素、心理因素、低碳相关知识、外部因素、政策规范和产品因素6个方面,共计35个变量。其中,人口统计因素包括性别、年龄、受教育程度和月收入4个变量;心理因素包括消费观念、责任感等8个变量;低碳相关知识包括低碳概念知识、低碳行为知识等7个变量;外部因素包括宣传教育、低碳消费便利程度及低碳产品可选择程度等6个变量;政策规范包括强制性政策、自愿性政策等4个因素;产品因素包括低碳产品质量、低碳产品价格等6个因素,各变量设计情况详见表14-1。其中,心理因素、低碳相关知识、外部因素、政策规范和产品因素5个方面均采用李克特五级量表形式进行调查,每一问题设置了"非常不同意""比较不同意""一般""比较同意"和"非常同意"5个选项,分别记为1、2、3、4、5。

表14-1 变量设计

变量类别	变量名称		问题设置	变量定义及赋值
被解释变量	意愿	低碳消费意愿	您愿意低碳消费吗	1=愿意;2=不愿意
	行为	低碳消费行为	您是否会采取低碳消费行为	1=是;2=否
解释变量	人口统计因素	性别	您的性别是	1=男;2=女
		年龄	您的年龄是	1=20岁及以下;2=21~30岁;3=31~40岁;4=41岁及以上
		受教育程度	您的受教育程度是	1=高中及以下;2=专科或本科;3=研究生
		月收入	您的月收入是	1=5 000元及以下;2=5 000~8 000元;3=8 000~12 000元;4=12 000元及以上
	心理因素	消费观念	我愿意尝试新的产品	1=非常不同意;2=比较不同意;3=一般;4=比较同意;5=非常同意
			周围人会影响我的购买行为	
			我会向别人推荐自己购买的产品	
			低碳消费可以提高生活的质量	

续表

变量类别	变量名称		问题设置	变量定义及赋值
解释变量	心理因素	责任感	我会关注全球变暖	1＝非常不同意;2＝比较不同意;3＝一般;4＝比较同意;5＝非常同意
			我有责任节约能源保护环境	
			我应当为减少碳排放做出一份贡献	
			低碳行动需要大家共同努力	
	低碳相关知识	低碳概念知识	我了解什么是低碳	
			我会关注与低碳相关的问题	
			我愿意向别人分享什么是低碳	
		低碳行为知识	我了解低碳行为的重要性	
			我了解采取何种行为可以减少碳排放	
			我会将低碳行为知识付诸实践	
			我会鼓励别人采取低碳行为	
	外部因素	宣传教育	我所接触的低碳消费宣传教育内容实用	
			低碳宣传教育活动会影响我的行为	
		低碳消费便利程度	我购买低碳产品比较便利	
			市场上存在假冒伪劣产品	
		低碳产品可选择程度	低碳产品的可选择种类多	
			购买低碳产品的渠道通畅	
	政策规范	强制性政策	政府补贴有助于低碳消费	
			政府征税有助于低碳消费	
		自愿性政策	即使没有奖励,我也会低碳消费	
			为避免受到惩罚,我会主动低碳消费	
解释变量	产品因素	低碳产品质量	我更加注重低碳产品的质量	1＝非常不同意;2＝比较不同意;3＝一般;4＝比较同意;5＝非常同意
			我会考虑产品的性价比	
			我还无法确定某些低碳产品是否真的低碳	
		低碳产品价格	我更加注重低碳产品的价格	
			低碳产品的价格比较高	
			降低低碳产品价格有助于我低碳消费	

14.3 结果分析

研究分析数据来自课题组 2022 年 1 月—2022 年 3 月的调查,由于疫情,此次采取随机抽样的方式,运用问卷调查法对上海市居民展开线上调查获得。本次回收问卷 190 份,经过对回收的调查问卷进行审查、校对,发现 4 份问卷填写内容不完整,故作为无效问卷进行剔除,共形成有效问卷 186 份,最终问卷的有效回收率达 97.89%,本问卷一共设计 37 个变量,问卷有效回收份数在变量个数的五倍以上,因此可以展开问卷分析。

本书运用 SPSS25 对所收集到的数据进行分析,首先对于所收集到的样本进行了描述性统计分析,查验样本是否具有良好的代表性,其次,对所收集到的问卷数据进行了信度和效度检验,然后对问卷数据进行了中心化处理,以便于更有效地进行回归分析,最后对"低碳消费意愿"和"低碳消费行为"分别从心理因素、低碳相关知识、外部因素、政策规范和产品因素 5 个方面进行了二元 Logistic 回归分析,探究影响居民生鲜品低碳消费意愿和行为的因素及影响程度,进而有针对性地提出对策建议。

14.3.1 描述性统计分析

根据以上的分析结果可以看出人口统计因素的数值特征,反映了本次被调查对象的分布情况,其中均值代表了集中趋势,标准差代表了波动情况,样本的基本特征如下:男性有 78 人,占比为 41.94%,女性有 108 人,占比为 58.06%。从年龄分布情况来看,主要集中于 21～30 岁的青年群体,人数达到了 101 人,比例为 54.30%,整体比例分布呈现为橄榄形状。从受教育程度来看,专科或本科的有 110 人,占总人数的 59.14%;研究生及以上的有 45 人,占总人数的 24.19%;高中及以下的有 31 人,占总人数的 16.67%,可以看出学历主要集中于专科或本科,其他各学历层的居民分布较为均匀。从月收入来看,主要分布在 5 000 元及以下,其次是 5 000～8 000 元,其他各月收入水平的样本也占有一定的比例。总体来看,调查样本的人口统计数据分布较为合理,具有良好的代表性,适合用于本研究的数据分析。

表 14-2 人口统计描述性分析

变量	选项	频率	百分比	平均值	标准差
性别	男	78	41.94%	1.58	0.495
	女	108	58.06%		
年龄	20 岁及以下	30	16.13%	2.28	0.912
	21~30 岁	101	54.30%		
	31~40 岁	27	14.52%		
	41 岁及以上	28	15.05%		
受教育程度	高中及以下	31	16.67%	2.08	0.636
	专科或本科	110	59.14%		
	研究生及以上	45	24.19%		
月收入	5 000 元及以下	87	46.77%	1.95	1.064
	5 000~8 000 元	45	24.19%		
	8 000~12 000 元	31	16.67%		
	12 000 元及以上	23	12.37%		

14.3.2 信度和效度分析

1)信度分析

信度系数的取值范围在 0~1,越接近于 1 说明可靠性越高。通过对各维度进行信度分析,得出如下结果:在心理因素上总体的标准化信度系数为 0.914,项删除后的信度系数都小于总体的 0.914;在低碳相关知识上总体的标准化信度系数为 0.923,项删除后的信度系数都小于总体的 0.923;在外部因素上总体的标准化信度系数为 0.909,项删除后的信度系数都小于总体的 0.909;在政策规范上总体的标准化信度系数为 0.869,项删除后的信度系数都小于总体的 0.869;在产品因素上总体的标准化信度系数为 0.916,项删除后的信度系数都小于总体的 0.916。因此,心理因素、低碳相关知识、外部因素、政策规范和产品因素维度的可信度比较高,同时,各维度的内部一致性较好,题目无须进行调整。最后对总体的信度进行了分析,可以得到标准化后的克隆巴赫系数为 0.978,说明问卷总体的可信度非常高。

2) 效度分析

KMO(Kaiser-Meyer-Olkin)检验的系数取值范围在 0~1,越接近 1,说明问卷的效度越好,根据以上探索性因子分析的结果可以看出,本次 KMO 检验的系数结果为0.975,说明问卷的效度比较好。

经过上述分析可知,此次问卷调查数据的信度和效度比较高,可以对问卷数据进行接下来的分析。

14.3.3 二元 Logistic 回归分析

低碳消费意愿所建立的模型的显著性为 0.986 大于 0.05,说明模型拟合度较好。同时,模型总的预测的准确度达到了 90.3%,说明预测效果良好,准确度较高。另外,以低碳消费行为所建立的模型的显著性为 0.436 大于 0.05,说明模型拟合度较好。同时,总的预测的准确度达到了 92.5%,说明预测效果良好,准确度较高。以"低碳消费意愿"和"低碳消费行为"为被解释变量分别进行二元 Logistic 回归的结果如下:

表 14-3　Logistic 模型回归结果

变量选项	低碳消费意愿 系数	低碳消费意愿 显著性	低碳消费意愿 exp(B)	低碳消费行为 系数	低碳消费行为 显著性	低碳消费行为 exp(B)
我愿意尝试新的产品	−1.646	0.002	0.193	−0.221	0.648	0.802
周围人会影响我的购买行为	0.537	0.261	1.710	0.668	0.190	1.951
我会向别人推荐自己购买的产品	1.331	0.021	3.784	−0.280	0.580	0.756
低碳消费可以提高生活的质量	0.068	0.895	1.071	0.497	0.417	1.644
我会关注全球变暖	0.319	0.536	1.376	−0.473	0.389	0.623
我有责任节约能源保护环境	0.264	0.630	1.302	−0.947	0.072	0.388
我应当为减少碳排放做出一份贡献	−1.460	0.009	0.232	−0.139	0.806	0.870
低碳行动需要大家共同努力	0.188	0.728	1.207	0.379	0.518	1.461
我了解什么是低碳	−0.079	0.880	0.924	0.578	0.267	1.782
我会关注与低碳相关的问题	0.284	0.579	1.328	−0.618	0.319	0.539
我愿意向别人分享什么是低碳	0.577	0.244	1.780	−0.074	0.894	0.928

续表

变量选项	低碳消费意愿 系数	显著性	exp(B)	低碳消费行为 系数	显著性	exp(B)
我了解低碳行为的重要性	−1.206	0.027	0.299	0.546	0.389	1.726
我了解采取何种行为可以减少碳排放	−0.321	0.534	0.725	−0.533	0.419	0.587
我会将低碳行为知识付诸实践	−0.316	0.512	0.729	−0.959	0.102	0.383
我会鼓励别人采取低碳行为	0.556	0.287	1.744	1.337	0.054	3.808
我所接触的低碳消费宣传教育内容实用	0.262	0.650	1.299	1.034	0.109	2.812
低碳宣传教育活动会影响我的行为	−0.258	0.599	0.773	−0.136	0.801	0.873
我购买低碳产品比较便利	−0.097	0.866	0.907	0.634	0.218	1.886
市场上存在假冒伪劣产品	0.620	0.226	1.858	−0.882	0.049	0.414
低碳产品的可选择种类多	0.193	0.728	1.213	−0.728	0.232	0.483
购买低碳产品的渠道通畅	1.190	0.072	3.287	0.711	0.227	2.037
政府补贴有助于低碳消费	−0.858	0.137	0.424	−0.437	0.471	0.646
政府征税有助于低碳消费	1.260	0.039	3.526	−0.121	0.833	0.886
即使没有奖励,我也会低碳消费	−0.845	0.137	0.429	0.053	0.932	1.054
为避免受到惩罚,我会主动低碳消费	0.366	0.475	1.442	1.527	0.013	4.604
我更加注重低碳产品的质量	−0.241	0.620	0.785	−1.043	0.093	0.352
我会考虑产品的性价比	−1.257	0.013	0.285	−0.735	0.175	0.480
我还无法确定某些低碳产品是否真的低碳	−0.436	0.423	0.647	−1.325	0.048	0.266
我更加注重低碳产品的价格	−0.543	0.259	0.581	−0.139	0.795	0.870
低碳产品的价格比较高	−0.827	0.084	0.437	0.325	0.578	1.384
降低低碳产品价格有助于我低碳消费	1.975	0.007	7.205	0.979	0.165	2.662

经过回归结果可以看出:

(1)在低碳消费意愿进行回归分析时,愿意尝试新的产品的显著性为0.002,小于给定的显著性水平0.05,说明尝试新的产品对居民的低碳消费意愿产生显著的正向影响,影响系数为−1.646,表明居民低碳消费的意愿与新产品息息相关。向别人推荐自己购买的产品的显著性为 0.021,小于给定的显著性水平 0.05,说明向别人推荐自己购买的产品对居民的低碳消费意愿产生显著的正向影响,影响系数为 1.331,表明居民越是愿意推荐产品,越是有较高的低碳消费意愿。认为应当为碳减排做出一份贡献的显著性为 0.009,小于给定的显著性水平 0.05,说明认为应当做出贡献对低碳消费意愿产生显著的正向影响,影响系数为 -1.460,说明居民在低碳消费方面有较强的责任感。了解低碳行为的重要性的显著性为 0.027,小于给定的显著性水平 0.05,说明了解低碳行为的重要性对低碳消费意愿产生显著的正向影响,影响系数为 -1.206,表明居民对低碳消费的认识有助于其产生低碳消费的意愿。政府征税有助于低碳消费的显著性为 0.039,小于给定的显著性水平 0.05,表明政府征税对于低碳消费意愿有显著的正向影响,影响系数为 1.260,表明税收可以增强居民的低碳消费意愿。考虑产品的性价比的显著性为 0.013,说明产品的性价比对低碳消费意愿有显著的负向影响,影响系数为 1.257。降低低碳产品价格有助于低碳消费的显著性为 0.007,小于给定的显著性水平 0.05,说明降低低碳产品价格对低碳消费意愿有显著的正向影响,影响系数为 1.975,表明居民更加注重低碳产品的质量和价格,这为企业推出质优价廉的低碳产品提供了空间,同时也提出了新的要求。同时可以得出低碳消费意愿的回归模型为

$$P(y_1=1 \mid x_{ij}) = \frac{1}{1+e^{-X_1}} \tag{14-1}$$

$$\begin{aligned}X_1 =& -1.723 + 1.646 x_{21} + 1.331 x_{23} + 1.460 x_{27} + 1.206 x_{34} \\&+ 1.260 x_{52} - 1.257 x_{62} + 1.975 x_{66}\end{aligned} \tag{14-2}$$

(2)在低碳消费行为进行回归分析时,市场上存在假冒伪劣产品的显著性为 0.049,小于给定的显著性水平 0.05,说明市场上存在假冒伪劣产品对居民的低碳消费行为产生显著的负向影响,影响系数为 -0.882,表明市场上存在的假冒伪劣产品越少,则越有助于更多的居民进行低碳消费行为。为避免受到惩罚而主动低碳消费的显著性为 0.013,小于给定的显著性水平 0.05,说明为避免受到惩罚而主动低碳消费对居民的低碳消费行为有显著的正向影响,影响系数为 1.527,表明为了适当的强制性措施有助于提高居民的低碳消费行为。无法确定某些产品是否真的低碳的显著性为 0.048,小于给定的显著性水平 0.05,说明产品是否真的低碳对居民的低碳消费行为有显著的负向影响,影响系数为 -1.325,表明为了促进居民的低碳消费行为,对于低碳产品的低碳性进行监管

和普及如何鉴别产品是否低碳的知识是十分必要的。同时可以得出低碳消费行为的回归模型为

$$P(y_2 = 1 \mid x_{ij}) = \frac{1}{1 + e^{-X_2}} \tag{14-3}$$

$$X_2 = -1.695 - 0.882 x_{44} + 1.527 x_{54} - 1.325 x_{63} \tag{14-4}$$

政府作为引导者,居民作为消费者,企业作为中介,在整个低碳消费过程中发挥着重要作用,因此,要实现低碳消费,需要政府、企业和消费者的共同助力。对于政府而言,可以采取适当的强制性措施,奖励主动低碳消费的行为,惩罚违反相关规定的行为;同时,政府也可以对低碳生鲜产品提供一定的税收优惠和财政补贴;另外,政府也可以加强低碳消费的宣传教育,有助于营造低碳消费生鲜品的良好社会氛围。对于企业而言,应当积极承担社会责任,加强技术研发,生产出更多的低碳型生鲜产品,供消费者选择;另外,企业要遵守市场规范,保证低碳生鲜产品的质量,适度降低生鲜产品的价格,提升消费者对其产品的信心,也有助于树立良好的企业形象。对于居民而言,应当自觉树立低碳消费的观念;同时要加强低碳知识的学习,提升辨别低碳产品真伪的能力;最后,居民应当将低碳消费意愿转化为实际的低碳消费行为,在生活中切实做到低碳消费。

14.4 本章小结

本章采用问卷调查的方式展开研究,从人口统计因素、心理因素、低碳相关知识、外部因素、政策规范和产品因素6个方面入手,考虑了影响居民生鲜品低碳消费意愿和行为因素,对于问卷数据进行描述性分析和信效度检验后,分别对生鲜品的低碳消费意愿和低碳消费行为进行了回归分析,研究得出结论如下:生鲜品的低碳消费意愿受新产品、他人推荐产品、生鲜品质量和价格的影响,生鲜品的低碳消费行为受产品真伪、产品是否低碳的影响。因此,从政府、企业和居民三方主体出发,提出了促进生鲜品低碳消费的建议,政府可以对低碳生鲜品冷链行业给予一定财政补贴,企业方积极承担社会责任,提供多种可选择的低碳生鲜品,居民应提高辨别低碳产品真伪的能力,并践行低碳消费。

第六部分 案例应用

第15章 运营端——S生鲜品冷链物流碳足迹优化实践

随着国民对生活品质的要求的逐步提高,生鲜品冷链的发展如火如荼。冷链物流保证了生鲜品在配送过程中始终保持较低的温度,降低生鲜品的腐损率,提升了食用的口感及安全性。作为国内物流行业的头部企业,S速运的冷链物流在国内生鲜品冷链运输中扮演着重要的角色。为配合国家的低碳物流战略,S速运的冷链业务也提出合理安排冷链物流配送路径以减少能源消耗和碳排放,进而在冷链物流中实现低碳化运作,降低货物单位周转量的排放量。

15.1 背景介绍

2014年9月,S速运有限公司成立冷运事业部,推出S冷运(SF cold chain)依托S速运的运输网路、仓储服务、温控技术和管理系统,致力于为生鲜食品行业客户提供专业的综合供应链解决方案。S冷链运输主要集中在生鲜品和医药两个业务板块,其中又以生鲜品为最核心业务。随着国民生活水平的不断提高,生鲜品冷链物流的发展速度逐步上升,冷链物流保证了生鲜品在配送过程中始终保持较低的温度,降低生鲜品的腐损率,提升了食用的口感及安全性。

由于配送过程中需要制冷设备对温度的控制,消耗更多能量,产生更多的碳排放。S速运积极配合国家相关政策,明确提出在冷链物流中实现低碳化,降低货物单位周转量的二氧化碳排放量。因此,如何合理安排冷链物流配送以减少能源消耗和碳排放是S冷链在未来发展过程中所要考虑的重要方向。

图 15-1　2015—2019 年中国生鲜市场规模

15.2　现状及问题

15.2.1　冷链物流缺乏统一标准

统一的标准对包括 S 速运在内的冷链物流企业具有至关重要的作用。目前,我国多数冷链物流企业还处在低水平运作阶段,运作仍需要按照流程。虽然近年来我国出台的冷链标准数量很多,但一般为建议性标准且相互交叉,缺少统一有效的规范标准。对冷链企业进行监督约束的法律存在空白,冷链企业实际运营过程中时常出现不规范的操作,产生安全性问题,致使社会对行业失去好感与信任,影响行业发展前景(Ning C.H.E.N.,2017)。

S 速运等头部冷链物流企业在运营过程中执行企业内部标准,包括追溯管理标准,生鲜食品物流包装、标志、运输和储存标准,冷库技术标准及生鲜品操作规程等,但由于没有强制性国家标准,导致 S 速运的冷链业务在进行多企业联合运输时无法很好地与其他企业进行对接,由此而引发的监管缺乏等也延缓了中国冷链物流市场的发展。

15.2.2 冷链物流信息化程度低

运输速度和时间决定了生鲜产品的新鲜度,因此冷链物流的信息化、物流信息及时准确地更新至关重要。据统计,大多数实力雄厚的企业已经建立了信息管理平台,而多数企业还是采用传统物流方式,没有享受到信息化带来的机遇和效益(Li et al.,2012)。

目前,S速运的冷链物流只在部分地区建立了数字化物流信息管理平台,尚未形成完善的信息网络,并且上下游之间信息化程度差距较大,显著存在信息断层,信息交流的通畅性和准确性受阻。另外,各环节没有整体规划安排,缺乏准确信息,出现问题时难以发现是哪个环节出现过失,导致本应协作共赢、互利互惠的局面,变成由于冷链运输过程造成无谓损失的局面(Zou et al.2013)。

15.2.3 冷链低碳策略有待优化

国内的物流企业目前仍然处于较快速的发展状态,S速运的冷链由于前些年资本的大量涌入使得企业规模急剧扩大,但S速运的冷链从企业角度仍然较为关注总收入与利润的提升,与低碳物流科技相关的投入由于短期内无法变现,因此S速运的冷链目前并没有把低碳物流作为重点领域进行发展。

首先,由于S速运的冷链在目前的物流环节过程中较少考虑低碳目标,因此其通过系统生成的运输路线存在碳排放较高的情况。其次,S的陆空多式联运在运行过程中大量使用柴油冷藏车以及高性能飞机,使得物流过程中的碳排放总量急剧上升。再次,S的运输系统规划在确定冷藏车的行驶速度时只考虑如何降低总成本,但没有考虑低碳因素。最后,S速运的冷链对消费者在新鲜度方面的要求预测不够准确,在新鲜度和低碳运输两者间无法做到平衡。

15.3 场景应用

15.3.1 场景描述

生鲜品 A 是一种需求广泛的食品,在配送过程中必须冷藏运输。生鲜产品对新鲜度敏感,废物处理成本高。生鲜品 A 在 B 城市群中拥有完整的全渠道物流网络,包括生产、运输、加工和配送等 4 个部分,S 速运作为第三方物流公司,为 3 个供应商、3 个配送中心和 4 个零售商提供运输和配送服务。S 速运首先通过公路运输和铁路运输的方式,分别将 3 个生鲜品供应商生产的生鲜运输到 4 个配送中心(其中,3 个供应商的单位生产成本和产量分别为:1.80 元/kg,0～35 000 kg;1.75 元/kg,0～12 700 kg;2.00 元/kg,0～73 500 kg。3 个配送中心的处理货物的能力、处理货物的单位成本及固定成本为:45 000～70 000 kg,0.025 元/kg,50 000 元;25 000～45 000 kg,0.045 元/kg,66 600 元;20 000～60 000 kg,0.040 kg/元,69 000 元。第 1 个供应商向 3 个配送中心运输的产量分别为:15 000 kg,12 000 kg,8 000 kg。第 2 个供应商向 3 个配送中心运输的产量分别为:5 000 kg,4 700 kg,3 000 kg。第 3 个供应商向 3 个配送中心运输的产量分别为:30 000 kg,20 000 kg,23 500 kg。第 1 个供应商到 3 个配送中心的距离分别为:800 km,500 km,300 km。第 2 个供应商到 3 个配送中心的距离分别为:750 km,460 km,380 km。第 2 个供应商到 3 个配送中心的距离分别为:700 km,550 km,710 km)。接着 4 个生鲜品零售商分别从 3 个供应商处订购生鲜产品(其中 4 个零售商的需求量分别为:12 000 kg,25 000 kg,10 000 kg,15 000 kg),S 速运将在配送中心的生鲜产品运输到零售商处(3 个配送中心到第 1 个零售商处的距离分别为:200 km,180 km,110 km;3 个配送中心到第 2 个零售商处的距离分别为:160 km,100 km,120 km;3 个配送中心到第 3 个零售商处的距离分别为:100 km,110 km,130 km;3 个配送中心到第 4 个零售商处的距离分别为:120 km,140 km,140 km。3 个配送中心到第 1 个零售商的单位运输成本为:0.85 元/km,0.96 元/km,0.76 元/km;3 个配送中心到第 2 个零售商的单位运输成本为:0.90 元/km,1.45 元/km,1.25 元/km;3 个配送中心到第 3 个零售商的单位运输成本为:1.95元/km,2.16元/km,2.61元/km;3个配送中心到第4个零售商的单位运输成本为:1.78元/km,1.72元/km,2.35元/km)。最后零售商通过S速运将消费者购买的生鲜产品配送给消费者。

15.3.2 主要参数及模型构建

根据上述场景描述,来构建S速运公司冷链物流运输系统模型,主要参数和函数模型如表15-1所示。

表15-1 模型参数设定与释义

变量或参数	变量或参数释义
$I=\{1,\cdots,i\}$	I 是产地 i 的子集合
$J=\{1,\cdots,j\}$	J 为配送中心 i 的子集合
$K=\{1,\cdots,k\}$	K 为零售商 k 的子集合
P_i	产地 i 的产量/kg
C_i	产地 i 生鲜食品的单位生产成本/(元/kg)
D_j	配送中心 j 的处理货物能力/kg
C_j^{DH}	配送中心处理货物的单位成本/(元/kg)
$C_j^{D,e}$	配送中心的固定运营成本/元
Q_{ij}	产地到配送中心的运量/kg
Q_{jk}	配送中心到零售商的运量/kg
D_k	零售商的市场需求量/kg
C_{ij}^{G}	产地到配送中心的公路运输单位运费/(元/kg)
C_{ij}^{T}	产地到配送中心的铁路运输单位运费/(元/kg)
β	由产地到配送中心距离决定的系数,$d_{ij}\geqslant 600,\beta=0$;$d_{ij}<600,\beta=1$
C_{jk}^{G}	配送中心到零售商的单位运费/(元/kg)
d_{ij}	产地到配送中心的运输距离/km
d_{jk}	配送中心到零售商的运输距离/km
C_t	冷藏车的固定成本/(元/辆)

续表

变量或参数	变量或参数释义
R_{jk}^{V}	配送中心到销售商运输过程所需的冷藏车数量/台
T_{jk}^{m}	配送中心到销售商的运输时间/h
V	冷藏车行驶速度/(km/h)
LC	冷藏车的实际载重量/kg
C_j	生鲜产品废弃部分的单位处理成本/(元/kg)
X_{ij}	产地与配送中心联络状态
X_{jk}	配送中心与销售商联络状态
Y_j	配送中心状态,处于运营时 X_{ij}、X_{jk}、Y_j 为1,否则 X_{ij}、X_{jk}、Y_j 为0
$C_{q_i^{ce}}^{m}$	生鲜食品生产过程的碳足迹,$kgCO_2$
$C_{q_{ij}^{ce}}^{G}$	产地到配送中心公路运输过程每单位产品的碳足迹/$kgCO_2$
$C_{q_{jk}^{ce}}^{T}$	产地到配送中心铁路运输过程每单位产品的碳足迹/$kgCO_2$
$C_{q_j^{ce}}^{m}$	零售商每单位产品的碳足迹/$kgCO_2$
$C_{q_{jk}}^{m}$	冷藏车车速为 $m\ km/h$ 时所对应的单位碳足迹/$kgCO_2$
C_{CO_2}	生鲜食品供应链的碳足迹税率/(元/kg)
λ	生鲜食品随时间的变化产生的新鲜度/%
α	生鲜食品随时间的变化产生的腐损率/%
W	司机的每小时工资/元

S 速运的冷链系统的决策目标包括经济成本最小化和碳足迹最小化,通过引入碳足迹税率 C_{CO_2},针对冷链物流系统经济总成本与碳排放量,将生产、转运、配送处理及废弃处理等生鲜品生命周期全流程中的碳足迹转化为社会支出成本,将多目标目标函数转化为单目标函数进行求解最优解。此时,冷链系统决策目标为

$$\min F = \sum_{i \in I} C_i P_i + \sum_{j \in J} C_j^{D,e} Y_j + \sum_{j \in J} C_j^{DH} D_j + \sum_{j,k} C_t R_{jk}^{m}$$

$$+ \sum_{i,j} [\beta Q_{ij} C_{ij}^{G} + (1-\beta) Q_{ij} C_{ij}^{T}] + \sum_{j,k} R_{jk}^{m} C_{jk}^{G} d_{jk}$$

$$+ \left[\sum_{i \in I} C_{q_i^{ce}}^{m} P_i + \sum_{j \in J} C_{q_j^{ce}}^{m} D_j + \sum_{i,j} [\beta d_{ij} Q_{ij} C_{q_{ij}^{ce}}^{G} + (1-\beta) d_{ij} Q_{ij} C_{q_{ij}^{ce}}^{T} \right.$$

$$+ \sum_{j,k} d_{jk} C_{q_{jk}^{\mathrm{m}}} R_{jk}^{\mathrm{m}} + \sum C_{wqe} I \bigg] C_{\mathrm{CO}_2} + \sum_{j,k} T_{jk}^{\mathrm{m}} R_{jk}^{\mathrm{m}} W + \sum_{k} [C_j D_k (1-\lambda)]$$

(15-1)

$$\mathrm{s.t.} \begin{cases} X_{ij} \leqslant Y_j, \forall\, i \in I, j \in J; \\ \sum_i X_{ij} \geqslant Y_j, \forall\, j \in J; \\ X_{jk} \leqslant Y_j, \forall\, j \in J, k \in K; \\ \sum_j X_{jk} \geqslant 1, \forall\, k \in K; \\ Q_{ij}^{\min} X_{ij} \leqslant Q_{ij} \leqslant Q_{ij}^{\max} X_{ij}, Q_{ij} \in N, \forall\, i \in I, j \in J; \\ Q_{jk}^{\min} X_{jk} \leqslant R_{jk}^{m} LC \leqslant Q_{jk}^{\max} X_{jk}, \forall\, j \in J, k \in K; \\ \dfrac{d_{ij} - 600}{\beta - 0.5} \leqslant 0 \\ P_j^{\min} \leqslant P_i \leqslant P_i^{\max}, P_i \in N, \forall\, i \in I; \\ P_i = \sum_j Q_{ij}, \forall\, j \in J; \\ D_j^{\min} \leqslant D_j \leqslant D_j^{\max}, D_j \in N, \forall\, j \in J; \\ D_j = \sum_i Q_{ij}, \forall\, i \in I; \\ \sum_k R_{jk}^{\mathrm{m}} LC \leqslant D_j Y_j, \forall\, j \in J; \\ \sum_j R_{jk}^{\mathrm{m}} LC (1-\alpha)^{\frac{T_{jk}^{\mathrm{m}}}{0.5}} \geqslant D_k, \forall\, k \in K; \\ \dfrac{d_{jk}}{V_{jk}^{\mathrm{m}}} - 0.5 < T_{jk}^{\mathrm{m}} \leqslant \dfrac{d_{jk}}{V_{jk}^{\mathrm{m}}} + 0.5, T_{jk}^{\mathrm{m}} \in N, \forall\, j \in J, k \in K; \\ \lambda = (1-\alpha)^{\frac{T_{jk}^{\mathrm{m}}}{0.5}}, T_{jk}^{\mathrm{m}} \in N, \forall\, j \in J, k \in K; \\ Q_{ij} \geqslant 0, \forall\, i \in I, j \in J; \\ R_{jk}^{\mathrm{m}} \geqslant 0\ 且\ R_{jk}^{\mathrm{m}} \in N, \forall\, i \in I, j \in J; \end{cases}$$

(15-2)

15.3.3 算例分析

通过建模分析,可以得出在 S 速运冷链运输过程中的总成本和碳足迹受冷藏车速度和距离系数的双重影响。从图 15-2 和图 15-3 可以看出,随着距离系数的增加,系统总成本和总碳排放量变化的总体趋势大致相同。当冷藏卡车的速度逐渐增加时,系统的总成本和系统的总碳排放量均呈下降趋势。

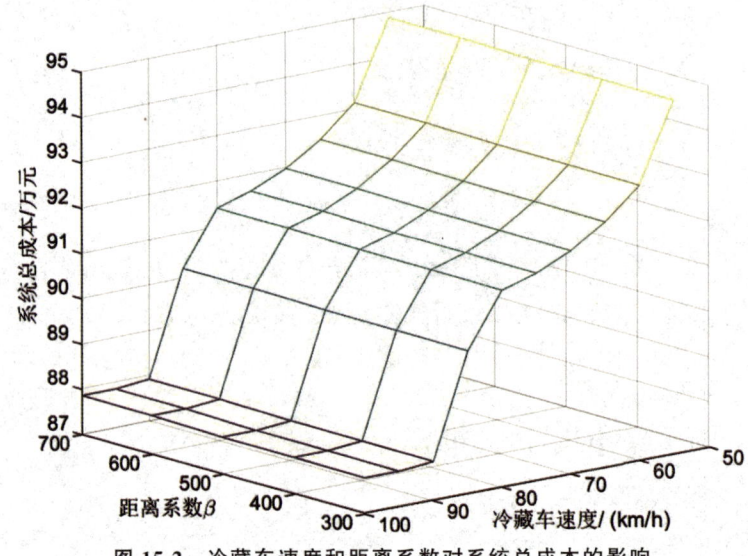

图 15-2　冷藏车速度和距离系数对系统总成本的影响

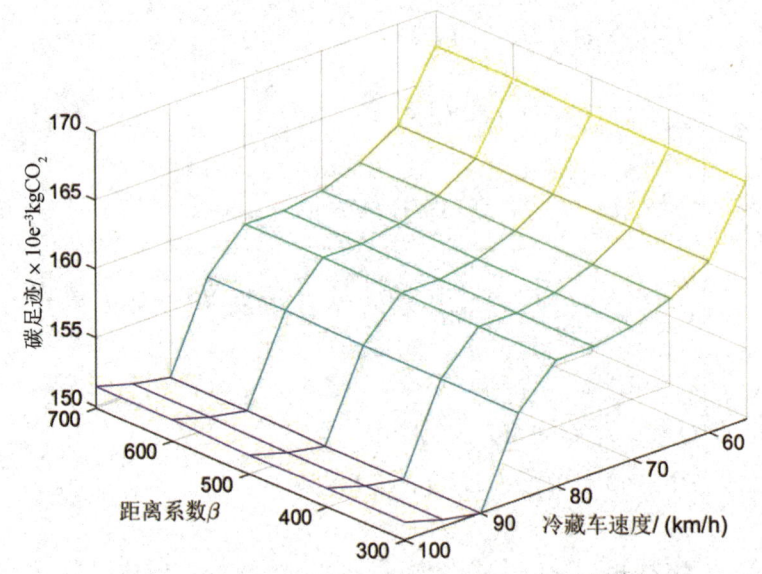

图 15-3　冷藏车速度和距离系数对碳足迹的影响

从图 15-4 可以看出冷藏车速度的变化对系统的总成本和碳足迹有一定的影响。在一定范围内,随着运输速度的提高,总成本和碳足迹都有下降的趋势。

其中,碳足迹和冷藏车的速度具有近似二次函数,即碳足迹随冷藏车的速度而变化,可以在当前系统模型中找到碳足迹的最优解。当冷藏车的速度从 55 km/h 增加到 90 km/h 时,碳足迹和总系统成本逐渐降低。当冷藏车的速度等于 90 km/h 时,碳足迹和总系统成本都将降到最低。此后,碳足迹呈上升趋势,而整个系统的成本几乎不变。

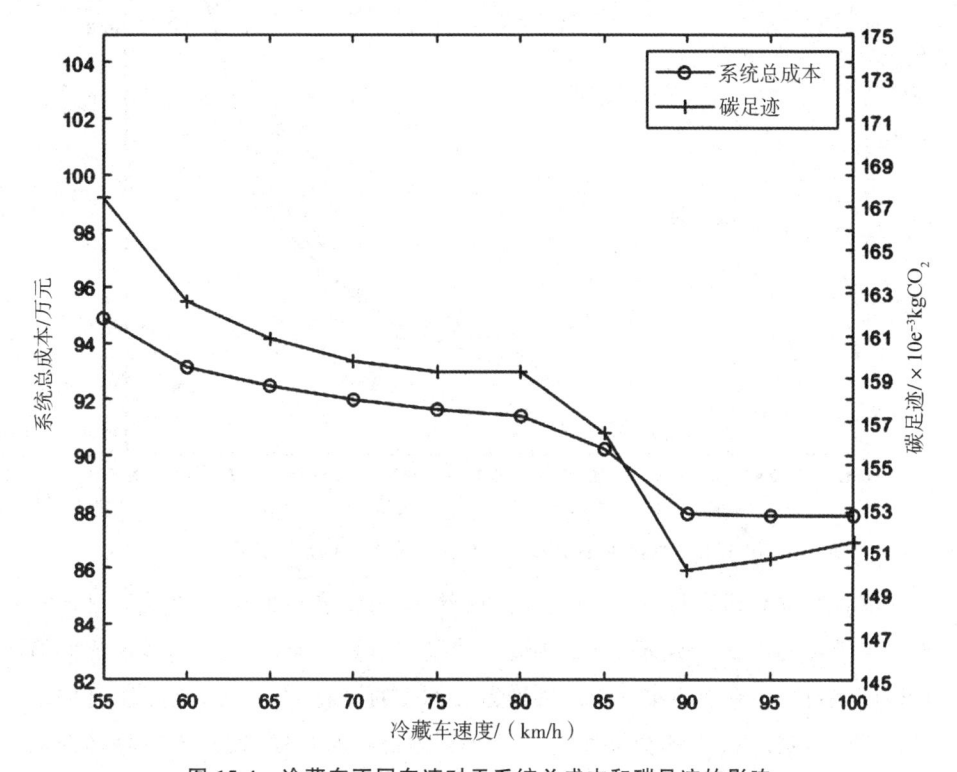

图 15-4　冷藏车不同车速对于系统总成本和碳足迹的影响

通过分析图 15-4 中的数据,可以得出,当冷藏车的速度大于 90 km/h 时,碳足迹呈上升趋势。考虑到变质生鲜品的处理会产生较多的碳足迹,因此在该系统中处理变质生鲜品的单位成本相对较大,因此此时的总系统成本正在缓慢降低。与碳足迹的增加相比,总成本的减少幅度甚至更小。此时,从节能减排的角度出发,建议公司将冷藏车的速度调整为 90 km/h。

生鲜品对于运输的时效性有着较高的要求,这是由于消费者或者说市场需求对于生鲜品到达终端零售市场时的新鲜度有着较高的要求,因为新鲜度与中转时间有着负相关的关系,也正是为了减少生鲜品在运输过程中的损耗,催生了冷链运输模式。新鲜度对总成本和碳足迹的影响如图 15-5 所示。

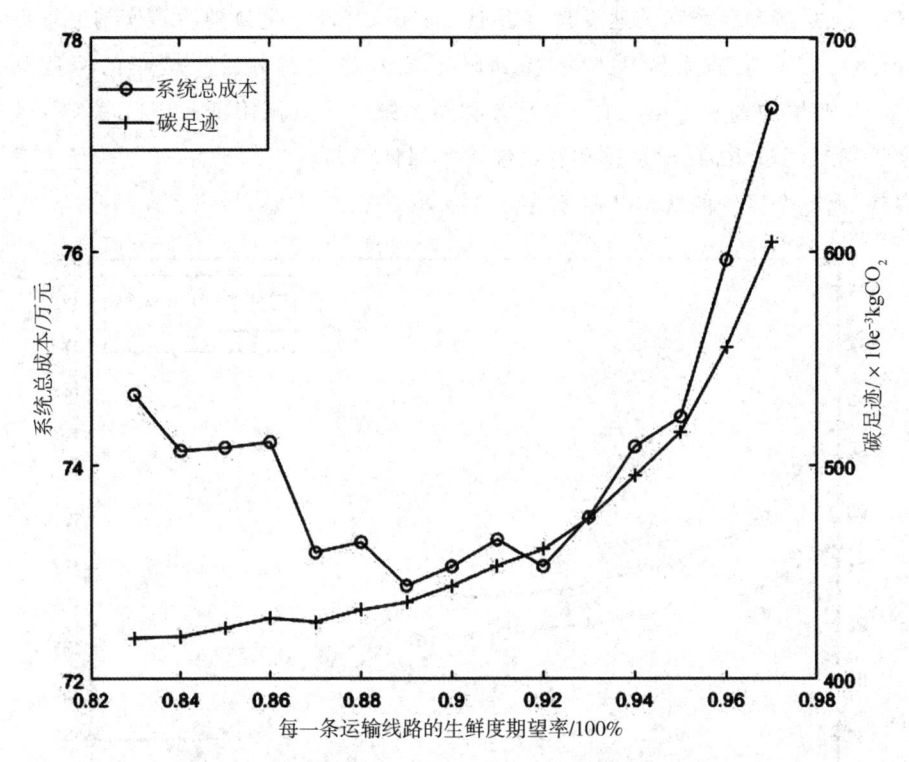

图 15-5　新鲜度期望率对于系统总成本和碳足迹的影响

随着生鲜品到达终端零售市场时对新鲜度的要求不断提高,碳足迹已显示出持续增长的趋势。初期的增长幅度不明显。新鲜度期望率越高,碳足迹的增长幅度就越大。总成本呈现出一种随着新鲜度的提高,先波动后急剧上升的趋势。当生鲜品以 0.89 的新鲜度进入最终零售市场时,系统的总成本将降至最低,并且碳足迹的增加并不明显。此后,随着新鲜要求的增加,总成本波动并增加,碳足迹也开始显著增加。通过仿真结果可知,从经济效益的角度来看,在实际运输中,经营生鲜品冷链运输的公司应考虑调整冷藏车的速度,不仅要确保生鲜品进入终端零售市场时的新鲜度,还要尽可能节省总成本。

S 在经过多年发展后已经拥有了成熟的铁路和公路运输体系,因此在探讨距离系数对系统总成本和碳足迹的影响时,必须考虑采用铁路运输和公路运输时到达配送中心的货损量。距离系数对总成本和碳足迹的影响如图 15-6 所示。

根据现有研究可知,在其他条件不变的情况下,采用铁路运输造成的产品碳足迹仅为公路运输的 55%。随着距离系数的增加,意味着当运输距离小于距离系数时都采用公路运输,总成本和碳足迹均呈增长趋势。在 300～500 km

的距离范围内,碳足迹和总系统成本的增长幅度不大。当运输距离超过 500 km 时,如果单纯采用公路运输将会导致碳足迹和系统总成本急剧增加。从碳足迹的角度来看,涉及长距离运输时,应选择铁路运输为主要方式。长途铁路运输与短途公路运输相结合,更有利于物流企业的可持续发展。

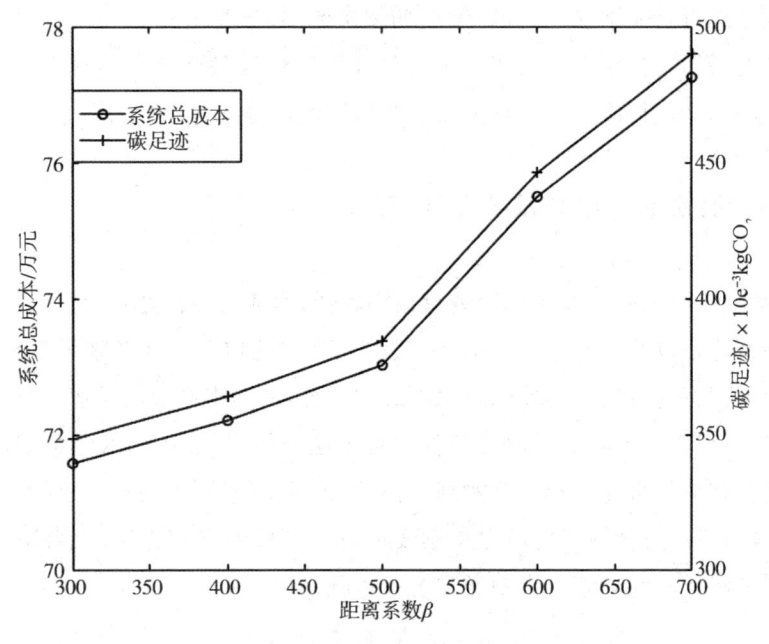

图 15-6　距离系数对于系统总成本和碳足迹的影响

15.4　实践启示

15.4.1　合理控制冷藏车行驶速度

从冷链物流碳足迹模型及其仿真计算分析结果可以得出,相比于冷链物流的其他环节,冷藏运输环节是该流通渠道的碳排放大户,在不考虑其他外界不确定因素变化的情况下,冷藏车行驶速度对碳足迹有着关键影响作用,因此要合理控制冷藏车的行驶速度,从而达到新鲜度与碳减排的均衡。

15.4.2 合理控制冷链系统新鲜度

随着新鲜度期望率逐步增加,碳足迹总量相比较于对新鲜度期望率无要求时的碳排放量明显增加,而且新鲜度期望率越高,碳足迹增长幅度越大。将冷链系统的新鲜度控制在某一范围可以最大程度地满足终端市场对于新鲜度的要求,同时,又使得冷链系统环境效益和经济效益得到满足。

15.4.3 加快推行碳减排补贴政策

相比于发达国家,我国的冷链流通率较低,冷链物流行业发展潜力巨大,通过S冷链考虑碳足迹物流优化的研究发现,对冷链物流从业者来说,经济效益和环境效益有的时候并不能同时取得最优组合,例如当系统碳足迹总量为最低时,系统总成本并不能总是取得最优。对于这种情况,建议国家相关部门尽快建立健全相应的法律法规并落实到位,对于积极实行节能减排的企业实行一定补贴,这对于冷链物流行业的可持续发展有着积极的引导作用,也解决了相关企业在经济成本和环境成本中做取舍的后顾之忧。

15.5 本章小结

本章主要通过S速运的冷链低碳运营案例来剖析生鲜品冷链企业低碳化发展模式。首先对S冷链公司背景进行介绍,并就S速运在冷链业务中存在的问题进行探讨,即冷链物流缺乏统一标准、冷链物流信息化程度较低及冷链低碳策略有待推进,并选取S速运冷链物流运输配送数据对其进行算例分析。最后通过算例结果得到实践启示:要合理控制冷藏车行驶速度和冷链系统新鲜度,降低碳排放量,同时要加快推行碳减排补贴政策,鼓励冷链企业积极减排。

第16章 消费端——R集团考虑低碳偏好的预制菜冷链优化实践

随着预制菜产品的兴起,预制菜消费量在全球尤其是发达国家呈现快速增长趋势,R公司作为日本预制菜龙头企业,1950s至今都始终保持行业领先。本章通过对R集团预制菜产品业务进行介绍,并分析其现状及问题,最后对预制菜业务进行案例分析,为国内冷链企业的发展提供一定的借鉴和启示。

16.1 背景介绍

1942年R集团前身帝国海产成立,20世纪50年代起,基于自身冷链物流基础开始重点开拓冷冻预制菜业务,1985年更名为R集团,加强品牌建设以更好发力零售渠道。2020年R集团收入5 728亿日元,净利润212亿日元,预制菜/物流/海产品/畜禽产品收入占比分别为39%/34%/11%/14%。2020年集团毛利率17.2%,净利率3.7%,其中预制菜营业利润率达7.6%,高于物流(6.7%)、畜禽类(1.6%)和海产品(0.8%),如图16-1所示。

经过近70年的发展,R产品矩阵已非常丰富,在行业增长放缓的背景下,公司提出"选择与聚焦"产品策略,专注已经占据优势的三大战略类别——米饭、中餐和鸡肉,目标从整体份额第一转向多品类第一。根据公司年报,R在鸡肉类、炸肉丸及汉堡肉品类的市场份额均位列行业头部,R在产品研发与生产技术上一直位于行业前沿,拥有100多名员工组成的技术开发中心,内含食品研究组、产品开发组、设备开发组以及先进科学技术组。已成功推出了多款划时代产品,包括在1994年实现技术革新,开启日本冷冻预制菜新格局。

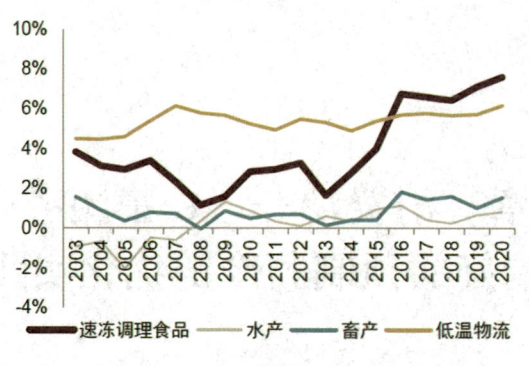

图 16-1　R 集团预制菜食品经营利润率情况

2005 年，R 为了能更灵活地应对外部环境变化，把集团业务重组为单独的控股公司，其中 R 食品公司主营速冻调理食品，R 物流公司主营冷链物流相关服务，R 生鲜公司负责海产品与畜禽产品业务等。围绕速冻食品和物流两大核心业务，R 持续深耕日本市场，加大海外布局，保持行业龙头地位。

16.2　现状及问题

R 集团子公司主要有 R 食品（预制菜业务）、R 物流（冷链业务）和 R 生鲜（海产品与畜禽产品业务），从原材料采购、加工到仓储与配送都能创造协同作用，降本增效，提高预制菜消费规模，增加 R 的综合实力。

16.2.1　冷链运输新鲜度损耗过高

R 集团旗下 R 生鲜公司主营海产品和畜禽产品业务，公司从超过 30 个国家进口高质量食材，包括从中国、加拿大进口贝类海鲜，从东南亚、格陵兰岛、希腊等进口虾类海鲜，在物美价廉的中国和泰国饲养与加工鸡肉等。由于 R 生鲜的食材需要跨区域或跨国运输，导致长途运输不可避免，这一环节损耗率较高，而传统生鲜供应链经过多层运输、装卸后，生鲜产品的损耗度非常高。

在管理人员进行产品管理时，由于把握不当或经验不足，预制菜无法保持供应、储存、配送和销售之间的动态平衡关系，导致损耗和积压往往频繁出现。

另外，预制菜生产具有区域性，不同地区的人有不同的需求，这就需要跨区域运输，但又由于预制菜产品容易变质腐烂，配送过程不可避免地会产生损耗，造成预制菜新鲜度降低，从而影响口感和品质。

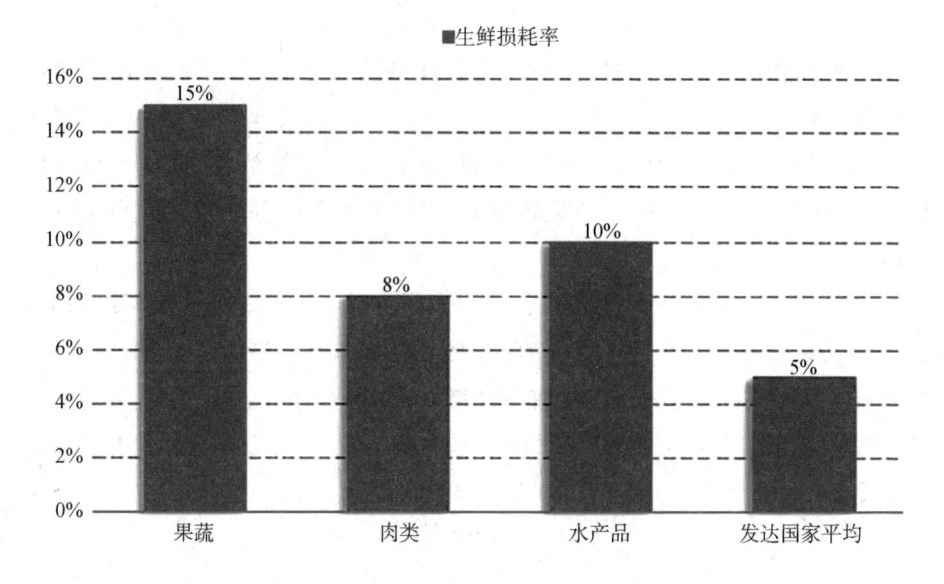

图 16-2　不同生鲜产品的生鲜损耗率

16.2.2　冷链运输存在"断链"现象

R 物流自 1952 年在东京设立了日本首家超低温大型冷藏仓库后即开启了冷链物流业务，于 2004 年拓展到中国，R 物流主要业务包括仓储、运输和定制物流服务等，在全球范围内完善的冷链布局和运输派送能力有助于 R 食品实现上下游无边界运输，包括原材料和产品的采购、仓储与配送，同时有效控制成本，最大化集团业务协同效应。

企业有时为控制成本，造成冷链食品不制冷运输。生鲜产品在仓储、运输及销售过程中的物流成本相对于普通运输高 40％～60％，一些经销商或物流作业人员为了控制成本，不按冷链物流规定操作，在物流过程中关掉制冷设备，用普通仓库和普通货车代替冷库和冷藏车储存运输预制菜食品，导致冷冻类产品安全得不到保证。另外，一些地区分公司由于经费紧张，融资支持力度不足，冷链物流车辆未及时更新制冷设施，会出现运输过程停止制冷的情况，造成食品品质变质(Zhu,et al.,2021)。

16.2.3 冷链物流存在高碳排放问题

目前R物流在日本已拥有约80个存储型配送中心,合计149万t,冷链布局排名日本第1,世界第6。公司每天在日本运行的车辆数量约为7 000辆,以丰富的低温物流基础设施与各地区的物流基地相结合,将日本全国细化,以大城市为中心,结合干线运输服务,可以处理全国各地频繁的小批量交付(Liu et al.,2021)。

然而,在R集团庞大的冷链物流体系下,同时也伴随着高耗能高碳排放问题的产生,冷链物流及其供应链是一个跨越时空、突破国界范围的产业合作领域,尽管碳排放不及制造业,但也是一个能源消耗大、碳排放多的领域。另外,随着低碳经济的发展,消费者对于生鲜产品的低碳偏好日益提高,R食品应加快开始冷链物流设备升级及生产结构优化,以实现低碳化转型(Chen et al.,2022)。

16.3 场景应用

16.3.1 场景描述

某零售商与R食品公司以冷链系统利润最大化为目标签订预制菜产品合作合同,他们之间信息公开透明,利益完全一致,共同合作。

R食品公司以5元/件的成本生产某款预制菜产品,其中R食品在生产预制菜的过程中会产生碳排放,在低碳经济环境下,消费者低碳偏好日益提高,R食品公司每减少一单位的碳排放量,消费者会提高预制菜产品需求1件,为此,R食品公司以每单位2元的碳减排成本来进行了低碳化改造。通过市场调研估计,该零售商一天单款预制菜产品的市场容量约为100件,R食品公司每天需要给该零售商供货,预制菜由供应商运送至零售商处时的新鲜度为100%,零售商通过线上渠道进行销售,当消费者从线上渠道购买生鲜品时,运送途中存在折损且折损程度为30%。另外,消费者对于预制菜具有新鲜度偏好,每提高一单位的新鲜度,消费者会提高6件预制菜的需求,因此,为了提高销量,零售商通过对预制菜的保鲜投入来使预制菜的折损度降低,零售商每提高一单位的新鲜度需要承担11元的成本,为了使冷链利润最大化,供应商和零售商根据市场需求、消费者新鲜度偏好和低碳偏好等因素来确定预制菜的最优零售价格、新鲜度努力水平和碳减排努力水平。

16.3.2 主要参数及模型构建

根据上述场景描述,来构建R食品公司和零售商构成的预制菜冷链系统模型,主要参数和函数模型如下。

表16-1 预制菜冷链主要参数

符号	名称
$c=5$	预制菜单位成本为5元/件
$d=100$	预制菜单个产品市场容量100件
$\gamma=6$	消费者新鲜度偏好为6件/单位
$\theta=1$	生鲜品由供应商运送至零售商处时的新鲜度为100%
$\theta_0=0.3$	线上渠道购买生鲜品时,运送途中折损程度为30%
$k=2$	新鲜度努力成本为11元/单位
$\delta=2$	碳减排努力成本为2元/单位
$u=1$	消费者低碳偏好为1件/单位

预制菜到达零售商处的新鲜度函数:
$$\theta(e)=\theta(1-\theta_0+e) \tag{16-1}$$
预制菜冷链系统的利润函数:
$$\begin{aligned}\Pi &= (p-c)Q-c_e-c_v \\ &= (p-c)[d-2p+\gamma\theta+\gamma\theta(1-\theta_0+e)+uv]-\frac{1}{2}ke^2-\frac{1}{2}\delta v^2\end{aligned}$$
$$\tag{16-2}$$
预制菜运输过程中产生的成本包含在基础成本之中,预制菜零售商需承担

保鲜成本 $c_e=\frac{1}{2}ke^2$，e 表示保鲜努力；供应商需承担碳减排成本 $c_v=\frac{1}{2}\delta v^2$，$v$ 表示碳减排努力。

当海塞矩阵主子式 $M_1=4k-\gamma^2\theta^2>0$ 且 $M_2=\gamma^2\theta^2\delta-4k\delta+u^2k<0$ 时，可得预制菜的最优零售价格、最优新鲜度努力水平、最优碳减排努力水平、最优需求量和最优系统利润：

$$p^*=\frac{cku^2+c\delta\gamma^2\theta^2-d\delta k-2\delta\gamma k\theta-2c\delta k+\delta\gamma k\theta_0\theta}{ku^2+\delta\gamma^2\theta^2-4\delta k} \quad (16\text{-}3)$$

$$e^*=\frac{\delta\gamma\theta(2c-d-2\gamma\theta+\gamma\theta_0\theta)}{\delta\gamma^2\theta^2+ku^2-4\delta k} \quad (16\text{-}4)$$

$$v^*=\frac{2ku(2c-d-2\gamma\theta+\gamma\theta_0\theta)}{\delta\gamma^2\theta^2+ku^2-4\delta k} \quad (16\text{-}5)$$

$$Q=\frac{k(u^2+2\delta)(2c-d-2\gamma\theta+\gamma\theta_0\theta)}{\delta\gamma^2\theta^2+ku^2-4\delta k} \quad (16\text{-}6)$$

$$\Pi=\frac{\delta k(\delta\gamma^2\theta^2-2ku^2+4\delta k)(2c-d-2\gamma\theta+\gamma\theta_0\theta)^2}{2(\delta\gamma^2\theta^2+ku^2-4\delta k)^2} \quad (16\text{-}7)$$

16.3.3 算例分析

通过将 R 食品公司和预制菜零售商的冷链运营参数代入函数模型中，并进行算例分析，可得表 16-2 所示最优解判别结果。

表 16-2 最优解判别结果

命题	判定方程	结果
当 $M_1>0$，$M_2<0$ 时，取得最优函数。	$M_2=4k-\gamma^2\theta^2$，$M_3=\gamma^2\theta^2\delta-4k\delta+u^2k$	$M_2=8$ $M_3=-5$

由表 16-2 可知，当海塞矩阵主子式满足一定条件时，预制菜冷链系统可取得最优需求量和最优利润。

消费者低碳偏好和新鲜度偏好会影响预制菜零售商的保鲜努力水平和供应商碳减排努力水平，进而会对生鲜品链的利润产生影响。本节对消费者低碳偏好、消费者新鲜度偏好与最优解之间的关系进行了研究。

如图 16-3 和图 16-4 所示，在消费者新鲜度偏好和消费者低碳偏好提高的同时，R食品预制菜冷链系统的利润也逐渐增加。这说明在预制菜行业中，消费者对于企业新鲜度水平和碳减排水平比较敏感，提高碳减排水平和保鲜水平能够有效提高R食品的企业利润。

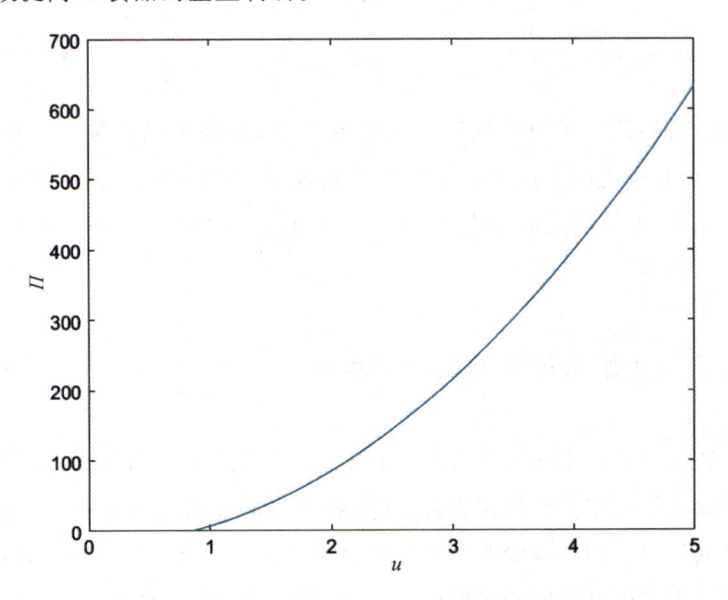

图16-3　消费者低碳偏好对预制菜利润的影响

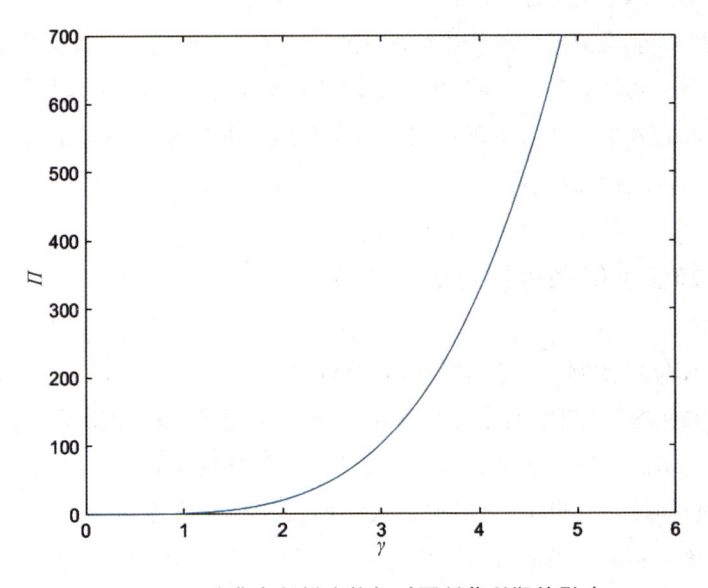

图16-4　消费者新鲜度偏好对预制菜利润的影响

16.4 实践启示

我国冷链物流市场目前处于高速发展时期,预计市场年复合增长率达到20%以上,但我国生鲜品冷链行业从技术到管理,与其他发达国家仍有非常大的差距。结合R集团预制菜案例,中国生鲜品冷链企业的发展需要重点关注以下三个方面。

16.4.1 提高生鲜品冷链基础设施水平

随着我国政府对于冷链物流的发展支持以及相关政策体制的不断出台,生鲜品供应商的供给水平有较大提升,冷链物流设施设备逐渐加强,但物流增长还有很大的发展空间。政府要加大产区冷库等基础设施的建设力度,特别是要增加高端冷库和中温冷库的建设比率,从供应链前端开始构建稳定、优质、安全的生鲜品供应链。生鲜品供应商可以在生产基地引入人工智能技术和恒温冷藏、冷冻技术,全渠道提升冷链物流管理能力,实现生鲜农产品采摘后能够立刻进入冷冻或冷藏物流环节,保障生鲜农产品在整个流通过程中的安全。社区生鲜零售商可通过契约关系发展长期生鲜农产品直供基地,向供应链上游延伸以拓展纵向一体化的商品供应链。

16.4.2 加快生鲜品冷链企业低碳转型

对于R集团预制菜此类本身已有低碳属性的主营业务,企业在项目自身运营良好的情况下,应挖掘相关低碳场景,加入碳足迹和碳减排量的信息,加快绿色低碳技术的研发和应用,坚持技术赋能提升自我发展、自我创新能力。诸如在冷链仓储设施建设中,适时引入太阳能板平铺于冷库顶部,冷藏运输配送车辆箱体顶部安装太阳能板自主发电驱动冷藏车及车辆制冷动力。此外,在冷链物流的装卸搬运、流通加工、包装等其他环节借助于新能源技术,以减少对传统化石能源的依赖。冷库是能耗大户,我国每年冷库用电费用超过800亿元,节能空间巨大。我国冷链物流在基础设备尤其是冷库的研发上,需要更加重视节能、生态的问题,通过注重绿色能源在冷链物流行业的应用,才能保证物流行业的可持续发展。

16.4.3　推动消费者培养低碳消费方式

R食品等领军企业可以通过其影响力培养用户加快全社会绿色生活方式,拓宽低碳消费影响广度。在产品层面,用户激励形式的创新可以有效调动用户积极性,各个运行主体应当充分发挥行业特质和创新能力,发掘新的激励方式,促进低碳产品的消费。此外,还应当适当降低项目的参与门槛,鼓励全民参与低碳消费。关注企业所在领域,影响用户低碳行为,让更多人在更多生活场景中进行更长期的低碳消费,形成并固化低碳消费偏好。争取更多企业长期参与、跨企业跨领域合作,全链条降低商品生产、仓储和运输的能耗,提供更多低碳选择,创造良好的低碳消费环境。同时先在重点行业进行城市试点,从实践中探索更为有效的发展模式。在低碳消费品企业初期落地的过程中,对部分行业领军企业进行低碳核算激励,并尝试在已有碳积分体系或低碳工作实践的城市开展试点,促进个人低碳消费的实践经验积累。低碳商品和资源循环再生是两个比较集中的领域,开展试点项目的可行性较高。

16.5　本章小结

本章主要通过R集团冷预制菜供应链案例来剖析生鲜品冷链企业低碳化的发展。首先对R集团公司的背景进行介绍,并就R集团在冷链业务中存在的问题进行探讨,即冷链运输新鲜度损耗过高、冷链运输存在"断链"现象及冷链物流存在高碳排放问题,并选取R集团预制菜冷链经营数据对其进行算例分析。最后通过算例结果得到实践启示:生鲜品冷链企业应提高冷链基础设施水平、加快低碳转型和推动消费者培养低碳消费方式,促进生鲜品冷链可持续发展。

第七部分 对策建议

第17章 "双碳"目标下生鲜品冷链运营优化对策建议

目前,全球倡导绿色循环和低碳发展,越来越多的国家政府、行业机构和企业组织等制定了不同层次的低碳发展策略。本章在前文研究成果的基础上,针对我国生鲜品冷链行业高耗能、高碳排放的特点,从政府、企业、行业协会、科研机构以及消费者等视角提出"双碳"背景下生鲜品冷链运营与优化的对策建议。

17.1 政府部门视角

17.1.1 建立健全低碳法规机制,夯实冷链低碳政策基础

1)加快冷链行业纳入碳交易市场范围

目前,全国碳交易市场交易主体较少,无法有效激发市场活力,因此,要进一步扩大碳市场规模,加快冷链行业纳入碳交易市场范围,需要通过引入生鲜品企业等其他有参与意愿的市场主体参与碳交易,尽快明确冷链行业纳入全国碳市场时间点及配额总量分配原则,并提前预发免费配额,以便相关企业积极参与碳交易,从而提升碳市场活跃度;取消冷链企业其他能源比例限制,以鼓励相关企业积极开展冷藏设备升级改造,降低碳排放量。开放机构及个人投资者进入全国碳市场,并降低其入市门槛。研究推出碳市场拍卖机制,以应对市场恶意炒作行为,调整短期市场供给,保持碳价相对稳定。探索碳期货、碳期权等金融工具的可行性,完善并丰富碳市场交易品种体系,扩大全国碳市场交易规模,提升在国际上的影响力。

2) 加快出台生鲜品碳标签法律制度

目前,我国并没有明确的关于生鲜品碳标签的相关法律制度。反观欧美国家,早在十年前就已经颁布了相对成熟的碳标签法律。应通过出台生鲜品碳标签法律制度,将生鲜产品在全生命周期(包括从生产、加工、储存、运输、废弃到回收全链条)中所排放的温室气体排放量,在产品标签上用量化的指数标示出来,以标签的形式告知消费者产品的碳信息,引导公众绿色低碳的消费偏好,从而反向激励企业的环保行为,推动生鲜品冷链企业改进生产工艺、优化新产品设计、选择供应商并自愿内化环境成本,减少产品碳排放量。另外,生鲜品碳标签制度的颁布可以更好地保护本国的产品和服务,避免外来企业高碳足迹、低生产成本的产品进入本国市场,从而形成一种进入壁垒。我们国家在经历了很长一段时间的资源消耗和环境消耗带来的经济红利后,正在改变发展理念,着重强调可持续发展。而碳标签法律制度的完善,就可以倒逼污染型企业进行碳减排,改变原先粗放的生产方式,从而达到对环境的友好,并且可以提升本国产品在国际市场中的竞争力。

3) 健全相应补偿税收优惠措施

对于积极执行减排政策,二氧化碳排放量低于标准的冷链企业,应给予一定的奖励和其他减免税措施,如按一定标准安排财政专项补助资金,帮助冷链企业完成低碳转型。通过碳税政策鼓励他们继续减少二氧化碳排放,同时鼓励他们积极研究和开发低碳技术,坚持低碳概念并促进低碳经济的持续发展。

同时,碳税的征收方式,也应该集中在生产环节而不是消费环节,考虑到纳税企业主体的承受能力和节能减排的要求,我国在初期征收时,应采取较低的累进税率,更能减少开征的压力和风险。随后,逐渐随着节能减排目标的接近和产业结构的调整,逐渐调高碳税最低征收税率。

17.1.2 构建绿色技术创新体系,加快冷链行业低碳转型

1) 培育绿色低碳的冷链行业创新主体

目前,中国的绿色技术创新还处在起步阶段,作为绿色技术创新的关键领域之一,生鲜品冷链的低碳技术创新也是如此。一方面,节能技术创新虽然进步巨大,但与世界先进水平还有一定差距,一些指标还落后于一些发达国家。政府应该加快培育绿色低碳的冷链行业创新主体,强化绿色低碳前沿技术原始创新能力建设,引导

创新要素集聚,培育一批创新能力国内外领先、规模与品牌位居国内或世界前列、引领绿色低碳技术跨越式发展的冷链行业领军人物。支持建设冷链行业绿色低碳技术创新人才培养基地,推进建立冷链行业绿色低碳技术创新联合体,加大绿色低碳技术创新人才培养和引进力度。着眼全球冷链行业低碳技术发展前沿地区和人才聚集地,联合开展重大技术研发,深度融合全球绿色低碳创新资源。

2)构建重大创新合作载体

政府应该加快建设基础前沿创新平台,强化冷链行业绿色低碳科技创新载体培育。聚焦冷链行业绿色低碳技术领域,整合、优化现有研发优势和技术基础,积极鼓励创建国家级科技资源共享服务平台,建设一批国家级绿色低碳创新平台和基地。支持产业技术研究院、生态文明中心及实验室等相关机构发挥研发创新组织的龙头作用,集成跨学科、跨领域、跨区域的科学研究力量,布局建设一批产学研用联合创新中心。围绕新型能源、节能环保和减污降碳等领域,布局建设高水平研发机构,持续增强冷链行业绿色低碳技术的创新能力。

3)加快冷链行业低碳技术的成果转化和产业化应用

目前,在冷链行业低碳技术研究成果转化的过程中存在技术转移平台不完善、技术交易市场发展不充分,以及绿色金融体系不健全等问题。以市场为导向的减排政策对低碳技术创新的经济激励不明显,使技术与市场缺乏有效衔接,限制了技术进一步的推广和应用。所以,政府要充分利用已有政策和国家专项资金等支持冷链行业重大绿色低碳科技成果的市场化应用和规模化推广。打造冷链行业绿色低碳循环专业孵化器,并积极推荐先进绿色低碳技术纳入国家绿色技术推广名录,推动绿色低碳技术创新和产品推广应用,重点建设光能、风能和生物质能等新能源技术,依托城市、园区孵化低碳零碳负碳技术,打造产业配套能力强、集成创新活力高、创业环境好且辐射带动强的绿色低碳冷链行业。

17.1.3 建设低碳交通运输体系,有效降低冷链碳排放量

1)优化冷链交通运输结构

加快建设综合立体冷链运输交通网,大力发展多式联运,提高铁路、水路在冷链运输中的承运比重,持续降低运输能耗和二氧化碳排放强度。加快发展绿色物流,整合运输资源,提高利用效率。近年来随着物联网、人工智能和5G等技术的发展,"互联网+冷链"的信息化发展路径已现实可行,当前,已有冷链物

流企业开始探索智慧化的可能性,试图让这个传统行业走向数智化。譬如S、京东等信息化建设起步较早的大型物流企业,冷链信息系统及设施都较完备。新一代信息技的发展对于我国"双碳"目标的实现具有重要意义,因此生鲜品冷链企业应积极推进冷链运输的信息化和智能化进程;加快现代信息技术在冷链运输领域的研发应用,逐步实现智能化、数字化管理;加快物联网技术在冷链物流运输领域的推广应用,推广智能标签、智能化分拣、条形码技术等,提高运输生产的智能化程度;推广生鲜品冷链智能调度系统,完善消费者信息服务系统,促进生鲜品运输市场的电子化、网络化,实现信息共享和运输效率提高。

2)加快新能源的推广应用

鼓励替代能源技术在生鲜品冷链物流运输工具中的应用。积极使用和推广混合动力、天然气动力、生物质能和电能等节能环保型冷链配送车,开展新能源配送车试点工作。在有条件的地区鼓励冷链运输企业使用天然气、混合动力等燃料类型的营运车辆,鼓励在干线公路沿线建设天然气加气站等替代燃料分配设施。加强替代能源技术在交通基础设施建设和运营中的应用。促进太阳能、风能等新能源在公路工程配套设施中的应用,加快发展隧道、服务区、收费站等公路辅助设施太阳能照明及监控技术等新能源技术的应用。在有条件的港口逐步推广液化天然气(liquefied natural gas,LNG)、电力驱动集卡应用技术及太阳能、潮汐能、风能、地源、海水源和空气源热泵等新能源利用技术,积极推广太阳能一体化航标灯。

17.1.4 建立低碳消费制度体系,加强冷链低碳消费监管

1)建立健全冷链产品低碳认证体系

国际上成功的经验是建立"碳足迹"和"碳标签"两大认证体系,而我国当前还没有开展真正意义上的碳标识认证工作,所以我国应该借鉴国际上的"碳足迹"认证经验及中国环境标志体系建设经验,快速推进中国生鲜品"碳足迹"认证体系建设,碳足迹评价技术方法可参考英国标准学会英国标准学会(British Standards Institution,BSI)公布的 PAS(publicly available specification)2050,即《商品和服务在生命周期内的温室气体排放评价规范》。首先,应该将生鲜品碳标识制度从部门规章提高到立法层级,尤其当前可以考虑预先立法的尝试工作,完善碳标识制度的规则体系。其次,政府需要转变观念,发挥引导职能。对碳标识制度的实施目标、实施人员、实施方式和实施程序等做出合理的规划和

安排。最后,加强环保低碳技术的研发,加大资金投入和人员投入等。最后,要遴选重点生鲜产品,率先制定碳足迹量化指标,分批次推进,修订相应的绿色低碳产品认证标准。优化和完善绿色低碳领域的认证布局、风险分析与保证预警等的理论研究,总结认证实践经验。基于低碳产品认证、绿色产品认证等合格评定体系的协同发展,构建完善的认可体系,规范市场秩序。

2)积极构建消费社会服务体系

政府要积极构建低碳消费社会服务购买机制和鼓励机制,通过政府购买和鼓励社会提供的方式增大低碳消费社会服务供给。低碳消费社会服务主要包括低碳消费宣传、低碳消费技术技巧咨询、第三方认证检测和消费节能核算软件等。政府根据低碳消费服务性质的不同,采取不同的设计思路,例如以公益性为主的低碳消费宣传服务,可以采取政府购买的方式,建立购买机制,针对带有营利性质的低碳消费服务,如咨询、检测、认证和节能软件开发等,可以通过经济激励的方式鼓励社会资本介入。

3)加快建立低碳消费监督体系

政府要加快建立低碳消费监督体系,监督体系主要包括低碳消费碳交易监督机制、低碳产品认证监督机制,以及低碳消费社会服务监督机制三个部分。其中,建立低碳消费碳交易监督机制,政府首先需要制定"低碳消费碳交易管理暂行办法",建立低碳消费者碳排放节约信用记录申诉通道,建立信用记录违规者(包括个人和企业单位等)定期公布机制及违规处罚机制,建立交叉交易行为监管及惩罚机制;针对低碳消费社会服务提供者建立服务品质信用卡制度及信用评级制度,定期公布信用评级结果。

17.2 企业组织视角

17.2.1 优化冷链企业组织结构,推动企业低碳转型升级

1)设立碳减排专门机构

对于冷链企业而言,发展低碳经济的重点是将碳排放量作为其在企业战略

层面上未来发展的战略任务。因此,冷链企业必须建立专门的碳减排机构,以促进企业生产和供应链中二氧化碳排放量的减少,以履行其解决环境问题的社会责任。专门的碳减排机构需要制订企业中长期碳减排计划,监督和限制企业日常生产和生活中的二氧化碳排放,探索企业碳减排措施的技术和方法,并运用企业环境绩效评估系统对员工和管理者进行绩效评估。该专门机构应向公司最高管理层报告并对其负责,建议公司在战略层面进行调整,提高节能减排水平。

2)推动冷链企业转型升级

在低碳经济环境下,生鲜品冷链企业不仅要关注自身的经济效益,还必须考虑对于外部生态环境的影响。冷链企业迫切需要优化用能结构,提高运行组织效率和集约化发展水平,加快减排降耗和低碳转型步伐,实现健康可持续发展。同时,冷链企业需要加快推动自身转型升级为低碳环保组织,履行社会责任,为消费者树立良好的企业社会形象。企业的转型升级应该是渐进的、系统的。渐进性意味着企业的转型不可能在一夜之间完成,因此有必要预测并避免未来转型过程中可能出现的风险。系统化意味着在公司追求低碳的同时,也必须从公司整体出发,并注意转型升级中可能出现的成本增加和收益减少。

17.2.2 加大低碳技术研发力度,推进核心技术攻关突破

1)增加技术创新资金投入

研究表明,低碳技术的资本投资与运营绩效之间存在正相关关系,随着企业增加投资额,其获得的回报将会随之进行增加。在研发的早期阶段,新技术创新活动需要企业投入一定的成本,而成功的技术研发活动需要大量资金。理论上,冷链企业在技术研发中的资本投入强度越大,冷链企业越容易获得价值的提升。站在长远发展的角度上,低碳经济发展趋势会逐步加强,国家会出台更多的环境政策,低碳技术创新的投资额增加,可以同时满足国家的低碳发展需求以及企业自身的低碳需求。通过低碳技术创新活动,企业不仅可以降低成本,提高核心竞争力并获得显著的价值,而且可以树立良好的企业形象,获得无形的价值。

2)提升技术创新人员整体素质

冷链行业技术创新不仅需要大量的资金投入,还需要对相关人员进行培

训。实证研究表明,创新作为技术人才的一项重要技能,仅增加低碳技术创新者的数量无法为企业增加价值。企业必须积极培养并继续发展现有人才的创新能力,提高相关人员的整体素质。具体来说,可以通过对员工进行技术培训、设置经常性的经验交流会,以及向具有先进经验的标杆企业进行学习。此外,企业必须建立强有力的激励和评估体系,并积极促进创新的组织文化。全面的激励评估系统可以激励技术人员进行创新,并营造一种普遍的文化氛围。

3) 围绕核心技术重点突破

冷链企业应聚焦于现有行业内的核心技术突破,专注于节能减排和生鲜品的保鲜、物流运输效率的提高、清洁高效能源的开发,以及温室气体排放的控制与处理利用技术。通过这些核心技术的进步和发展,绿色低碳技术将真正成为企业可持续发展的高端核心技术,并牢牢控制未来技术的领先地位。特别是对于物流运输,冷藏保鲜等技术的开发设计应面向未来,着力促进低碳环保技术创新,扩大先进技术的研究、开发和应用,并将技术创新和业务转型与绿色和低碳发展紧密结合在一起。同时,要加快冷链企业数字化、信息化建设,积极推进物联网、区块链和人工智能等新一代信息技术与生鲜品冷链运营优化全过程相结合,助力冷链行业低碳转型。

4) 倡导自主研发与战略合作

与欧美国家对比,中国的低碳技术创新水平相对落后。缺乏研发能力迫使国内需要从国外进口大量技术,这可能弥补了短期业务发展的不足,但从长远来看,这将导致对技术引进的依赖,使国内自主创新变得很难。为了促进企业的自主研发,政府已经发布了许多优惠政策。在低碳经济的大背景下,企业必须抓住机遇,不断提高研发能力,只有具有创新和探索能力的企业才能紧跟时代潮流。对于企业而言,仅依靠技术购买很难在当今立足。研发活动本身具有很高的风险,因此,为了最大程度地降低风险,公司应加强与其他公司的战略合作。通过签署战略合作协议,公司不仅可以充分利用双方的资源,还可以通过资源共享和优势互补有效地控制风险。

5) 健全完善绿色低碳技术保障体系

冷链企业可以加大对绿色共性技术研发的投入,关注生态环境治理,通过研究环境污染过程的基本原理和机制及其在技术研发工作中的风险,解决技术难题。企业应着力提高环保低碳技术装备的研发水平,降低节能降耗技术改造的装备成本,提高企业独特的创新能力。积极增加投资,确保研发人员、设备和资金等投入的及时和完善,加快形成具有自主知识产权的核心技术和低碳品牌布局,使企业在绿色低碳发展的技术创新中处于主导地位。国企冷链要利用国企资金优势,推动绿色低碳技术多样化发展,并开展示范工程,发挥国企技术、研发中心和工业实验室优势,推动冷链行业技术转型。民企冷链新兴绿色低碳技术一般规模化较低,大多处于示范阶段或者商业化早期,利用民企在政策灵活性、创新活力和人才聚集等方面的优势,推动相关绿色低碳技术发展,加快创新进程。

17.2.3 建立低碳风险评估机制,提高企业节能减排效率

1)提高企业低碳信息披露程度

在当前的发展过程中,信息已越来越成为市场中必不可少的要素。在信息爆炸的时代,信息直接影响到各种业务活动的发展。完整而准确的信息有助于改善投资者对公司的判断,从而可以做出合理的决定并降低风险。当前,由于生鲜品冷链市场上的不完善之处很多,冷链企业的信息披露程度仍然较低。当前,冷链企业信息的机密性和信息的大量公开需要更多的人力和财力,且并非所有企业都愿意公开大量信息。但是,在低碳经济的背景下,冷链投资者可以利用企业的社会责任报告和其他信息来快速地了解公司在环境保护和改善方面对社会的贡献,从而提高企业的社会形象。同时,有关低碳技术创新的研发信息可以提高投资者对企业的期望。因此,在低碳技术创新中增强信息披露,可以有效地为冷链企业增加价值。

2)建立环境绩效评价体系

投资者和政府部门通常使用财务指标来衡量业务运营。在低碳经济的背景下,如果一家企业只关注财务指标而忽略了它们对环境的影响,那么企业收益与生态环境污染之间的矛盾将更加难以协调。因此,冷链企业除财务指标外,还应建立一套环境指标考核体系,如企业的节能减排率、能源消耗利用率等,作为评估公司总体环境绩效的衡量标准。当企业的环境绩效不符合国家规定时,需要相应地对其进行改进。建立环境绩效体系可以更有效地促进企业开展低碳技术创新活动,响应国家"双碳"政策的号召,减少企业造成的环境污染。

3)建立系统评估与风险管理机制

随着低碳经济的发展,企业的低碳减排措施越发重要,为了实现低碳减排,

冷链企业必须在早期投入大量的研发资金并进行人员培训,因此,冷链企业的碳减排投资成本很可能超过利润,导致企业无法正常运行。由于缺乏系统的评估和风险管理意识,许多企业在过渡过程中更有可能面临更大的失败风险。因此,冷链企业在确定减排任务后,必须系统地评估未来的减排投资、减排收益、企业内部风险、市场风险、政策风险和其他因素,以确保未来有足够的抗风险能力。

17.3 行业协会视角

17.3.1 建立冷链行业绿色规范,强化低碳环境监督管理

冷链行业协会可以通过建立统一的行业绿色规范来达到整个行业排放总量减排的目标。首先,冷链行业协会应该加强行业内企业的监督管理,建立统一的企业评估考核制度,强化环境监管,落实污染减排责任。冷链行业协会可以建立完善的总量控制制度,考虑区域差异和环境承载力的因素,优化碳排放总量的分配机制。要求协会下各冷链企业组织建立完善的环保组织体系、健全低碳减排制度,配备专职人员对企业生产中的二氧化碳排放进行监控和管理。定期对各企业的低碳技术与能源使用情况、减排目标的实现情况进行巡查并督促未达标企业及时改进,保证减排措施落实到位。

17.3.2 设立冷链企业绿色联盟,促进企业协同合作减排

冷链行业内各企业之间形成绿色联盟,推动绿色发展合作,彼此加强交流合作,促进低碳技术的不断创新与完善。在低碳科技研发、绿色物流、污染治理与循环利用,以及碳排放监测等绿色低碳发展的重点领域中形成深度的交流与合作。同时,彼此间的信息互通与资源共享,可以在一定程度上降低企业低碳转型的风险,同时加快企业在低碳技术上的研发。此外,行业内形成强有力的绿色同盟,可以推动同行业其他企业重新审视碳减排的重要性,及时地进行企

业的战略调整。企业绿色同盟的形成对于消费者的绿色消费意识的增强也有着很强的示范作用。近日,在长三角区域合作办公室(以下简称"长三办")的指导下,由上海海博物流集团及长三角区域多家国有、民营、外资企业共同发起的"长三角智慧冷链联盟"将正式成立。据了解,该联盟为长三角首个冷链产业联盟,在长三办的指导下,围绕国家双碳达标、产业数字化战略在冷链产业的落地展开工作,受到社会各阶层的高度重视。联盟将与成员共同推动零碳产业标准制定,建立评估认证体系,推进零碳与数智化项目试点、产业新技术的推广展开协同服务。

17.4 科研机构视角

17.4.1 加大低碳政策支持研究,积极提供基础数据资源

对于"双碳"背景下生鲜品冷链的运营优化,相关的科研院所、机构等可以发挥自身的优势,加大对生鲜品冷链低碳发展的政策研究。一方面,需要配合政府弥补现有法律法规的缺失。碳标签、碳税等限制碳排放的政策措施、法律规范还不够完善,导致在实际推行的过程中因缺乏法律依据而举步维艰。相关机构需要基于我国当今的国情和未来的发展规划,深入探究适用于各地区、各行业的政策规范。另一方面,可以为政府、行业企业等提供基础性的数据支持和应用工具。例如,在碳足迹的计算过程中,目前急缺完备的全品类产品碳足迹数据库,这类数据库需要耗费大量的时间和精力,因此,科研院所可以利用自身的资源优势,加大相关项目的支持,为碳税、碳标签等优化调控措施提供基础的数据支持。

17.4.2 注重低碳零碳技术研究,加强技术成果推广应用

科研机构要加强绿色低碳领域基础科学研究,加快实施一批具有前瞻性、战略性的重大前沿科技项目,在低碳、零碳、负碳技术装备等方面取得突破性进

展。要继续深化基础研究,加强颠覆性技术研究,尽快实现核心技术自主可控。加强创新资源统筹,充分发挥科研机构在绿色低碳技术创新决策、研发投入和成果转化应用等方面的主体作用;完善技术创新激励政策,促进各类创新要素向企业集聚,引导企业开展面向技术应用的研究创新;支持科研组织牵头组建创新联合体,推进产学研深度融合,形成科技创新上下游联动的一体化创新和全产业链协同技术发展模式;引导建立产学研深度融合的利益分配机制和风险控制机制,充分考虑创新联合体的各方贡献,有效应对成果转化风险、创新失败风险等。

17.5 消费者视角

17.5.1 推行绿色低碳消费行为,购买低碳认证生鲜产品

消费者要积极培养削减消费碳排放的责任意识,推行绿色低碳的消费行为,要转变公众的"无责任"心理,强调人类有责任削减碳排放、应对气候变化(提高公众对其承担责任的敏感性)。同时使公众明确削减碳排放、应对气候变化并非仅仅是政府的责任、企业的责任或他人的责任,每个个体对削减碳排放、应对气候变化都有义不容辞的责任和义务。要大力宣传普及绿色低碳消费理念,采取多种措施激发全社会生产和消费绿色低碳产品的内生动力。通过宣传教育引导,让人们真正理解绿色消费的内涵,纠正认识误区,反对"舌尖上的浪费",弘扬中华民族勤俭节约的优良传统。在绿色消费的引导上,可以采取消费补贴、积分奖励、定点售卖等方式,鼓励居民自觉开展绿色采购,积极尝试绿色生活。另外,消费者在购买生鲜品时,要选择购买有低碳认证的生鲜产品,提高绿色低碳产品的市场比重,从而促进生鲜品冷链系统的碳减排力度。消费者要运用各种载体(如电视、报纸、广播、网络和户外媒体等),采取多种形式(如主题教育、知识竞赛、参观访问、课堂教育和社区咨询等)进行多方面的低碳基本知识学习。消费者学习低碳消费知识应以微观、具体、针对性的知识(尤其是消费过程中如何行动的知识和技能)为重点,例如,关于生鲜产品的碳排放量、低碳

认证标志和垃圾分类等方面的具体知识。

17.5.2 培育公众绿色生活方式,杜绝生鲜产品过度浪费

倡导文明健康绿色环保的生活方式同每个人息息相关,人人都是直接参与推动的责任主体。必须全员发动、全员参与、全程推进,推动形成节约适度、绿色低碳、文明健康的生活方式和消费模式,形成全社会共同参与的良好风尚。要培养全社会的绿色生活自觉性,形成全社会的生态文明意识,确立全新的尊重自然、顺应自然和保护自然的生态价值观,培养公民对绿色生活的自觉性与自信力。生活水平的提高导致生活消费中物质消耗的增加是难以避免的,人民的生活也不能因为"双碳"的要求而不再改善。因此,为了在不断提高人民消费质量的前提下尽量减少生鲜品物耗增加而产生的碳排放,必须加强对生鲜品消费后的废弃物的循环再生利用,即在减量化的基础上加强其资源化,这是"双碳"行动的重要内容。因此,消费者要树立文明健康的食品消费观念,合理、适度采购、储存、制作生鲜品。政府应加强对生鲜品生产经营者反食品浪费情况的监督,深入开展"光盘"等粮食节约行动,推进厨余垃圾回收处置和资源化利用,把节粮减损、文明餐桌等要求融入市民公约、村规民约及行业规范等。

17.6 研究结论

"双碳"背景下生鲜品冷链的运营与优化,需要政府部门提供法律规范、实施过程中的监管,并且进行一定程度的宣传教育工作;需要企业组织落实碳减排主体责任并且注重低碳技术的研发和应用;需要行业协会推动绿色同盟的建立;同时也需要广大科研院所、机构、大学等单位提供技术和研究支持;最后更需要消费者自身积极推行低碳消费行为和绿色生活方式,从个体层面来实现低碳减排。只有多管齐下,对生鲜品冷链进行运营模式及策略优化,才会更好地促进生鲜品冷链在"双碳"背景下的创新与发展。

17.7 本章小结

本章基于"双碳"目标背景,提出生鲜品冷链运营优化的对策建议。首先,从政府部门角度,提出要加快把冷链行业纳入碳交易市场范围以及完善冷链行业法律规范,并在实施过程中加强监管并且进行一定程度的宣传教育工作。其次,从企业组织角度,提出要加快冷链核心技术研发和企业低碳转型升级,并建立低碳风险评估机制,促进冷链企业低碳发展。再次,从行业协会和科研机构视角,提出建立冷链行业绿色规范、设立冷链企业绿色联盟、加大低碳政策支持研究和注重低碳零碳技术研究等对策建议。最后,建议消费者要积极推行绿色低碳消费行为,培育绿色生活方式,购买低碳认证生鲜产品,从个体角度降低生鲜品冷链碳排放量,促进冷链低碳发展。通过从政府部门、企业组织、行业协会、科研机构及消费者等视角来提出针对性的对策建议,有利于加快我国"双碳"目标的实现,提高生鲜品冷链的收益,对于生鲜品冷链的发展具有积极推动作用。

第18章 研究总结与展望

本章全面回顾研究的理论成果和应用实践,并对可进一步研究的空间范畴及应用前景进行了展望。

18.1 研究总结

全球气候变化对人类的生存和发展造成了严重的威胁,为应对日益严重的气候变暖和空气污染问题,低碳减排成为当前人类刻不容缓的共同责任逐渐成为国际社会的共识,也是我国改善环境、实现可持续发展的必由之路。随着人们消费水平和生活质量的不断提高,各种生鲜品的需求量急剧增加,但由于生鲜品具有易腐性,长时间地保持产品品质必须使用冷链运输。然而,在生鲜品冷链发展如此迅速的同时,不可避免地需要考虑其发展过程中高排放、高能耗的特征对生态环境所带来的影响。

因此,研究生鲜品冷链的运营模式及优化策略,对于有效节约能源、推动实现"双碳"目标、提升生鲜品冷链企业供应链综合竞争力、促进可持续发展,以及改善消费者消费体验具有重要的现实意义。本研究基于"双碳"目标,研究了生鲜品冷链的运营模式及优化策略并得到了一系列有价值的研究结论和启示。

第一部分为研究概述,分为第1章和第2章。第1章首先界定了本次研究的核心问题,明确了基本术语及其相关概念,并对本次研究的背景和意义进行了说明。第2章对研究的主要内容进行了详细的阐述。本次研究的重难点包括:①从微观视角,调研生鲜品冷链各节点碳排放情况以及生鲜品冷链的特征,分析生鲜品冷链优化调控的关键要素,研究生鲜品冷链的碳足迹核算方法;②分析生鲜品冷链的优化策略,构建生鲜品冷链服务网络,探讨考虑新鲜度和碳减排策略下的优化调控策略;③对城镇居民生鲜品低碳消费行为的影响因素进行量化分析,并提出基于意愿行为的低碳消费促进策略。研究最终主要达到了如下目标:①通过文献研究和理论分析,得出生鲜品碳足迹的一般核算方法,并根据不同生鲜品的特点,优化改进相应的碳足迹核算方法;②从上游、中游、下游三个阶段分析生鲜品冷链的低碳优化与调控策略;③通过实践检验,进一步完善机制设计,为政府主管部门制定政策以及行业企业指导运营实践提供理论依据和决策参考。

第二部分为生鲜品冷链基础理论与要素分析,包括第 3 章～第 6 章。第 3 章对"双碳"目标下的生鲜品冷链优化、碳足迹、低碳供应链和碳减排合作等相关文献进行梳理,从影响因素、应用场景和优化调控等视角对现有研究成果进行评述。第 4 章阐述了生鲜品冷链的发展现状和主要问题。当下生鲜品冷链存在的主要问题体现在:新能源技术、低碳技术总体水平不高;企业和消费者绿色消费理念和低碳意识淡薄;生鲜品储存条件仍需改善;生鲜品冷链物流信息网络建设不完善。为了推动我国生鲜农产品冷链物流低碳化发展,必须大力发展新能源技术、低碳技术,推动冷链物流基础设施更新换代;发挥政府宏观调控作用,引导社会树立低碳理念;促进冷链物流信息化发展,完善物流信息网络,从而形成生鲜农产品冷链物流全过程的可视化,实现全流程的低碳运作。第 5 章通过综合归纳法将客观统计分析资料和主观科学描述资料相结合,引入绿色低碳环保理念,确立包含"碳达峰""碳中和"目标维度的评价指标,建立生鲜品冷链优化关键要素评价指标体系。第 6 章基于生命周期评估法,建立了包含田间预冷、冷藏运输、低温储存和废弃处置等各环节的果蔬生鲜品冷链碳足迹测度模型,分别讨论了不同冷藏运输方式和不同废弃物处理方式对冷链碳排放的影响。

第三部分为生鲜品冷链上游阶段的运营优化,包括第 7 章～第 8 章。第 7 章在双碳背景下,针对生鲜农产品配送时效性强的特点,结合配送时间窗,考虑早到的库存成本、晚到的惩罚成本和配送过程中的货损成本,构建以总成本最小为目标的整数规划模型,通过对比遗传算法和混合算法的分析仿真结果,研究遗传算法和混合算法两种方法对于求解此类问题的优缺点。第 8 章运用微分博弈的方法,构建生鲜品供应商和零售商的博弈模型,研究两种不同决策模式下二者对预冷技术和碳排放技术研发投入的努力水平、影响因素以及生鲜品冷链总收益的变化情况。通过研究得出:对于供应商和零售商来说,集中式的供应链整体收益要大于分散时两种情形下的供应链整体收益,并且供应商和零售商在选择投入预冷技术和碳减排技术的投入水平时,应该着重考虑批发价和零售价之间的关系,以达到双方各自利益的最大化。

第四部分为生鲜品冷链中游阶段运营优化,包括第 9 章~第 12 章。第 9 章构建了一个零售商和一个供应商的生鲜品冷链 Stacklberg 模型,对比分析了不同碳约束情形下的冷链最优决策。通过对无碳约束和碳限额交易政策下不同决策模式的生鲜品冷链系统最优决策的研究,发现碳限额与交易政策下的生鲜品冷链系统利润明显高于无碳约束下的生鲜品冷链系统利润。另外,无碳约束模型的碳减排努力水平要低于碳限额与交易模型的碳减排努力水平,消费者新鲜度偏好、低碳偏好以及碳交易的价格也会影响碳减排水平。第 10 章通过 Weibull 分布函数描述生鲜品变质率,构建三级生鲜品冷链的一体化库存模型并进行算例仿真。通过研究得出:生鲜品变质率越高,负责碳标签加工的配送中心越会增加库存量,加工时间延长,碳足迹减少,供应商会减少库存量,但零售商生鲜品售价和库存量会提升;当生鲜品碳足迹较高时,即使消费者具有很强的低碳环保意识,提高碳足迹敏感系数,也不会增加市场需求量,反而会降低生鲜品售价,缩减零售商采购量、库存量,虽然配送中心会增加库存量,增加碳减排投入,减少碳足迹,但会使得生鲜品冷链整体利润下降。因此,对于极易腐败的生鲜品,进行适度的碳减排投入即可;对于碳足迹十分敏感的消费者,采取降价策略一定会刺激需求,要优化配送中心库存量,避免过高的碳减排投入。第 11 章考虑成员不同风险偏好,分别构建集中决策、分散决策、风险中性的契约激励及风险规避的契约激励模型。通过研究得出:①无论是集中决策、双方风险中性分散决策还是仅电商平台风险规避分散决策,通过强化碳减排均会带动生鲜品需求量的增加,提高冷链的整体期望利润,倒逼供应商加强保鲜投入;②当碳减排性价比满足一定阈值时,碳减排敏感系数越高,对提升生鲜品新鲜度和增加冷链整体期望利润的影响越显著;③在风险中性和风险规避态度下,通过建立收益共享-成本分担的混合契约均可以实现生鲜品冷链的激励协调,但组合契约参数不能设定过高,且在约束范围内收益分享系数的影响更为显著;④风险规避态度系数会对生鲜品冷链成员的决策产生负面影响,但与混合契约参数比较而言影响幅度较小。第 12 章在低碳经济发展的大背景下,构建低碳技术研发方、冷链物流企业、生鲜供应商和政府四方参与的低碳技术协同创新演化博弈模型,分析了各参与主体的策略选择和演化博弈系统均衡策略的

第 18 章 研究总结与展望

稳定性,发现低碳技术研发方和冷链物流企业之间协同创新合作的达成与生鲜供应商的策略选择无关,更多地受协同创新带来的声誉收益、违约赔偿金、收益分享系数和政府规制策略的影响,而生鲜供应商的策略选择会受到低碳技术研发方和冷链物流企业策略选择的限制和影响。

第五部分为生鲜品冷链下游阶段运营优化,包括第 13 章～第 14 章。第 13 章构建了政府、生鲜品企业以及消费者组成的三方演化博弈模型,对其稳定性策略进行分析,利用数值仿真对结论进行验证,并分析了影响低碳消费的因素。研究结果表明,当企业主动采取低碳生产策略时,由于品牌声誉提高获得的额外收益高于企业低碳投入的额外成本时,系统有唯一的演化稳定策略,即政府不监管,生鲜品企业生产低碳产品,消费者购买低碳产品;政府补贴、征收碳税、消费者感知的低碳产品效用均会影响消费者的购买策略选择。第 14 章考虑了影响居民生鲜品的低碳消费意愿和行为因素,分别对生鲜品的低碳消费意愿和低碳消费行为进行了回归分析。研究得出结论如下:生鲜品的低碳消费意愿受新产品、他人推荐产品、生鲜品质量和价格的影响,生鲜品的低碳消费行为受产品真伪、产品是否低碳的影响。因此,从政府、企业、居民三方主体出发,提出了促进生鲜品低碳消费的建议,政府可以给予生鲜品一定的财政补贴和税收优惠,企业积极承担社会责任,提供多种可选择的低碳生鲜品,居民应提高辨别低碳产品真伪的能力,并积极践行低碳消费,通过三方主体的共同作用,促进低碳消费的发展。

第六部分为案例应用,包括第 15 章～第 16 章。第 15 章着眼于生鲜品冷链运营端,探讨 S 冷链在运输过程中冷藏车行驶速度对碳足迹的影响。随着新鲜度期望率的逐步增加,S 冷链运输过程中的碳足迹总量相比较于对新鲜度期望率无要求时的碳排放量明显增加;碳足迹总量最低总成本非最低,提示政府应对 S 冷链这类实行节能减排的企业实行一定补贴。第 16 章着眼于消费端,剖析了 R 集团预制菜供应链低碳化发展的案例,就 R 集团在冷链业务中存在的冷链运输新鲜度损耗过高、冷链运输的"断链"现象及冷链物流高碳排放等问题进行探讨。最后得到实践启示:生鲜品冷链企业要提高冷链基础设施水平,加快低碳转型和推动消费者培养低碳消费方式,促进生鲜品冷链可持续发展。

第七部分为对策建议,包括第 17 章～第 18 章。结合我国的实际情况,从政府、企业、行业协会以及科研机构等视角提出"双碳"背景下生鲜品冷链运营优化的对策建议。随后,对本研究进行总结和未来展望。在对策建议方面,从政府部门视角,主要围绕生鲜品冷链建设所需的法律规范以及政策推行来展开;从企业组织视角,主要围绕生鲜品冷链的实施主体在运营优化中遇到的阻碍和问题的解决来展开;从行业协会视角,主要围绕生鲜品冷链企业在运营优化过程中行业协会的协同与规范作用来展开;从科研机构视角,主要围绕最大化地利用其拥有的资源为生鲜品冷链的运营优化提供政策支持和技术支持来展开。最后从消费者视角,向消费者提出倡导低碳消费、绿色生活的对策建议。

18.2 研究展望

通过理论研究和行业应用研究对生鲜品冷链的优化和调控策略进行了较为深入的分析,但仍存在一定局限性,主要包括:

1)核算方法存在局限性

本研究中生鲜品冷链碳足迹的核算方法所采取的全生命周期评价法,这是一种自下而上的核算方法,结果具有较强的针对性。由于该方法存在核算边界的问题,因此使用某种产品而间接排放的二氧化碳未被考虑在内,结果存在截断误差,因此从准确性角度而言,全生命周期评价法更适用于微观系统的核算。

2)数据获取存在滞后性

数据大多来源于统计年鉴以及相关行业报告,因此获取的数据存在一定的滞后性,研究结果只能近似地反映真实情况。此外,通过调研获取详细的行业数据需要耗费超出预期的人力和物力,且数据由于涉密难以全部获取和精确使用。

参考文献

韩春阳,伍景琼,贺瑞,2015.国内外冷链物流发展历程综述[J].中国物流与采购(15):70-71.

Peter Moore,2021.The cold chain climate[J].Logistics Management,60(9):16-17.

Gary Forger,2020.Automation works its way up the cold chain[J].Modern Materials Handling:Productivity Solutions for Manufacturing,Warehousing and Distribution,75(7):48-51.

郑颖,2021.电子商务环境下农产品外贸冷链物流模式研究[J].农业经济,409(05):138-139.

连茜平,2021.新型农业经营主体的冷链物流发展策略[J].农业经济,415(11):132-134.

赵连明,2021."互联网+"背景下农产品冷链物流协同运作体系优化途径研究[J].农业经济,414(10):129-131.

Shamayleh A,Hariga M,As'ad,et al,2019.Economic and environmental models for cold products with time varying demand[J].Journal of cleaner production,212,847-863.

Toptal A,Özlü H,Konur D,2014.Joint decisions on inventory replenishment and emission reduction investment under different emission regulations[J].International journal of production research,52(1),243-269.

Konur D,Schaefer B,2014.Integrated inventory control and transportation decisions under carbon emissions regulations:LTL vs.TL carriers[J].Transportation Research Part E:Logistics and Transportation Review,68,14-38.

Slade P,Lloyd-Smith P,Skolrud T,2020.The Effect of Carbon Tax on Farm Income:Comment[J].Environmental and Resource Economics,77(2),

335-344.

Ewa Krukowska,2020.Carbon pricing experts tell U.K.a market is better than a tax[J].Environment & Energy Report,1-4.

Reddy K,Nageswara Kumar,Akhilesh,et al,2020.Effect of carbon tax on reverse logistics network design[J].Computers & Industrial Engineering,139.

Ojha Vijay P,Pohit Sanjib,et al,2020.Recycling carbon tax for inclusive green growth:a CGE analysis of India[J].Energy Policy,144,1-12.

黎莎,修睿,计明军,2021.基于新鲜度动态变化的冷链物流库存分配与运输路径联合优化[J].系统工程,39(05):69-80.

杨玮,杨白月,王晓雅,等,2021.低碳环境下冷链物流企业库存-配送优化[J].包装工程,42(11):45-52.

姜樱梅,牟进进,王淑云,2021.二级冷链系统库存与定价联合决策模型构建[J].统计与决策,37(01):178-181.

邹逸,刘勤明,叶春明,等,2020.基于质量水平的乳制品冷链物流库存-生产策略优化研究[J].计算机应用研究,37(09):2744-2753.

Tanksale A,Jha J K,2020.Benders decomposition approach with heuristic improvements for the robust foodgrain supply network design problem[J]. Journal of the Operational Research Society,71(1),16-36.

王淑云,范晓晴,马雪丽,等,2020.考虑商品新鲜度与量变损耗的三级冷链库存优化模型[J].系统管理学报,29(02):409-416.

邹逸,刘勤明,叶春明,等,2020.乳制品冷链物流的库存-生产策略优化研究[J].保鲜与加工,20(02):219-225.

魏津瑜,陈子星,刘倩文,2019.基于质量缺陷和学习效应的易腐品库存与筛选决策问题研究[J].工业工程与管理,24(05):22-31.

牟进进,朱捷,2019.新旧动能转换视角下农产品冷链物流损耗控制研究[J].科技管理研究,39(09):241-247.

牟进进,张敏,王淑云,2019.生鲜农产品新鲜度和价格共同影响需求的库存策略[J].统计与决策,35(06):54-57.

何妍,2018.基于绿色消费的生鲜农产品冷链物流体系构建研究[J].农业经济(12):126-128.

Rahbari M,Hajiagha S H R,Mahdiraji H A,et al,2022.A novel location-inventory-routing problem in a two-stage red meat supply chain with logistic decisions：evidence from an emerging economy[J]. Kybernetes，51（4），1498-1531.

谢泗薪,薛琳琳,2018.生鲜农产品冷链物流的风险分析与战略控制研究[J].价格月刊(03):50-56.

Srivastav A，Agrawal S，2020. Multi-objective optimization of mixture inventory system experiencing order crossover[J]. Annals of Operations Research,290(2),943-960.

孟秀丽,孟新,2018.基于系统动力学的乳制品冷链库存与终端收益仿真[J].工业工程,21(01):1-8.

郝秀菊,牟进进,2017.一体化冷链库存策略的补偿机制研究[J].公路交通科技,34(12):151-158.

侯国栋,孙晓,王淑云,等,2017.基于生鲜品库存模型的供应链协调机制研究[J].商业经济研究(15):29-31.

张琳,2017.价值链视角下生鲜农产品冷链流通模式研究[J].改革与战略,33(07):108-111.

王永琴,周叶,张荣,2017.考虑碳排放的农产品多级冷链物流网络均衡模型研究[J].北京交通大学学报,16(03):99-107.

王宪杰,刘朋辉,王淑云,2017.具有Weibull生存死亡特征的冷链品库存补货定价策略研究[J].运筹与管理,26(01):45-52.

王宪杰,黄佳伟,王淑云,2016.基于安全库存系数的一体化冷链库存价格协调[J].工业工程与管理,21(04):43-49.

Liang D,Bai M,Wang J,et al.,2019.Optimizationdesign of cold chain distribution path and stock in m dessert company[J].IEEE International Conference on Smart Manufacturing,Industrial and Logistics Engineering,1(1):159-163.

Al Theeb N,Smadi H J,Al-Hawari T H,et al.,2020.Optimization of vehicle routing with inventory allocation problems in Cold Supply Chain Logistics[J]. Computers and Industrial Engineering,142,106341.

解永亮,2022.基于混合蚁群的多温区冷链物流配送路径优化算法[J].沈阳工业大学学报,44(5):552-557.

赵泉午,姚珍珍,林娅,2021.面向新零售的生鲜连锁企业城市配送网络优化研究[J].中国管理科学,29(09):168-179.

李倩,蒋丽,梁昌勇,2021.基于模糊时间窗的多目标冷链配送优化[J].计算机工程与应用,57(23):255-262.

任腾,罗天羽,李姝萱,等,2022.面向冷链物流配送路径优化的知识型蚁群算法[J].控制与决策,37(03):545-554.

丁艳,2021.多温共配冷链物流车辆配送路径优化仿真[J].沈阳工业大学学报,43(03):311-316.

沈丽,李成玉,甘彦,等,2021.考虑货损和碳排放的生鲜产品配送路径优化[J].上海海事大学学报,42(01):44-49+70.

白秦洋,尹小庆,林云,2021.考虑路网中实时交通的冷链物流路径优化[J].工业工程与管理,26(06):56-65.

任腾,陈玥,向迎春,等,2020.考虑客户满意度的低碳冷链车辆路径优化[J].计算机集成制造系统,26(04):1108-1117.

姚臻,张毅,2020.基于物联网和低碳双视角下冷链物流配送路径优化研究[J].生态经济,36(02):61-66.

张济风,杨中华,2020.时变路网环境下多温冷链配送路径优化研究[J].重庆师范大学学报,37(01):119-126.

李军涛,路梦梦,李都林,等,2019.模糊时间窗多目标冷链物流路径规划[J].中国农业大学学报,24(12):128-135.

方文婷,艾时钟,王晴,等,2019.基于混合蚁群算法的冷链物流配送路径优化研究[J].中国管理科学,27(11):107-115.

刘春玲,王俊峰,黎继子,等,2019.众包模式下冷链物流配送模型的仿真和优化分析[J].计算机集成制造系统,25(10):2666-2675.

肖青,赵昊,马悦,2019.多配送中心冷链运输路径优化[J].包装工程,40(17):116-122.

杨柳,王颖超,侯汉坡,2019.冷链低碳配送路径优化研究[J].商业经济研究(17):104-107.

王旭坪,董杰,韩涛,等,2019.考虑碳排放与时空距离的冷链配送路径优化研究[J].系统工程学报,34(04):555-565.

曾志雄,邹炽导,韦鉴峰,等,2019.基于蚁群算法的荔枝冷链物流配送成本模型优化[J].包装工程,40(11):58-65.

姚源果,贺盛瑜,2019.基于交通大数据的农产品冷链物流配送路径优化研究[J].管理评论,31(04):240-253.

陶帝豪,刘蓉,雷勇杰,等,2019.基于绿色供应链的冷链物流配送路径优化[J].工业工程,22(02):89-95.

刘炎宝,王珂,杨智勇,等,2019.考虑碳排放与新鲜度的冷链物流配送路径优化[J].江西师范大学学报,43(02):188-195.

卢甲东,张世斌,2018.基于时空相似测度的冷链物流分区配送路径优化[J].上海海事大学学报,39(04):32-37.

王可山,张丽彤,刘彦奇,2019.生鲜电商配送成本影响因素及控制优化研究[J].经济问题(01):108-115.

鲍春玲,张世斌,2018.考虑碳排放的冷链物流联合配送路径优化[J].工业工程与管理,23(05):95-100+107.

Kartoglu U, Ames H, 2022. Ensuring quality and integrity of vaccines throughout the cold chain: the role of temperature monitorin[J]. Expert Review of Vaccines,1-12.

Fahrni M L, Ismail I A N, Refi D M, et al., 2022. Management of covid-19 vaccines cold chain logistics: a scoping review[J]. Journal of Pharmaceutical Policy and Practice,15(1),1-14.

Wang H, Ran H, Dang X, 2022. Location optimization of fresh agricultural products cold chain distribution center under carbon emission constraints[J]. Sustainability,14(11),6726.

Li K, Li D, Wu D, 2022. Carbon transaction-based location-routing-inventory optimization for cold chain logistics[J]. Alexandria Engineering Journal, 61(10),7979-7986.

Qiao J,2019.Research on optimizing the distribution route of food cold chain logistics based on modern biotechnology[J].In AIP Conference Proceedings, 2110(1),020070.

余牛,王树梅,王惠婷,2020.考虑消费者行为的供应链定价与返利优化策略[J].系统工程,38(04):87-94.

周晓睿,韦家华,2021.基于消费者行为的供应链定价与返利优化策略研究[J].商业经济研究(06):72-74.

李贵萍,张柯檬,杜碧升,2021.生鲜产品的订购、定价与保鲜技术投资策略[J].工业工程与管理,26(01):130-138.

姜樱梅,牟进进,2020.基于感知新鲜度的生鲜加工品库存与定价联合决策[J].公路交通科技,37(03):151-158.

范辰,张琼思,陈一鸣,2020.新零售渠道整合下生鲜供应链的定价与协调策略[J].中国管理科学,30(02):118-126.

曹裕,吴堪,熊寿遥,2019.生鲜供应链中保鲜努力投入及订货定价研究[J].运筹与管理,28(10):100-109.

李琳,朱婷婷,范体军,2022.基于渠道差异的生鲜零售商定价和服务策略研究[J].管理工程学报,36(02):173-181.

徐兵,李慧芳,2021.新鲜度差异下两种可替代生鲜品的多阶段定价策略研究[J].工业工程,24(04):10-19.

李琳,余婕,朱婷婷,等,2021.考虑消费者渠道间需求异质性的BOPS服务模式下生鲜品零售定价策略[J].管理学报,18(05):769-780.

冯燕芳,2020.生鲜农产品网购定价策略研究——基于消费者网购意愿视角的分析[J].价格理论与实践(07):137-140.

刘心敏,闫秀霞,付开营,等,2020.多维协同视角下双渠道供应链生鲜农产品定价策略研究[J].商业经济研究(11):151-154.

闻卉,许明辉,陶建平,2020.考虑绿色度的生鲜农产品供应链的销售模式与定价策略[J].武汉大学学报,66(05):495-504.

陈靖,吴一帆,2020.生鲜品定价与物流集配联合决策研究[J].管理学报,17(04):602-612.

唐跃武,范体军,刘莎,2018.考虑策略性消费者的生鲜农产品定价和库存决策[J].中国管理科学,26(11):105-113.

闻卉,陶建平,曹晓刚,2018.异质性生鲜农产品供应链的差别定价与协调策略[J].数学的实践与认识,48(16):8-17.

王淑云,姜樱梅,牟进进,2018.基于新鲜度的冷链一体化库存与定价联合决策[J].中国管理科学,26(07):132-141.

刘洋,王利艳,2017.果蔬生鲜类农产品O2O、单一线上、单一线下3种运作模式的定价策略对比研究[J].世界农业(08):217-226.

熊峰,袁俊,王猛,陈方宇,2017.公平偏好下生鲜农产品质量投入与定价研究

[J].软科学,31(04):122-127.

王宪杰,刘朋辉,王淑云,2017.具有 Weibull 生存死亡特征的冷链品库存补货定价策略研究[J].运筹与管理,26(01):45-52.

杨磊,肖小翠,张智勇,2017.需求依赖努力水平的生鲜农产品供应链最优定价策略[J].系统管理学报,26(01):142-153.

苏雪玲,马中华,2016.提前支付条件下考虑缺货的生鲜产品的定价和库存决策问题[J].中国管理科学,24(01):617-625.

张庆,张旭,2016.不同公平关切行为下的生鲜农产品供应链定价策略[J].系统工程,34(09):89-96.

陈奕娟,何利芳,张诚一,2016.考虑新鲜度的生鲜食品动态定价模型[J].统计与决策(08):47-50.

祁春节,付明辉,2016.我国鲜活农产品定价影响因素研究——基于适应性预期与供求均衡视角的分析[J].价格理论与实践(02):109-112.

罗运阔,周亮梅,朱美英,2010.碳足迹解析[J].江西农业大学学报,9(02):123-127.

Bherwani H,Nair M,Niwalkar A,et al.,2022.Application of circular economy framework for reducing the impacts of climate change:A case study from India on the evaluation of carbon and materials footprint nexus[J].Energy Nexus,5,100047.

Mehedi T H,Gemechu E,Kumar A,2022.Life cycle greenhouse gas emissions and energy footprints of utility-scale solar energy systems[J].Applied Energy,314,118918.

杨传明,2018.不确定环境下产品供应链碳足迹优化[J].计算机集成制造系统,24(12):3189-3200.

孙丽文,王丹涪,杜娟,2019.基于 LMDI 的中国工业能源碳足迹生态压力因素分解研究[J].生态经济,35(01):13-18.

冯雪,2019.旅游交通碳足迹与旅游经济增长关系研究[J].中国环境管理干部学院学报,29(04):66-70.

赖镜鸿,杨国清,2020.基于 NEP 模型的广东省碳足迹研究[J].农业与技术,40(23):8-13.

侯欣彤,田驰,韩振南,等,2020.基于自主生命周期软件对原镁生产的碳足迹评价[J].辽宁化工,49(12):1522-1528.

翟超颖,龚晨,2022.碳足迹研究与应用现状:一个文献综述[J].海南金融(05):39-50.

陈荣圻,2022.气候变暖背景下的低碳可持续发展及碳足迹计算[J].印染助剂,39(02):1-8.

丰霞,智瑞芝,董雪旺,2018.浙江省居民消费间接碳足迹测算及影响因素研究[J].生态经济,34(03):23-30.

叶作义,江千文,2020.长三角区域一体化的产业关联与空间溢出效应分析[J].南京财经大学学报(04):34-44.

董会娟,耿涌,2012.基于投入产出分析的北京市居民消费碳足迹研究[J].资源科学,34(03):494-501.

王丽萍,刘明浩,2018.基于投入产出法的中国物流业碳排放测算及影响因素研究[J].资源科学,40(01):195-206.

毕华玲,卢福强,齐婉晴,2018.基于投入产出法的河北旅游业碳排放测算[J].中外企业家(32):229.

王晓旭,陈晓芳,卫凯平,2019.碳氮足迹研究进展与展望[J].绿色科技(04):32-34.

徐恺飞,金继红,2020.基于投入产出法的中国制造业碳排放研究[J].时代金融(09):105-106.

王俊博,李鑫,田继军,2023.煤炭开发利用产业碳足迹计算方法及减排措施综述[J].煤炭学报:1-13.

张楠,杨柳,罗智星,2019.建筑全生命周期碳足迹评价标准发展历程及趋势研究[J].西安建筑科技大学学报,51(04):569-577.

龚俊川,李莉,岳平,2019.传统燃油车与新能源车LCA碳足迹分析比较[J].汽车实用技术(21):30-33.

张佳雯,2018.基于LCA法对农产品物流碳足迹的计算[J].现代营销(创富信息版)(10):68-69.

容耀坤,李仁旺,贾江鸣,2019.基于LCA的果汁制造过程的碳足迹核算[J].成组技术与生产现代化,36(01):19-25.

张帆,肖郡笑,肖锋,2016.果类农产品碳足迹核算及碳标签推行策略——以赣南脐橙为例[J].江苏农业科学,44(10):568-571.

师帅,李翠霞,李媚婷,2017.畜牧业"碳排放"到"碳足迹"核算方法的研究进展[J].中国人口·资源与环境,27(06):36-41.

童庆蒙,沈雪,张露,2018.基于生命周期评价法的碳足迹核算体系:国际标准与实践[J].华中农业大学学报(社会科学版)(01):46-57+158.

崔文超,焦雯珺,闵庆文,2020.基于碳足迹的传统农业系统环境影响评价——以青田稻鱼共生系统为例[J].生态学报,40(13):4362-4370.

孟凡鑫,樊兆宇,王东方,2022.生命周期视角下城市碳足迹核算及实现碳中和的路径建议——以深圳市为例[J].北京师范大学学报(自然科学版),58(06):878-885.

何巧玲,杨刚,邹兰,2022.油菜秸秆不同还田方式下水稻碳足迹分析[J].西南农业学报,35(07):1673-1679.

Köne A Ç,Büke T,2019.Factor analysis of projected carbon dioxide emissions according to the IPCC based sustainable emission scenario in Turkey[J].Renewable Energy,133,914-918.

Schueler M,Hansen S,Paulsen H M,2018.Discrimination of milk carbon footprints from different dairy farms when using IPCC Tier 1 methodology for calculation of GHG emissions from managed soils[J].Journal of Cleaner Production,177,899-907.

侯玉梅,梁聪智,田歆,2012.我国钢铁行业碳足迹及相关减排对策研究[J].生态经济(12):105-108+145.

赵先贵,肖玲,马彩虹,2014.山西省碳足迹动态分析及碳排放等级评估[J].干旱区资源与环境,28(09):21-26.

李影,2021.关中地区碳足迹驱动因素及其与经济增长的脱钩关系研究[D].陕西:西安理工大学.

奚永兰,叶小梅,杜静,2022.畜禽养殖业碳排放核算方法研究进展[J].江苏农业科学,50(04):1-8.

李哲,王殿常,2022.从水库温室气体研究到水电碳足迹评价:方法及进展[J].水利学报,53(02):139-153.

Shaharudin M S,Fernando Y,Jabbour C J C,et al,2019.Past,present,and future low carbon supply chain management:A content review using social network analysis[J].Journal of cleaner production,218,629-643.

Sharma S, Gandhi M A, 2016. Exploring correlations in components of green supply chain practices and green supply chain performance [J]. Competitiveness Review, 26, 332-388.

Pérez-Neira D, Grollmus-Venegas A, 2018. Life-cycle energy assessment and carbon footprint of peri-urban horticulture. A comparative case study of local food systems in Spain[J]. Landscape and Urban Planning, 172, 60-68.

Sherafati M, Bashiri M, Tavakkoli-Moghaddam R, et al, 2020. Achieving sustainable development of supply chain by incorporating various carbon regulatory mechanisms[J]. Transportation Research Part D: Transport and Environment, 81, 102253.

Ghosh S K, Seikh M R, Chakrabortty M, 2020. Analyzing a stochastic dual-channel supply chain under consumers' low carbon preferences and cap-and-trade regulation[J]. Computers & Industrial Engineering, 149, 106765.

Yu W, Shang H, Han R, 2020. The impact of carbon emissions tax on vertical centralized supply chain channel structure[J]. Computers & Industrial Engineering, 141, 106303.

Mohajeri A, Fallah M, 2016. A carbon footprint-based closed-loop supply chain model under uncertainty with risk analysis: A case study[J]. Transportation Research Part D: Transport and Environment, 48, 425-450.

石松, 颜波, 石平, 2016. 考虑公平关切的自主减排低碳供应链决策研究[J]. 系统工程理论与实践, 36(12): 3079-3091.

Mao Z, Zhang S, Li X, 2017. Low carbon supply chain firm integration and firm performance in China[J]. Journal of Cleaner Production, 153, 354-361.

Munasinghe M, Jayasinghe P, Ralapanawe V, et al., 2016. Supply/value chain analysis of carbon and energy footprint of garment manufacturing in Sri Lanka [J]. Sustainable Production and Consumption, 5, 51-64.

Chen J X, Chen J, 2017. Supply chain carbon footprinting and responsibility allocation under emission regulations [J]. Journal of environmental management, 188, 255-267.

Hong I H, Su J C, Chu C H, et al., 2018. Decentralized decision framework to coordinate product design and supply chain decisions: Evaluating tradeoffs between cost and carbon emission[J].Journal of Cleaner Production,204, 107-116.

Bai Q,Jin M,Xu X,2019.Effects of carbon emission reduction on supply chain coordination with vendor-managed deteriorating product inventory[J].International Journal of Production Economics,208,83-99.

孙嘉楠,肖忠东,2018.考虑消费者双重偏好的低碳供应链减排策略研究[J].中国管理科学,26(04):49-56.

Leong H,Leong H,Foo D C,et al.,2019.Hybrid approach for carbon-constrained planning of bioenergy supply chain network[J].Sustainable Production and Consumption,18,250-267.

Shen L,Olfat L,Govindan K,et al.,2013.A fuzzy multi criteria approach for evaluating green supplier's performance in green supply chain with linguistic preferences[J].Resources,Conservation and Recycling,74,170-179.

刘超,慕静,2017.碳排放政策不同和碳敏感度差异对于供应链的影响研究[J].中国管理科学,25(09):178-187.

Sun C,Li Z,Ma T,et al.,2019.Carbon efficiency and international specialization position:Evidence from global value chain position index of manufacture[J].Energy Policy,128,235-242.

乔毅,马骋,2020.低碳供应链金融融资策略研究[J].青岛大学学报(自然科学版),33(04):115-124+131.

李艳冰,汪传旭,张东东,2020.公平偏好下普通与低碳产品竞争的供应链决策[J].上海海事大学学报,41(03):66-72.

徐春秋,王芹鹏,2020.考虑政府参与方式的供应链低碳商誉微分博弈模型[J].运筹与管理,29(08):35-44.

刘小红,张人龙,单汩源,2020.低碳供应链柔性资源配置模型及算法的鲁棒性研究[J].企业经济,39(08):79-86.

范贺花,张超,周永卫,2020.考虑随机需求环境下的低碳供应链渠道选择[J].统计与决策,36(14):166-170.

邹浩,秦进,2023.碳交易下考虑风险规避的低碳供应链定价决策研究[J].铁道科学与工程学报,20(02):516-525.

崔琪晗,2022.基于产品替代下低碳供应链的选择决策研究[J].中国储运(05):

72-73.

江佳秀,何新华,胡文发,2022.政府双重补贴政策下的供应链碳减排策略研究[J].武汉科技大学学报,45(03):232-240.

徐春秋,刘凤致,2021."新零售"下低碳供应链线上线下融合策略研究[J].价格理论与实践(09):151-154+203.

王冬冬,刘勇,2020.考虑利他偏好和碳减排努力绩效的供应链决策[J].工业工程与管理,25(06):116-125.

王勇,龙超,2019.碳交易政策下三级供应链双领域减排合作[J].系统管理学报,28(04):763-770.

孙晓华,郑辉,2012.技术溢出、研发投资与社会福利效应[J].科研管理,33(09):47-53.

尚猛,李辉,康建英,2019.考虑低碳推广的供应链合作决策与协调[J].计算机工程与应用,55(23):235-240+247.

刘名武,万谧宇,吴开兰,2015.碳交易政策下供应链横向减排合作研究[J].工业工程与管理,20(03):28-35.

Li H,Wang C,Shang M,et al.,2017.Pricing,carbon emission reduction,low-carbon promotion and returning decision in a closed-loop supply chain under vertical and horizontal cooperation[J].International journal of environmental research and public health,14(11),1332.

Yang L,Zhang Q,Ji J,2017.Pricing and carbon emission reduction decisions in supply chains with vertical and horizontal cooperation[J].International Journal of Production Economics,191,286-297.

Halat K,Hafezalkotob A,Sayadi M K,2021.Cooperative inventory games in multi-echelon supply chains under carbon tax policy:Vertical or horizontal?[J].Applied Mathematical Modelling,99,166-203.

Liu Z,Lang L,Hu B,et al.,2021.Emission reduction decision of agricultural supply chain considering carbon tax and investment cooperation[J].Journal of Cleaner Production,294,126305.

黄守军,陈其安,任玉珑,2015.低碳技术组合应用下纵向合作减排的随机微分对策模型[J].中国管理科学,23(12):94-104.

王素凤,杨善林,彭张林,2016.面向多重不确定性的发电商碳减排投资研究[J].

管理科学学报,19(02):31-41.

张翼,杜涛,2020.中国高质量工业碳减排的地区协同路径——基于雁阵式发展视角[J].学习与实践(11):49-57.

王芹鹏,赵道致,2014.两级供应链减排与促销的合作策略[J].控制与决策,29(02):307-314.

徐春秋,赵道致,原白云,等,2016.上下游联合减排与低碳宣传的微分博弈模型[J].管理科学学报,19(02):53-65.

赵道致,原白云,徐春秋,2016.低碳环境下供应链纵向减排合作的动态协调策略[J].管理工程学报,30(01):147-154.

游达明,朱桂菊,2016.低碳供应链生态研发、合作促销与定价的微分博弈分析[J].控制与决策,31(06):1047-1056.

陈东彦,黄春丽,2018.滞后效应影响下低碳供应链减排投入与零售定价[J].控制与决策,33(09):1686-1692.

王道平,王婷婷,2020.政府补贴下供应链合作减排与促销的动态优化[J].系统管理学报,29(06):1196.

Li H,Wang C,Shang M,et al.,2019.Cooperative decision in a closed-loop supply chain considering carbon emission reduction and low-carbon promotion[J].Environmental Progress and Sustainable Energy,38(1),143-153.

Gao H,Liu S,Xing D,et al.,2018.Optimization strategy of cooperation and emission reduction in supply chain under carbon tax policy[J].Journal of Discrete Mathematical Sciences and Cryptography,21(4),825-835.

Bozorgi A,Pazour J,Nazzal D,2014.A new inventory model for cold items that considers costs and emissions[J].International Journal of Production Economics,155,114-125.

Marufuzzaman M,Eksioglu S D,Huang Y E,2014.Two-stage stochastic programming supply chain model for biodiesel production via wastewater treatment[J].Computers & Operations Research,49,1-17.

Hariga M,As'ad R,Shamayleh A,2017.Integrated economic and environmental models for a multi stage cold supply chain under carbon tax regulation[J].Journal of Cleaner Production,166,1357-1371.

Babagolzadeh M,Shrestha A,Abbasi B,et al.,2020.Sustainable cold supply chain management under demand uncertainty and carbon tax regulation[J]. Transportation Research Part D:Transport and Environment,80,102245.

As'ad R,Hariga M,Shamayleh A,2020.Sustainable dynamic lot sizing models for cold products under carbon cap policy[J].Computers & industrial engineering,149,106800.

Rout C,Paul A,Kumar R S,et al.,2020.Cooperative sustainable supply chain for deteriorating item and imperfect production under different carbon emission regulations[J].Journal of cleaner production,272,122170.

Alkaabneh F M,Lee J,Gómez M I,et al.,2021.A systems approach to carbon policy for fruit supply chains:Carbon tax,technology innovation,or land sparing? [J].Science of The Total Environment,767,144211.

Chen J,Liao W,Yu C,2021.Route optimization for cold chain logistics of front warehouses based on traffic congestion and carbon emission[J].Computers and Industrial Engineering,161,107663.

Hasan M R,Roy T C,Daryanto Y,et al.,2021.Optimizing inventory level and technology investment under a carbon tax,cap-and-trade and strict carbon limit regulations[J].Sustainable Production and Consumption,25,604-621.

王博,徐飘洋,2021.碳定价、双重金融摩擦与"双支柱"调控[J].金融研究,498(12):57-74.

江素忠,2016.基于碳税约束的农产品冷链物流配送网络设计研究[D].成都:成都理工大学.

王明喜,胡毅,郭冬梅,等,2021.碳税视角下最优排放实施与企业减排投资竞争[J].管理评论,33(08):17-28.

宋佳晋,2017.基于碳排放的冷链物流配送路径优化研究[D].大连:大连海事大学.

游力,2017.基于碳排放的冷链物流系统研究[D].广州:广州大学.

夏西强,徐春秋,2020.政府碳税与补贴政策对低碳供应链影响的对比研究[J].运筹与管理,29(11):112-120.

黄星星,胡坚堃,黄有方,2018.碳税和碳限规则下生鲜农产品冷链配送路径优化[J].上海海事大学学报,39(01):74-79+110.

陶志文,张智勇,石艳,等,2019.碳税规制下多目标冷链物流配送路径优化[J].

武汉理工大学学报(信息与管理工程版),41(01):51-56.

杜雅楠,2020.碳排放规制下生鲜电商选址-路径问题研究[D].南京:南京财经大学.

贾雪冬,2021.生鲜农产品冷链物流配送车辆路径问题研究[D].北京:北京邮电大学.

安璐,宁涛,宋旭东,等,2022.碳税机制下的生鲜农产品冷链配送路径优化研究[J].大连交通大学学报,43(01):105-110.

罗瑞,王展青,2022.基于碳排放和分类用户满意度的冷链物流路径优化[J].武汉理工大学学报,44(01):100-108.

Roy D,Mashud A H M,2022.Optimizing profit in a controlled environment:Assessing the synergy between preservation technology and cap-and-trade policy[J].Journal of King Saud University-Science,34(3),101899.

Dye C Y,Yang C T,2015.Sustainable trade credit and replenishment decisions with credit-linked demand under carbon emission constraints[J].European Journal of Operational Research,244(1),187-200.

Rout C,Paul A,Kumar R S,et al.,2021.Integrated optimization of inventory, replenishment and vehicle routing for a sustainable supply chain under carbon emission regulations.[J].Journal of Cleaner Production,316,128256.

Liu G,Hu J,Yang Y,et al.,2020.Vehicle routing problem in cold chain logistics:a joint distribution model with carbon trading mechanisms[J].Resources, Conservation and Recycling,156,104715.

Zhang S,Chen N,She N,et al.,2021.Location optimization of a competitive distribution center for urban cold chain logistics in terms of low-carbon emissions[J].Computers and Industrial Engineering,154,107120.

王婉娟,2018.碳配额交易机制下的冷链物流库存路径问题研究[D].北京:北京交通大学.

丁黎黎,张凯旋,王垒,2020.资金约束下的工业共生链碳减排演化博弈分析[J].研究与发展管理,32(05):29-41.

段诗远,2019.考虑碳交易的生鲜农产品冷链配送选址-路径研究[D].北京:北京交通大学.

宋向南,卢昱杰,申立银,2021.碳交易驱动下建筑业主最优碳减排决策研究[J].

运筹与管理,30(12):65-71.

王晓雅,2019.低碳环境下冷链物流企业库存-配送优化研究[D].西安:陕西科技大学.

夏良杰,柳慧,黄迎,等,2021.碳交易规制下的制造商减排外包模式选择:定制vs订购?[J].运筹与管理,30(10):199-205.

王长琼,孙艺嘉,2020.基于碳配额交易的食品冷链物流配送路径优化模型[J].物流技术,39(07):97-102.

郝彦婷,2021.碳配额交易机制下的冷链协调研究[D].北京:华北电力大学(北京).

白雪,2021.考虑碳交易与新能源车辆的多车型冷链物流配送优化研究[D].北京:北京交通大学.

Vázquez-Rowe I, Villanueva-Rey P, Mallo J, et al., 2013. Carbon footprint of a multi-ingredient seafood product from a business-to-business perspective[J]. Journal of Cleaner Production, 44, 200-210.

Roibás L, Elbehri A, Hospido A, 2016. Carbon footprint along the Ecuadorian banana supply chain: Methodological improvements and calculation tool[J]. Journal of Cleaner Production, 112, 2441-2451.

Iriarte A, Yáñez P, Villalobos P, et al., 2021. Carbon footprint of southern hemisphere fruit exported to Europe: The case of Chilean apple to the UK[J]. Journal of Cleaner Production, 293, 126118.

Xu Z Z, Wang Y S, Teng Z R, et al., 2015. Low-carbon product multi-objective optimization design for meeting requirements of enterprise, user and government[J]. Journal of Cleaner Production, 103, 747-758.

Wróbel-Jędrzejewska M, Polak E, 2022. Determination of carbon footprint in the processing of frozen vegetables using an online energy measurement system[J]. Journal of Food Engineering, 322, 110974.

Parashar S, Sood G, Agrawal N, 2020. Modelling the enablers of food supply chain for reduction in carbon footprint[J]. Journal of Cleaner Production, 275, 122932.

Coghetto C C, Flores S H, Brinques G B, et al., 2016. Viability and alternative uses of a dried powder, microencapsulated Lactobacillus plantarum without the use of cold chain or dairy products[J]. LWT-Food Science and Technology,71,54-59.

Jean Sarr,Jean-luc Dupont,Jacques Guilpart,2021.全球食品冷链碳足迹分析[J].制冷技术,41(04):82-87.

徐兴,李仁旺,吴新丽,等,2018.基于产品生命周期时间维的冷链工位碳足迹模型与计算[J].计算机集成制造系统,24(02):533-538.

许茹楠,刘斌,陈爱强,等,2018.我国果蔬冷链碳足迹分析[J].制冷学报,39(04):13-18+25.

刘广海,吴俊章,游力,2018.冷链物流系统碳足迹模型构建与实证分析[J].制冷学报,39(04):19-25.

廖晶,谢如鹤,瑭杰,2019.荔枝全程冷链物流碳足迹测算分析及实证研究[J].包装工程,40(03):19-29.

李斌,刘斌,陈爱强,2019.基于冷链模式的农产品冷链碳足迹计算[J].冷藏技术,42(03):1-5.

陈福森,陈珊,吴欣欣,2019.基于碳足迹的农产品冷链物流脆弱性研究[J].福建轻纺(09):39-42.

黄曼,2019.基于碳足迹的农产品冷链物流脆弱性研究[J].农业技术与装备(12):116-119.

吴俊章,2020.冷藏车典型制冷系统碳足迹模型构建及分析[D].广州:广州大学.

缪小红,周新年,倪川,2021.基于生命周期法的生鲜农产品供应链碳足迹分析[J].兰州文理学院学报,35(01):24-29.

李斌,刘斌,陈爱强,2021.基于冷链模式的某果蔬碳足迹计算[J].制冷学报,42(02):158-166.

Plastic Waste Management Institute,1993.Report on the assessment of the effect of increased use of plastics on the global environment[R].Tokyo:Plastic Waste Management Institute.

Yang J X,Xu C,Wang R S,2002.Product life cycle assessment method and application[M].Beijing:China Meteorological Press.

Change I C,2014.Contribution of working groups Ⅰ.Ⅱ and Ⅲ to the fifth assessment report of the intergovernmental panel on climate change[R].Synthesis Report,151.

陈琳,闫明,潘根兴,2011.南京地区大棚蔬菜生产的碳足迹调查分析[J].农业环境科学学报,30(09):1791-1796.

田云,尹忞昊,2022.中国农业碳排放再测算:基本现状、动态演进及空间溢出效应[J].中国农村经济(03):104-127.

韩召迎,孟亚利,徐娇,等,2012.区域农田生态系统碳足迹时空差异分析——以江苏省为案例[J].农业环境科学学报,31(05):1034-1041.

仲璐,胡洋,王璐,2019.城市生活垃圾的温室气体排放计算及减排思考[J].环境卫生工程,27(05):45-48.

Jianyi L,Yuanchao H,Shenghui C,et al.,2015.Carbon footprints of food production in China (1979—2009)[J].Journal of Cleaner Production,90,97-103.

Roy P,Nei D,Okadome H,et al.,2008.Life cycle inventory analysis of fresh tomato distribution systems in Japan considering the quality aspect[J].Journal of Food Engineering,86(2),225-233.

Tassou S A,De-Lille G,Ge Y T,2009. Food transport refrigeration-Approaches to reduce energy consumption and environmental impacts of road transport[J].Applied Thermal Engineering,29(8-9),1467-1477.

Muhammad F A,Kamelia A,Harummi S A,et al.,2021.Analysis of plc-based automated dock door application in vehicle queuing system of cold chain[J]. Acta Electronica Malaysia,5(1),6-16.

李想,闵德权,张祺,2022.随机需求下半开放式冷链物流车辆路径优化[J].包装工程,43(07):160-169.

王建强,陈景华,郝发义,等,2022.冷链物流对鲜肉新鲜度的影响及智能检测[J].包装工程,43(01):148-157.

曹晓宁,王永明,薛方红,等,2021.供应商保鲜努力的生鲜农产品双渠道供应链协调决策研究[J].中国管理科学,29(03):109-118.

孙玉玲,袁晓杰,石岢然,2017.基于利他偏好的鲜活农产品供应链决策研究[J].系统工程理论与实践,37(05):1243-1253.

陈艳,张涵鑫,杨煜,2022.考虑保鲜努力的生鲜混合双渠道供应链决策研究[J].商业经济研究(06):48-52.

Aworh O C,2021.Food safety issues in fresh produce supply chain with particular reference to sub-Saharan Africa[J].Food Control,123,107737.

Li R, Teng J T, 2018. Pricing and lot-sizing decisions for perishable goods when demand depends on selling price, reference price, product freshness, and displayed stocks[J]. European Journal of Operational Research, 270(3), 1099-1108.

Song Z, He S, Xu G, 2018. Decision and coordination of fresh produce three-layer e-commerce supply chain: a new framework[J]. IEEE Access, 7, 30465-30486.

王一雷,夏西强,张言,2022.碳交易政策下供应链碳减排与低碳宣传的微分对策研究[J].中国管理科学,30(04):155-166.

武丹,杨玉香,2021.考虑消费者低碳偏好的供应链减排微分博弈模型研究[J].中国管理科学,29(04):126-137.

李小燕,王道平,2021.碳交易机制下考虑竞争和信息非对称的供应链协调研究[J].运筹与管理,30(11):47-52.

姜跃,韩水华,赵洋,2020.低碳经济下三级供应链动态减排的微分博弈分析[J].运筹与管理,29(12):89-97.

孙立成,应梦煌,张济建,2022.碳转移与消费者低碳偏好双重影响下供应链异质性产品定价与协调研究[J].运筹与管理,31(02):155-161.

马雪丽,赵颖,柏庆国,等,2023.考虑保鲜努力与碳减排努力的生鲜品三级冷链最优决策与协调[J].中国管理科学,9:2-15.

Li Q, Xiao T, Qiu Y, 2018. Price and carbon emission reduction decisions and revenue-sharing contract considering fairness concerns[J]. Journal of Cleaner Production, 190, 303-314.

姜樱梅,王淑云,魏敏,2018.考虑碳足迹的两级冷链库存优化模型[J].公路交通科技,35(02):144-151.

Misra R B, 1975. Optimum production lot size model for a system with deteriorating inventory[J]. The International Journal of Production Research, 13(5), 495-505.

程永宏,熊中楷,2016.碳标签制度下产品碳足迹与定价决策及协调[J].系统工程学报,31(03):386-397.

Ma D, Hu J, 2020. Research on collaborative management strategies of closed-loop supply chain under the influence of big-data marketing and reference price effect[J].Sustainability,12(4),1685.

Xiang Z,Xu M,2020.Dynamic game strategies of a two-stage remanufacturing closed-loop supply chain considering Big Data marketing, technological innovation and overconfidence [J]. Computers and Industrial Engineering, 145,106538.

韩朝亮,田立,高志勇,2022.大数据服务商参与的三级供应链动态合作策略研究[J].管理现代化(01):103-110.

陈军,曹群辉,但斌,2022.考虑代销商保鲜努力的农产品委托代销策略研究[J].中国管理科学,30(01):230-240.

Choi T,Ma C,Shen B,et al,2019.Optimal pricing in mass customization supply chains with risk-averse agents and retail competition[J].Omega-International Journal of Management Science,88(1),150-161.

Zhang S,Chen N,She N,et al.,2021.Location optimization of a competitive distribution center for urban cold chain logistics in terms of low-carbon emissions[J].Computers and Industrial Engineering,154,107120.

Ma X,Xu J,Peng W,et al.,2021.Optimal freshness and carbon abatement decisions in a two-echelon cold chain[J].Applied Mathematical Modelling,96,834-859.

张芳,武杰,杨悦,2021.风险规避的冷链物流服务供应链减排协调决策[J].计算机工程与应用(24):259-267.

Fischer D,2012.Challenges of low carbon technology diffusion:insights from shifts in China's photovoltaic industry development[J].Innovation and Development,2(1),131-146.

Teixido J,Verde S F,Nicolli F,2019.The impact of the EU Emissions Trading System on low-carbon technological change:The empirical evidence[J].Ecological Economics,164(1),1-13.

董景荣,张文卿,陈宇科,2021.环境规制工具、政府支持对绿色技术创新的影响研究[J].商业经济研究(3):1-16.

史安娜,唐琴娜,2019.长江经济带低碳技术创新对能源碳排放的影响研究[J].江苏社会科学(2):54-62.

王为东,王冬,卢娜,2020.中国碳排放权交易促进低碳技术创新机制的研究[J].中国人口·资源与环境,30(2):41-48.

罗敏,2018.基于EPNR模型的中国低碳技术创新动力因素分析[J].科技管理研究(1):239-243.

熊广勤,石大千,李美娜,2020.低碳城市试点对企业绿色技术创新的影响[J].科研管理,41(12):93-102.

范德成,张修凡,2021.市场视角下碳减排联盟对企业低碳技术创新的影响[J].广东社会科学(4):57-66.

Chen X,Wang X,Xia Y,2021.Low-carbon technology transfer between rival firms under cap-and-trade policies[J].Iise Transactions,54(2),105-121.

朱莹,朱怀念,方小林,2017.基于随机微分博弈的低碳供应链协同技术创新[J].企业经济(2):29-35.

孙振清,李欢欢,刘保留,2021.空间关联视角下协同创新效率对区域碳减排的影响研究[J].大连理工大学学报,42(5):23-31.

Park J,2018.Information and communication technology in shaping urban low carbon development pathways[J].Current Opinion in Environmental Sustainability,30,133-137.

方放,王道平,张志东,2016.跨越低碳技术"死亡之谷"公共部门与私有部门投资者协同创新研究——基于信息不对称视角[J].中国软科学(1):138-144.

崔和瑞,王欢歌,2019.产学研低碳技术协同创新演化博弈研究[J].科技管理研究(2):224-232.

张晶飞,张丽君,秦耀辰,等,2020.知行分离视角下郑州市居民低碳行为影响因素研究[J].地理科学进展,39(02):265-275.

芈凌云,丛金秋,丁超琼,等,2019.城市居民低碳行为认知失调的成因——"知识—行为"的双中介模型[J].资源科学,41(05):908-918.

程占红,文亮,刘天翔,等,2019.五台山酒店从业者低碳认知水平的研究[J].干旱区资源与环境,33(07):37-42.

唐承财,于叶影,杨春玉,等,2018.张家界国家森林公园游客低碳认知、意愿与行为分析[J].干旱区资源与环境,32(04):43-48.

程占红,程锦红,张奥佳,2018.五台山景区游客低碳旅游认知及影响因素研究[J].旅游学刊,33(03):50-60.

聂伟,2016.环境认知、环境责任感与城乡居民的低碳减排行为[J].科技管理研究,36(15):252-256.

Nuwan A,Pubudu K H,et al.,2020.Low-carbon consumer behaviour in climate-vulnerable developing countries: A case study of Sri Lanka[J].Resources,Conservation and Recycling,154,1-15.

Zhang J,Zheng Z,Zhang L,et al.,2021.Digital consumption innovation,socio-economic factors and low-carbon consumption: Empirical analysis based on China[J].Technology in Society,67,1-20.

Xu X,Ou S,Huang C,et al.,2021.Reexamine the relationship between new environmental paradigm and low-carbon consumption behavior[J].IOP Conference Series:Earth and Environmental Science,766(1),21-27.

李向前,王正早,毛显强,2019.城镇居民低碳消费行为影响因素量化分析——以北京市为例[J].生态经济,35(12):139-146.

刘文龙,吉蓉蓉,2019.低碳意识和低碳生活方式对低碳消费意愿的影响[J].生态经济,35(08):40-45+103.

谭晓丽,2019.公共选择理论视角下居民低碳消费影响因素分析[J].商业经济研究(11):51-53.

李研,安蕊,王珊珊,2022.自我意识情绪视角下居民低碳消费意愿模型[J].首都经济贸易大学学报,24(03):89-102.

仲云云,汪滋润,张赫,2018.行为主体低碳生产和消费的影响因素:基于江苏省的调查[J].统计与决策,34(24):147-150.

石洪景,2018.基于"意愿—行为"口修复视角的低碳消费促进策略[J].资源开发与市场,34(09):1304-1309.

方颖,2017.多主体视角下低碳消费影响因素分析[J].商业经济研究(07):56-58.

魏佳,陈红,龙如银,2017.生态人格及其对城市居民低碳消费行为的影响[J].北京理工大学学报,19(02):45-54.

Chen W,Li J,2019.Who are the low-carbon activists? Analysis of the influence mechanism and group characteristics of low-carbon behavior in Tianjin,China[J].Science of the Total Environment,683,729-736.

Ding Z,Jiang X,Liu Z,et al.,2018.Factors affecting low-carbon consumption behavior of urban residents:A comprehensive review[J].Resources,Conservation and Recycling,132,3-15.

Jiang X,Ding Z,Liu R,2019.Can Chinese residential low-carbon consumption behavior intention be better explained? The role of cultural values[J].Natural Hazards,95(1):155-171.

Liu Y,Liu R,Jiang X,2019.What drives low-carbon consumption behavior of Chinese college students? The regulation of situational factors[J].Natural Hazards,95(1):173-191.

薄凡,庄贵阳,2022."双碳"目标下低碳消费的作用机制和推进政策[J].北京工业大学学报,22(01):70-82.

林伯强,2022.碳中和背景下的广义节能——基于产业结构调整、低碳消费和循环经济的节能新内涵[J].厦门大学学报(哲学社会科学版),72(02):10-20.

庄贵阳,2019.低碳消费的概念辨识及政策框架[J].人民论坛·学术前沿(02):47-53.

庄贵阳,2021.碳中和目标引领下的消费责任与政策建议[J].人民论坛·学术前沿(14):62-68.

刘敏,曾召友,2020.情景结构视角下居民低碳消费行为的非正式制度研究[J].湘潭大学学报,44(02):80-85.

李璐璐,2022.社会规范对居民低碳消费行为的影响机制研究——基于社会认同视角[J].商业经济研究(12):69-72.

邓慧慧,王浩楠,2020.行为经济学视角下家庭低碳消费研究新进展[J].经济学动态(01):128-141.

薛生健,薛晗,2018.产品设计中的低碳行为方式引导[J].包装工程,39(22):230-234.

李珂,尹宽,杨洋,2018.博弈分析下的低碳消费引导机制研究——消费者、企业、政府的平衡[J].商业经济研究(20):40-43.

魏琦,丁亚楠,2022.计及消费领域的碳补贴政策演化博弈[J].中国环境科学,42(03):1456-1465.

张敬京,王建玲,2022.居民低碳消费行为及低碳措施偏好联合分析——以江苏省为例[J].现代管理科学(02):23-31.

祝睿,秦鹏,2020.中国碳标识内容规范化的原则与进路[J].中国人口·资源与环境,30(02):60-69.

Ning C H E N,2017.The Current situation and the countermeasures of China's cold chain logistics development[J].Logistics Engineering and Management,39(01):14-15.

Li X,Wang Y,Chen X,2012.Cold chain logistics system based on cloud computing[J].Concurrency and Computation:Practice and Experience,24(17):2138-2150.

Zou Y,Xie R,2013.Application of cold chain logistics safety reliability in fresh food distribution optimization[J].Advance Journal of Food Science and Technology,5(3),356-360.

Zhu S,Fu H,Li Y,2021.Optimization research on vehicle routing for fresh agricultural products based on the investment of freshness-keeping cost in the distribution process[J].Sustainability,13(14):8110.

Liu M,Zhou C,Lu F,et al.,2021.Impact of the implementation of carbon emission trading on corporate financial performance:Evidence from listed companies in China[J].Plos One,16(7):314-327.

Chen B,Zhang H,Li W,et al.,2022.Research on provincial carbon quota allocation under the background of carbon neutralization[J].Energy Reports,8:903-915.

Lambert D M,Cooper M C,2000.Issues in Supply Chain Management[J].Industrial Marketing Management,29(1):65-83.

Mentzer J T,et al.,2001.Defining Supply Chain Management[J].Journal of Business Logistics,22(2):1-25.

附 录

低碳消费影响因素调查问卷

您好:本问卷旨在了解您对于低碳视角下生鲜品消费的看法。本问卷共有16个问题,填写问卷的时间在3分钟左右。希望您按照真实的想法回答问题,在合适的地方打"√"。
第一部分
◆1.1:您的性别是 ○男　○女
◆1.2:您的年龄是 ○20岁及以下　○21～30岁　○31～40岁　○41岁以上
◆1.3:您的受教育程度是 ○高中及以下　○专科或本科　○研究生及以上
◆1.4:您的月收入是 ○5 000元及以下　○5 000～8 000元　○8 000～12 000元　○12 000元及以上
第二部分
◆2.1:我愿意尝试新的生鲜产品 ○非常不同意　○比较不同意　○一般　○比较同意　○非常同意
◆2.2:周围人会影响我的购买行为 ○非常不同意　○比较不同意　○一般　○比较同意　○非常同意
◆2.3:我会向别人推荐自己购买的生鲜产品 ○非常不同意　○比较不同意　○一般　○比较同意　○非常同意
◆2.4:低碳消费生鲜品可以提高生活的质量 ○非常不同意　○比较不同意　○一般　○比较同意　○非常同意
◆2.5:我会关注全球变暖 ○非常不同意　○比较不同意　○一般　○比较同意　○非常同意
◆2.6:我有责任节约能源保护环境 ○非常不同意　○比较不同意　○一般　○比较同意　○非常同意

续表

◆2.7:我应当为减少碳排放做出一份贡献 ○非常不同意 ○比较不同意 ○一般 ○比较同意 ○非常同意	
◆2.8:低碳行动需要大家共同努力 ○非常不同意 ○比较不同意 ○一般 ○比较同意 ○非常同意	
第三部分	
◆3.1:我了解什么是低碳 ○非常不同意 ○比较不同意 ○一般 ○比较同意 ○非常同意	
◆3.2:我会关注与低碳相关的问题 ○非常不同意 ○比较不同意 ○一般 ○比较同意 ○非常同意	
◆3.3:我愿意向别人分享什么是低碳 ○非常不同意 ○比较不同意 ○一般 ○比较同意 ○非常同意	
◆3.4:我了解低碳行为的重要性 ○非常不同意 ○比较不同意 ○一般 ○比较同意 ○非常同意	
◆3.5:我了解采取何种行为可以减少碳排放 ○非常不同意 ○比较不同意 ○一般 ○比较同意 ○非常同意	
◆3.6:我会将低碳行为知识付诸实践 ○非常不同意 ○比较不同意 ○一般 ○比较同意 ○非常同意	
◆3.7:我会鼓励别人采取低碳行为 ○非常不同意 ○比较不同意 ○一般 ○比较同意 ○非常同意	
第四部分	
◆4.1:我所接触的低碳消费宣传教育内容实用 ○非常不同意 ○比较不同意 ○一般 ○比较同意 ○非常同意	
◆4.2:低碳宣传教育活动会影响我的行为 ○非常不同意 ○比较不同意 ○一般 ○比较同意 ○非常同意	
◆4.3:我购买低碳生鲜产品比较便利 ○非常不同意 ○比较不同意 ○一般 ○比较同意 ○非常同意	
◆4.4:市场上存在假冒伪劣产品 ○非常不同意 ○比较不同意 ○一般 ○比较同意 ○非常同意	
◆4.5:低碳生鲜产品的可选择种类多 ○非常不同意 ○比较不同意 ○一般 ○比较同意 ○非常同意	
◆4.6:购买低碳生鲜产品的渠道通畅 ○非常不同意 ○比较不同意 ○一般 ○比较同意 ○非常同意	
第五部分	

续表

◆5.1:政府补贴有助于低碳消费生鲜品 ○非常不同意　○比较不同意　○一般　○比较同意　○非常同意
◆5.2:政府征税有助于低碳消费生鲜品 ○非常不同意　○比较不同意　○一般　○比较同意　○非常同意
◆5.3:即使没有奖励,我也会低碳消费 ○非常不同意　○比较不同意　○一般　○比较同意　○非常同意
◆5.4:为避免受到惩罚,我会主动低碳消费 ○非常不同意　○比较不同意　○一般　○比较同意　○非常同意
第六部分
◆6.1:我更加注重低碳生鲜产品的质量 ○非常不同意　○比较不同意　○一般　○比较同意　○非常同意
◆6.2:我会考虑生鲜产品的性价比 ○非常不同意　○比较不同意　○一般　○比较同意　○非常同意
◆6.3:我还无法确定某些生鲜产品是否真的低碳 ○非常不同意　○比较不同意　○一般　○比较同意　○非常同意
◆6.4:我更加注重低碳生鲜产品的价格 ○非常不同意　○比较不同意　○一般　○比较同意　○非常同意
◆6.5:低碳生鲜产品的价格比较高 ○非常不同意　○比较不同意　○一般　○比较同意　○非常同意
◆6.6:降低低碳产品价格有助于我低碳消费 ○非常不同意　○比较不同意　○一般　○比较同意　○非常同意
第七部分
◆7.1:您愿意低碳消费吗 ○愿意　○不愿意
◆7.2:您是否会采取低碳消费行为 ○是　○否